RENMINRIBAO JIZHESHUO
CAIFANGLIYI

人民日报记者说
采访礼仪

胡线勤 ◎ 著

人民日报出版社
北京

图书在版编目（CIP）数据

人民日报记者说：采访礼仪 / 胡线勤著 . -- 北京：
人民日报出版社 , 2023.2
　　ISBN 978-7-5115-7689-7

　　Ⅰ . ①人… Ⅱ . ①胡… Ⅲ . ①采访学－礼仪 Ⅳ .
① G212

中国版本图书馆 CIP 数据核字 (2022) 第 257701 号

书　　名：	人民日报记者说：采访礼仪	
	RENMINRIBAO JIZHE SHUO：CAIFANG LIYI	
作　　者：	胡线勤	
出 版 人：	刘华新	
策 划 人：	欧阳辉	
责任编辑：	周海燕　　刘君羽	
装帧设计：	元泰书装	
出版发行：	人民日报出版社	
社　　址：	北京金台西路 2 号	
邮政编码：	100733	
发行热线：	（010） 65369509　65369512　65363531　65363528	
邮购热线：	（010） 65369530　65363527	
编辑热线：	（010） 65369518	
网　　址：	www.peopledailypress.com	
经　　销：	新华书店	
印　　刷：	大厂回族自治县彩虹印刷有限公司	
法律顾问：	北京科宇律师事务所 010-83622312	
开　　本：	710mm×1000mm　　1/16	
字　　数：	280 千字	
印　　张：	21.5	
版　　次：	2023 年 4 月第 1 版	
印　　次：	2023 年 4 月第 1 次印刷	
书　　号：	ISBN 978-7-5115-7689-7	
定　　价：	68.00 元	

序言

爱国敬民知书达礼

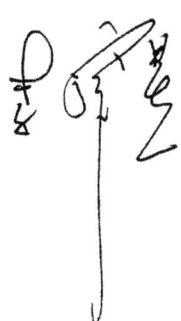

在媒体如云、信息"爆炸"时代,采访与被采访已司空见惯。时下,有关"新闻包装"和"形象工程"设计的书不少,但谈提高记者素养和采访水平的书不多。人民日报胡线勤同志所著,人民日报出版社出版的《人民日报记者说:采访礼仪》比较全面地梳理了新闻工作者应具备的素质,写得恰逢其时。

自从二十世纪六十年代从事外交工作以来,我天天看新闻,作为发言人还结交了许多记者朋友。我觉得,对被采访者来说,没有不好或"刁钻"的问题,只有不理想的回答,因为大家都是在劳动:如何提问和采访是记者的活儿,如何答问则是发言人的自由。

发言人对记者似乎还应心存感激。别的不说,没有记者,发言人岂不失业了?记者愿向你发问,起码说明他还把你当回

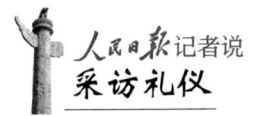

事儿,甚至心怀一定信任。对记者来说,要做好采访,也不容易。实际上,记者一提问,就向发言人和广大听众公开了自己的品格和业务水平。这本《人民日报记者说:采访礼仪》值得一读,原因之一就是它介绍了记者工作时在礼仪上不可掉以轻心的大大小小事项。

自古以来,礼仪的政治性极强,在日趋纷繁的跨领域、跨国界交往中尤其如此。

在我心目中,最重要的礼仪是敬民爱国、谦虚谨慎、言而有信。新闻无国界,记者有祖国、有良知。比如,中国记者和其他中国公民一样,在国家主权等大问题上要坚持原则,有历史责任感,并在采访和写作中有专业化的体现。常见的例子包括,在提及领土完整问题时,必须牢记,普天之下我们只有一个祖国,不可出现祖国一个地区的名字与国家名字相提并论的情况……在相当长一个时期内,不合理的国际政治、经济、新闻秩序难有根本改变,对此要心中有数。记者的职业准则应深植在作为普通公民的爱国情怀之中。

平等相待和相互尊重是采访礼仪的基本规范。敬人者,人恒敬之。自重与敬人应时时处处有机结合。最难忘:我访问法国时,法外长在欢迎午宴上用红黄玫瑰组出中国的国旗图样;我一代表团访问坦桑尼亚和德国时,当地老人合唱团用汉语无伴奏齐唱中国国歌……这一切都同新中国外交一贯强调平等友好地与别国和平、和谐相处有关。

采访礼仪与外交礼仪触类旁通,内政和外交同出一个母体,做记者和做别的工作都得先学做人。

礼仪的真谛来源于"民为贵"的理念。文章千古事,得失寸心知。对老百姓要诚恳,对读者和听众要负责。你的采访文字要先感动自己，才能感动国人，进而感动外国人。要虚心问计于民，获取第一手材料。如本书所说，记者如果自视太高，甚至自诩高于群众，便是无知、粗鲁的表现。提问可以坦率一点、尖锐一点，同时淳朴实在，贴近生活；不嫌贫爱富，不欺软怕硬；重大节，也不忽视细节。采访时，在不影响信息量的前提下，说话宜尽可能注意节约时间。简洁是一种美。我的同事，新华社原总编辑、资深记者南振中倡导把"有话则长，无话则短"进化为"有话则短，无话则免"。我拥护。这才是与时俱进。现在大家都忙，不喜欢那种问题比答案还冗长的采访报道。

在注重专业和分内工作的同时，应志在高远，又脚踏实地，坚持终身学习，多学科学习。我的同事，外交部原发言人吴建民大使说过，新闻可算是贬值最快的一种"商品"。有道理。往往广学博采的记者才可能及时写出有价值的新闻。

本书从概论到规范再到具体实践，针对各种人物、突发事件、会议、网络、涉外场合等，援引正反事例，对采访礼仪做了较仔细的解析，通俗易懂，具有可操作性。

牢记并深信人民至上、祖国永恒、学海无涯，自然会注重以礼待人。良好的礼仪有利于采访的成功，知书达礼有利于提升为和平发展服务的实效。

（本序作者李肇星曾任全国人大会议发言人、外长）

目 录
Contents

序言　爱国敬民知书达礼 /1

引　言 /1

上篇　采访礼仪概论

第一章　采访礼仪概述 /3

第一节　礼仪的基本概念 /3
　　一、礼仪的概念 /3
　　二、礼仪的传承发展 /4
　　三、礼仪的基本内容 /6

第二节　采访礼仪的含义 /8
　　一、"采访"概述 /8
　　二、采访对象 /10
　　三、采访礼仪 /11

第三节　采访礼仪的特征 /13
　　一、采访特点 /13
　　二、礼仪特征 /15

第四节　采访礼仪的原则及功能 /18

一、采访者与采访对象之间关系 /18

二、采访礼仪的基本原则 /19

三、采访礼仪的功能 /21

第五节　实例分析提示 /25

实例一　顾迈南：先交朋友后作文 /25

实例二　特朗普：出门前思考你该换一条路还是换一双鞋 /28

实例三　《名人面对面》：伤人自尊难奏效 /30

第二章　采访礼仪分类及关联 /33

第一节　采访礼仪的分类 /33

一、以采访形式分，可分为六种 /34

二、以传播媒体分，可分为六种 /35

三、以采访设备分，可分为五种 /36

四、以播报方式分，可分为两种 /36

第二节　采访礼仪与相关学科的联系及区别 /38

一、采访礼仪与采访技能 /38

二、采访礼仪与人际关系学 /39

三、采访礼仪与美学 /40

四、采访礼仪与心理学 /41

五、采访礼仪与肢体语言学 /41

六、采访礼仪与民俗学 /43

第三节　学习采访礼仪的途径和方法 /44

一、加强文化素养 /45

二、注重品德修炼 /46

三、提高综合能力 /47

四、积极参与实践 /49

第四节　实例分析提示 /50
　　实例一　周恩来：肢体语言能使沟通更加形象传神 /50
　　实例二　贝罗尼：谦逊有礼是通向博学的阶梯 /53

第三章　采访日常礼仪基本要求 /60
第一节　自身形象礼仪 /60
　　一、仪容礼仪 /62
　　二、仪表礼仪 /63
　　三、仪态礼仪 /67

第二节　公务交往礼仪 /72
　　一、公务交往中要把握好几个关系 /72
　　二、公务交往中的几个禁忌 /74

第三节　接待公众礼仪 /77
　　一、接待基本礼仪 /77
　　二、会务礼仪 /78
　　三、握手礼仪 /79
　　四、鞠躬礼仪 /79
　　五、宣传品礼仪 /80

第四节　公务环境礼仪 /82
　　一、环境整洁卫生 /82
　　二、举止文明礼貌 /83
　　三、工作有序高效 /83
　　四、爱护公共财产 /84
　　五、力求言语文明 /84
　　六、维护公共环境 /85
　　七、注重细节礼仪 /85

第五节　采访礼仪存在的问题及对策 /87
　　一、当前存在的主要问题 /87
　　二、基本对策 /88

第六节　实例分析提示 /91
　　实例一　吉拉德：名片满天飞那是拓展你的事业 /91
　　实例二　王志：要经得起观众的挑剔 /94

中篇　常用采访礼仪规范

第一章　人物采访礼仪 /99

第一节　人物采访礼仪的含义 /99

第二节　人物采访礼仪的基本规范 /100
　　一、协商专访时间 /100
　　二、主动询问禁忌 /101
　　三、着装讲究得体 /101
　　四、热情拿捏有度，距离产生美 /101
　　五、目光温和，注视位置适当 /102
　　六、提供化妆道具，耐心配合试镜 /103
　　七、借用物品及时归还 /103

第三节　人物采访礼仪应当把握的品质内涵 /105
　　一、精心运筹，尊重从"案头功课"做起 /105
　　二、知己知彼，争取专访成功 /106
　　三、以诚相待，对方愿掏心里话 /107
　　四、客随主便，选择适当访谈环境 /108
　　五、善于倾听，不卑不亢顺势引导 /108
　　六、创造兴奋点，挖掘深度报道 /110

第四节　实例分析提示 /112
　　实例一　韦尔斯：共同话题与东方领导架起桥梁 /112

实例二　王志：在温情追问中核实事实 /116

实例三　李小萌：隐私提问把握度 /118

第二章　会议采访礼仪 /122

第一节　会议采访礼仪的含义 /122

第二节　会议采访礼仪的基本规范 /124

一、提前到场，"熟"能生巧 /124

二、遵守会场纪律，维护媒体声誉 /124

三、聚精会神入会，不可半途而退 /125

四、管好手中设备，切勿妨碍秩序 /125

五、低调切入，防止"喧宾夺主" /126

六、服从会场管理，友好协商解困惑 /126

第三节　会议采访礼仪应当把握的品质内涵 /127

一、了解会议背景，不打无准备之仗 /127

二、既敢于"抢先"，又防止"劫持"失礼 /127

三、积极联络，广结人缘 /128

四、外静内动，文雅礼让 /129

第四节　实例分析提示 /130

实例一　段柄仁："难缠"记者让人怜爱 /130

实例二　王小丫：柔中带刚"抢"新闻 /133

实例三　《东方早报》：精心入会抓"活鱼" /135

第三章　体验采访礼仪 /138

第一节　体验采访礼仪的含义 /138

第二节　体验采访礼仪的基本规范 /140

一、撸起袖子，转换角色 /140

二、接受历练，融入生活 /141

三、公道正派，预防偏激 /141

四、低调体验，量力而行 /142

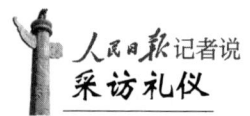

　　第三节　体验采访礼仪应当把握的品质内涵 /143
　　　　一、眼睛向下，真心实意问计于民 /143
　　　　二、摆正位置，不凭主观意愿改变事物发展方向 /144
　　　　三、以德为先，不以"引诱"违反法规 /145
　　第四节　实例分析提示 /146
　　　　实例一　郭超人：满怀激情踏着英雄的足迹成长 /146
　　　　实例二　赵拴：同农民打成一片才能采集到精彩细节 /149
　　　　实例三　周泓洋：伐木体验悠着点 /151
　　　　实例四　《体验三百六十行》：谨防犯罪式体验 /154

第四章　电话采访礼仪 /158

　　第一节　电话采访礼仪的含义 /158
　　第二节　电话采访礼仪的基本规范 /159
　　　　一、主动介绍简洁实在 /159
　　　　二、充分准备列出提纲 /160
　　　　三、认真倾听做好记录 /160
　　　　四、保持联络及时反馈 /161
　　　　五、接听电话文雅有礼 /161
　　第三节　电话采访礼仪应当把握的品质内涵 /163
　　　　一、及时掌握相关技术，广泛搜集电话号码 /163
　　　　二、提问简单易答，呼应彬彬有礼 /164
　　　　三、注重核实内容，杜绝错误漏洞 /165
　　　　四、电话采访有禁忌，使用过滥遭人嫌 /165
　　第四节　实例分析提示 /167
　　　　实例一　张亮：布什很乐意接受人民日报电话采访 /167
　　　　实例二　亚洲媒体：提问设计要细斟酌 /169
　　　　实例三　范敬宜：富于联想出华章 /172

第五章　网络采访礼仪 /176

　第一节　网络采访礼仪的含义 /176

　第二节　网络采访礼仪的基本规范 /179

　　一、事先沟通，取得认同 /179

　　二、文书礼貌规范，言简情真意切 /180

　　三、反馈迅速准确，推崇礼尚往来 /181

　　四、强化精品意识，恪守新闻道德 /182

　　五、严格程序，加强审核 /182

　第三节　网络采访礼仪应当把握的品质内涵 /183

　　一、强化责任，拒绝低俗炒作 /183

　　二、胸怀开阔，大肚"容网" /184

　　三、注重全能训练，提高综合能力 /184

　　四、加强互动，广交网友 /185

　　五、树立全球化理念，维护绿色生态 /185

　第四节　实例分析提示 /187

　　实例一　王军：电子邮件采访亦精彩 /187

　　实例二　范正伟：反思网络时代的媒体责任 /190

　　实例三　网民：记者别"忽悠"公众 /196

第六章　隐性采访礼仪 /200

　第一节　隐性采访礼仪的含义 /200

　第二节　隐性采访礼仪的基本规范 /202

　　一、争取公开方式，先"礼"后"兵" /202

　　二、领导认可，组织配合 /202

　　三、"礼"直气壮，坦然应对 /203

　　四、不设"陷阱"，以仁取义 /203

　　五、防患未然，确保安全 /204

第三节　隐性采访礼仪应当把握的品质内涵 /205

　　一、实事求是防止感情用事 /205

　　二、善意"谎言"用大爱编织 /205

　　三、遵守法规防止侵权 /206

　　四、采写翔实报道回报公众 /207

第四节　实例分析提示 /208

　　实例一　卡特：为何在拍摄照片获奖后自杀 /208

　　实例二　《焦点访谈》：介入暗访揭开"路霸"面纱 /210

　　实例三　《新闻调查》：不能以目的的正当而不择手段 /214

下篇　媒体采访交往礼仪实践

第一章　学会说话营造真诚和谐氛围 /219

第一节　学会说话与营造和谐氛围 /219

第二节　学会说话基本礼仪 /220

　　一、尊重他人 /220

　　二、谈吐文明 /220

　　三、温文尔雅 /221

　　四、宽容和谐 /221

　　五、耐心聆听 /221

第三节　把握日常交往中说话艺术 /222

　　一、讲究说话的角度 /222

　　二、讲究赞扬的技巧 /223

　　三、讲究对话的语气语调 /225

　　四、改善命令式和否定式方法 /228

　　五、讲究拒绝的技巧 /230

　　六、讲究闲谈的方式 /230

　　七、灵活运用礼貌用语 /233

第二章　当好新闻发言人角色展示媒体形象 /236

第一节　新闻发言人在信息传播中地位与作用 /236

第二节　新闻发言人应遵守基本职业操守 /238

第三节　怎样当好新闻发言人角色 /240

　　一、仪表得体，塑良好之形 /240

　　二、收集舆情，尽担当之责 /241

　　三、引导舆论，立大局之位 /242

　　四、与时俱进，领传播之先 /243

第三章　把握视频直播彰显职业风范 /246

第一节　视频直播在媒体融合发展中重要意义 /246

第二节　视频直播者就是媒体形象代言人 /248

　　一、关于站姿 /248

　　二、关于眼神 /248

　　三、关于表情 /249

　　四、关于服装 /249

　　五、关于化妆 /249

第三节　着力培养视频直播礼仪素养 /252

　　一、提升角色转化能力 /252

　　二、提升语言表达能力 /252

　　三、提升专业技术运用能力 /253

　　四、提升政策法规执行能力 /254

　　五、提升全局把控能力 /254

第四章　善待社交媒体拓展传播效能 /255

第一节　善待社交媒体与拓展传播效能 /255

第二节　社交媒体基本礼仪是遵守核心价值观 /256

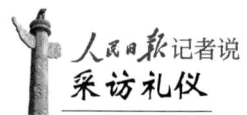

第三节 善待社交媒体重在运用平台礼仪 /257
　　一、社交网络礼仪 /257
　　二、微信礼仪 /258
　　三、微博礼仪 /260
　　四、邮件传真礼仪 /261

第五章 做好调查研究讲究礼仪习俗 /264
第一节 调查研究与礼仪习俗 /264
第二节 调查研究首要任务是营造和谐氛围 /266
　　一、恪守职业道德，敢于秉笔直言 /266
　　二、赢得领导支持，上下形成合力 /267
　　三、坚持实事求是，不掺个人杂念 /267
　　四、采取灵活方式，注重实际效果 /267
第三节 调查研究应当具备礼仪涵养 /269
　　一、培养质疑素养 /269
　　二、保持平和心态 /270
　　三、善于诱导深入 /271
　　四、挖掘社交资源 /271

第六章 规范涉外宣传维护国家尊严 /273
第一节 涉外宣传与国家尊严 /273
第二节 涉外宣传秉持求同存异尊重礼仪原则 /276
　　一、求同存异尊重礼俗 /276
　　二、仪表得体注重形象 /277
　　三、遵守时间不得失约 /277
　　四、慎重提问尊重隐私 /278
　　五、严格执行外事纪律 /278
　　六、以右为尊女士优先 /279

七、认真核实精确翻译 /279

第三节　涉外宣传着重培育自尊自爱民族精神 /281

　　一、不卑不亢，自尊自爱 /281

　　二、客随主便，和而不同 /282

　　三、慎重表态，信守约定 /283

　　四、放眼全球，博古通今 /283

　　五、保护环境，爱护动物 /284

第七章　礼仪实践案例经典 /286

　　透视经典一　观众：视频直播"着装门"有损大台声誉 /286

　　透视经典二　《南方周末》：维护稳定也要有眼光有胆识 /289

　　透视经典三　王克勤：500万元身价来由 /292

　　透视经典四　《新闻调查》：树立平衡平等平静的理念 /295

　　透视经典五　吴绮敏：随中央领导出访的日子 /300

　　透视经典六　杨澜：最高贵的格调是自然真诚 /306

　　透视经典七　古龙：为人处世中距离是一种艺术 /312

附：礼仪小常识

　　称呼的种类 /17

　　几种称呼的正确使用 /24

　　自我介绍礼仪 /32

　　常用礼貌语言 /37

　　女走一条线，男走两条线 /71

　　迎客：在哪里迎接 /76

　　怎样送客最得体 /81

　　乘坐小轿车基本礼仪 /86

　　聊天六忌 /96

　　寒暄：基本"客套"不可少 /104

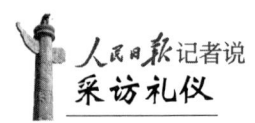

拜访时怎样敲门 /111

迎送语 /123

敬酒：从俗原则与基本顺序 /137

中国古代称呼亲友用语 /139

工作餐三大原则：简单快捷、适度交流、吃相优雅 /157

手机短信有讲究 /162

探望病人注意选择赠送礼品 /201

不要随意打断别人问话 /239

"三庭五眼"规律 /251

常用短信不忘礼仪 /263

让称呼更暖心 /265

怎样称呼陌生人 /272

称呼外宾基本礼仪 /274

信守约定：维护自我尊严 /275

国外常见礼节 /280

注意数字的忌讳 /285

颜色的忌讳 /311

主要参考文献 /315

后　记 /317

引　言

应人民日报出版社之邀，请我修订 12 年前出版的《采访礼仪论》，我在忐忑中欣然应允，不安的是能否做好采访礼仪这篇大文章，欣喜的是能为新时代新闻队伍建设做点贡献。我还要真诚感谢您在浩如烟海的图书中，选择翻阅此书。

中华民族素以礼仪之邦享誉天下。古人云："礼仪者敬人也。"《管子》曰："礼义廉耻，国之四维，四维不张，国乃灭亡。"孔子主张的"克己复礼""仁爱及人"思想一直影响着中国礼仪文化的发展，应运而生的礼貌、礼节、礼遇、礼规、礼法，约束、规范着人们的言行举止。

在历史发展长河中，礼仪的含义已远远超出古人推崇的礼仪范畴，社会进步不断为礼仪赋予新的内涵和外延，如今，礼仪是一种随着社会发展而与时俱进的行为准则与规范，逐步形成了现代、全面、系统的礼仪学说，并且渗透到社会各个角落，细化为各行各业的礼仪习俗和规范。新闻行业的礼仪大都是通过职业道德自律来实现的。1986 年国际新闻记者联盟世界大会修正《记者行为准则宣言》，联合国大会要求各会员国参照执行《国际新闻道德公约》、日本《新闻伦理纲领》等。2019 年我国修订《中国新闻工作者职业道德准则》，2009 年宣布《中国互联网行业自律公约》，2022 年发布《移动互联网环境下促进个人数据有序流动、合规共享自律公约》，2020 年颁布《广播电视从业人员职业道德自律公约》等，对新闻从业人员的目标要求、言行举止、待人接物、品德修养、自身形象等方面作了详细规定，为新闻行业健康、文明、规范发展奠定了坚实的基础。

习近平总书记指出："礼仪是宣示价值观、教化人民的有效方式"，还指出："要建立和规范一些礼仪制度，组织开展形式多样的纪念庆典活动，传播主流价值，增强人们的认同感和归属感。"[①] 礼仪是社会文明进步的重要标志之一。当今时代，在新媒体和大众传播迅速成长与激烈竞争中，记者已经不再是"麦霸"，人人可以当"记者"，新闻记者职业迎来新的挑战，采访发生新变化，要求记者不断检点自己的言行，修炼自己的品质，采访礼仪便应运而生，从诸多现代文明礼仪中细分出来，形成一门新型的实用学科，成长发展并服务于新闻职业活动，形成一道亮丽的风景线。笔者在人民日报工作20多年，在采编、行政、经营、管理等多岗位学习锻炼，亲历许多一线实践探索，故而促使笔者修订一本新闻工作者的采访礼仪，取名《人民日报记者说：采访礼仪》，以期抛砖引玉。

一、采访礼仪论的定义

如果说采访学、礼仪学是两门科学，那么采访礼仪就是一门研究两门学科交融、升华、发展的综合科学。采访礼仪就是指采访人员为树立或维系组织主体良好形象，在与采访对象交往过程中，应当遵循的合乎社会道德规范、新闻职业规范以及政治法律规范要求的各种礼仪准则与规范。

采访礼仪论就是关于采访者在采集访问过程中应当遵循的礼节和仪式的学说。

采访礼仪是一门行为艺术。本书融合新闻采访、文明礼仪两门学科基础理论，从当代礼仪学的视角，研究提高采访者素质能力，从实现采访目的出发，探究文明礼仪表达艺术，强调新闻记者内练品质、外树形

[①]《积极推进礼仪教育（新知新觉）》，《人民日报》2020年12月8日第9版。

象，营造"人和"境界，彰显新闻媒体的公信力和权威性。作为人民日报记者"说"，既有学术理论探究，也有实践经验集成。

本书所作的努力就是补充采访学和礼仪学相互融合、彼此促进、协调发展的空白地带，站在时代前沿，面向未来发展，探索采访礼仪的基本规律和解决矛盾的基本方法。

二、采访礼仪论的内容

本书主要内容是以现代文明礼仪的理念和做法，探究和规范新闻采访活动务实高效的基本规律和方式方法。

本书分为上、中、下共三篇。上篇从实际出发，运用马克思主义新闻观和中国特色社会主义精神文明理论，阐述了采访礼仪的基本原则和特征，采访人员应当具备的礼仪修养以及日常交往基本要求等规范，就新媒体采访中遇到有关礼仪的重点、热点、难点问题，剖析探讨，归纳梳理，删繁就简，提出操作建议。

本书中篇，针对新兴媒体迅猛发展的趋势和特点，重点对常用的人物、会议、体验、电话、网络、隐性六种采访礼仪进行深入解析，揭示文明礼仪的普遍性与特殊性规律，论述常用采访礼仪的基本规范以及应当把握的品质内涵，注重启示性、针对性、可操作性，力争使采访礼仪起点高、落点实，简洁实用。

本书下篇，针对采访礼仪涉及教养、学养、素养、涵养和修养这个系统工程，依据毛泽东同志"政治家办报"的党报理论要点，结合当前新闻战线采访交往礼仪实践，重点对如何把握说话艺术、当好新闻发言人、做好视频直播、善于调查研究、学会涉外礼仪等进行深度剖析探索，还透视了许多经典案例，列举了日常交往中的礼仪小常识，启发大家在社会实践中提升礼仪智慧。

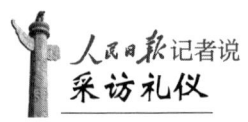

本书目录就是内容提要，为了醒目简化如下：

采访礼仪
- 上篇 采访礼仪概论
  - 采访礼仪概述
    - 礼仪基本概念
    - 采访礼仪含义
    - 采访礼仪特征
    - 采访礼仪原则功能
  - 采访礼仪分类关联
    - 分类
    - 与相关学科联系区别
    - 学习途径和方法
  - 采访日常礼仪基本要求
    - 自身形象礼仪
    - 公务交往礼仪
    - 接待大众礼仪
    - 公务环境礼仪
    - 问题及对策
  （实例分析）
- 中篇 常用采访礼仪规范
  - 人物采访礼仪
  - 会议采访礼仪
  - 体验采访礼仪
  - 电话采访礼仪
  - 网络采访礼仪
  - 隐性采访礼仪
  - 礼仪含义
  - 基本规范
  - 品质内涵
  （实例分析）
- 下篇 媒体采访交往礼仪实践
  - 学会说话营造真诚和谐氛围
  - 当好新闻发言人角色展示媒体形象
  - 把握视频直播彰显职业风范
  - 善待社交媒体拓展传播效能
  - 做好调查研究讲究礼仪习俗
  - 规范涉外宣传维护国家尊严
  （透视经典案例 礼仪小常识）

三、采访礼仪论的写作方法及目的

采访礼仪论研究写作的理论基础是马克思主义哲学。老一辈著名新闻工作者、人民日报社原社长邓拓说："新闻工作的经验应该怎样来总结？这就是运用马克思主义哲学，按照唯物辩证法来总结它。"采访礼仪论着重运用了辩证唯物主义对立统一规律、矛盾运动规律、量变质变规律以及马克思主义新闻观等经典理论，结合采访学、礼仪学基础理论，从采访礼仪的基本概念、含义、基本规范、品质内涵、案例分析主线展开论述，既是一个采访礼仪学术体系，又是一个经验荟萃。因为采访礼仪方式方法因人而异、因时制宜，但采访礼仪的基本规律则是贯穿始终的，掌握了基本规律，既便于取人之长，又便于自我创新。

承蒙全国人大发言人、外交部原部长李肇星在百忙之中为本书作序，并对本书提出中肯的修改意见，书中凝聚着一个在国际舞台上叱咤风云的外交家的智慧与力量，笔者备受鼓舞和鞭策。本书借鉴和引用了300多位著名记者、礼仪专家、行业精英的经典言论、事例以及研究成果。请全国总工会专家库礼仪文化专家、国际礼仪文化中心主任刘雅琳进行指导。本书对借用之处尽可能注明出处，一来说明引用的权威性和严肃性，二来为读者进一步研究提供方便。书中还穿插了一些礼仪小常识，作为对章节内容的补充与注释。

采访礼仪是新闻记者内在综合素养的外在表现，是记者人际交往的"润滑剂"和"助推器"。着力提高新闻记者的文明礼仪素质，彰显记者人格魅力，推动事业健康发展，是我们的初衷和目的。以人类现代文明的智慧和思维方式挑战新闻采访公关时代的来临，进一步提高采集访问的政治性、社会性、目的性、公正性、平等性，是本书的出发点和落脚点。希望本书能对新闻采访活动有一定的启迪和参考作用。如果能为推动全民精神文明建设出一点微薄之力，笔者将引以为豪并感到欣慰。

为了迎接新媒体发展的挑战，满足跨媒体采访需求和多元化新闻人才培养，本书未对纸质、电视以及新媒体等采访礼仪进行严格划分。因为随着三网融合的蓬勃发展，传统媒体不断尝试新技术，新旧媒体相互交融、彼此关联，已将采访礼仪融为一体。

尽管笔者在撰写过程中力求准确、全面、系统，囿于水平和阅历，

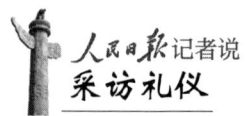

加之社会发展日新月异，涉及的内容也在迅速变化，书中所述仅为个人窥孔之见，只作为大家研究问题的一种思路和参考，不当之处，敬请批评指正。

2023 年 1 月 1 日

上篇

采访礼仪概论

华夏子孙从古至今十分崇尚"礼",高度重视礼仪教化。随着时代的发展,现代礼仪渗透到各行各业中,成为一种新型生产力。新时期采访发生新变化,采访礼仪作为一门新型学科应运而生,人们更加关注采访礼仪的基本概念。

采访礼仪包括采访者的仪容、仪表、举止、言谈、风度、专业修养等综合素质。采访礼仪是反映一个人精神风貌、专业素质的首要因素。穿着是否得体,举止是否有度,技能是否娴熟,一见便能洞穿,给对方留下至关重要的第一印象。良好的礼仪风范、出众的形象风采,是采访者自尊及尊人之本、新闻采访开拓创新之源。

本篇着重介绍采访礼仪的基本概念、原则和特征,提出采访人员必须具备的自身形象以及日常交往等礼仪基本要求。

第一章 采访礼仪概述

第一节 礼仪的基本概念

一、礼仪的概念

我国素以"文明古国""礼仪之邦"著称于世,在5000多年的历史演变中,积淀了一系列宏大的礼仪思想和礼仪规范,其精髓深入人心,形成了一套完整的道德理论和生活行为规范,贯穿于中华民族的自觉意识与行为活动中。简单地说,礼仪就是人际交往中沟通的技巧。古人讲"礼仪者敬人也",礼,就是尊重的意思,即在人际交往中既要尊重自己,更要尊重别人。如尊重上级是一种天职,尊重下级是一种美德,尊重同事是一种本分,尊重大众是一种常识,尊重所有人是一种教养。仪,就是仪式,即尊重自己、尊重别人的表现形式。

礼仪一般表现在两个方面:一是对内,即个人修养;二是对外,主要有形、气、神、礼节、肢体风范等。礼仪在形成我国人民良好的处世态度和人际关系,塑造民族特色习惯、稳定社会秩序、推动社会进步等方面,都发挥了极其重要的作用。这是我们研究和实践采访礼仪的重要性和必要性。

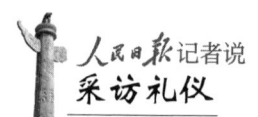

二、礼仪的传承发展

礼仪是中华传统文化精髓之一,我国古代有三部著名的礼典,即《周礼》《仪礼》《礼记》,它们是有关各种礼制的百科全书。其中《周礼》侧重于政治制度,《礼记》主要是对礼的各个细节做出符合统治阶级利益需要的解释,《仪礼》则记载行为规范。三部礼书涵盖了我国古代"礼"的基本内容。

"礼",《辞海》中的解释为:①本谓敬神,引申为表示敬意的通称;②为表敬意或表隆重而举行的仪式;③泛指奴隶社会或封建社会贵族等级制度的社会规范和道德规范。从文字的象形角度分析,繁体"礼"字的左边是"示",意为祭祀神灵,右上方"曲"为祭物,右下方"豆"是礼器。所以"礼"就是把盛满祭物的祭具摆放在祭台上,献给神灵。

当然,由于社会所处的时代不同,生产力发展水平不一,政治见解相左,对"礼"的理解也有多种见解。

"礼"即"敬",《礼记·经解》中有"恭俭庄敬,礼教也"之说;《礼记·曲礼》开头就是"毋不敬",把"敬"作为礼不容忽视的本质内涵。

"礼"即"序",《礼记·乐记》:"礼者,天地之序也。"这里"序"就是秩

孔子行教像

序、次序、身份、地位。

"礼"即"理",《礼记·乐记》:"礼也者,理之不可易者也。"理是指道理、原则和规范。

春秋时期孔子把"礼"推向一个至高无上的地位。他要求"克

2008年8月10日,一名江苏少年在福州乌山道山观的孔子像前,身着汉服,行传统成人礼,向母亲行拜礼感恩,向师长行拜礼励志,向孔子像行拜礼,表达传承文明、报效祖国的决心。母亲带儿子来福州行成人礼,是在心理、形式上提醒儿子将独立走向社会,今后为人处世要独立自主、果断刚毅、公平公正。来源:新华社

己复礼",教育弟子们做到"非礼勿视""非礼勿听""非礼勿食"。为了宣扬古代礼制,他不远千里从鲁国到西岐向老子(李耳)学礼。孔子奠定了儒家学说在传统礼仪文化中的核心地位,其"仁爱及人"的核心思想一直影响着中国礼仪文化。

梁实秋先生在其《秋室杂文·谈礼》中指出:"礼是一套法则,可能有官方制定的成分在内,亦可能有沿袭的成分在内,在基本精神上还是约定俗成的性质,行之既之,便成为大家公认的一套规则。"

在西方,"礼仪"一词在法语中叫"etiquette",原意是一种长方形的纸板,上面写着进入法庭所应遵守的规矩、秩序,因而这种纸板就被视为"法庭上的通行证"。"礼仪"一词进入英文后,便有了规矩、礼节、礼仪之意,成为"人际交往的通行证"。礼仪涵养是人际沟通中的底线,马克·吐温就说:"人可以犯几个可以改正的错误,但不能有一个失礼行为。"也就是说,人缺什么首先不能缺教养,礼仪素养对一个人来说是最起码的教养,对人际沟通而言是最基本的技术手段和要素。

为迎接全国第八个"公民道德宣传日",开展"学身边好人,做文明市民"活动,培育文明风尚,树立文明新风,促进公民道德素质和社会文明程度提高,北京市进行"公民道德宣传日"宣传实践活动。图为公民道德宣传日的宣传画。

"礼仪"一词,《现代汉语词典》解释为:礼节和仪式。①

由此可见,礼仪是社会公认的或约定俗成的对他人表示尊重,且因社会地位、交往环境不同而有所区别的一种交往规范。其宗旨是使人人都感到舒适、得体,其本质是通过各种规范的言行表示人际的真诚、尊重、友好和体谅,它是人的社会关系的集中体现。

简而言之,礼仪是对礼节、仪式的通称,它是指人们在社会交往中遵守社会正常行为规范标准,按照约定俗成的程序,以建立和谐关系为目的的各种交往行为的完整过程。

三、礼仪的基本内容

礼仪的基本内容包括四个方面。

1. 礼仪是一种行为准则或规范

正所谓"入乡随俗、入境问禁、入门问讳",每个人都应谨记和遵循。礼仪虽然没有法律法规的强制性,但违背了这种约定俗成的行为、程序、习惯、仪式、礼数等规范,会给人际交往带来直接影响,甚至感到"举步维艰",处处受阻,难以与特定的社会环境相适应。

2. 礼仪是个人品质、学识、修养的外在表现

英国哲学家培根说:"行为举止是心灵的外衣",我国古语中有"诚于中而行于外"之说。礼仪的关键不在于你学到了多少社交技能,而在于你自身的品质能否赢得他人的尊重。虚情假意、阿谀奉承、投机取巧

---

①《现代汉语词典》,商务印书馆1991年版,第693页。

不是礼仪的真正含义，一个人只有在真诚尊重他人的前提下，自己才可能得到他人尊重。一个努力掌握现代化知识技能，紧跟时代潮流的人，才能与时俱进，做到"我为人人"献爱心，感受"人人为我"暖我心。一个品质低下、没有仁爱、不学无术之人，是不可能赢得别人尊重的。

3.礼仪的内涵具有渐变性

事物的发展是永恒的。礼仪的内涵也是传承发展、繁荣多样的。礼仪作为一种文明，受政治理念、文化传统、风俗、宗教信仰及时代潮流等直接影响，其内涵不断发展变化。像我国这样一个地域广阔的多民族国家，风土人情各不相同，礼仪规范也各具特色。随着改革开放，国际时尚礼仪相互影响、相互吸收，形成了多样化的礼仪规范。如现代礼仪不断发展规范，形成了涉外礼仪、网络礼仪、短信礼仪、节能礼仪、低碳礼仪、绿色礼仪等。

4.礼仪目的是营造良好的"人和"环境

礼仪就是通过社交各方的相互尊重，达成人际关系的和谐状态，为主体（个人或社会组织）活动营造良好的氛围，搭建沟通的桥梁。礼仪原则的中心理念是仁和爱。仁是对他人的同情和仁慈，爱则是发自内心地对他人的情感。两者是礼仪的内核，没有仁爱，礼仪就是一套虚伪的东西，就是"客套"的形式。礼仪是生活艺术的一种表达，也是品质修养的具体体现，要求人们仁爱及人、自尊尊人、内外兼修、平顺和谐，促使人们不断改造自我，提高人际沟通能力，最大限度地减少分歧和摩擦，努力实现相互爱戴、相互体贴、相互谅解、相互交融的状态，形成一个"天人合一"的理想境界。正如英国作家埃西尔·伯奇·唐纳德所说："有关探讨礼仪的这些文章，全都归结到这个事实，即良好的礼貌意味着对他人表示关怀。"

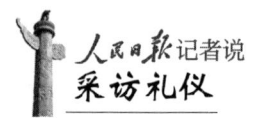

第二节 采访礼仪的含义

一、"采访"概述

在我国,"采访"始于东晋史学家、文学家干宝的《搜神记》:"若采访近世之事,苟有虚错,欲与先贤前儒分其讥谤。"其中的采访,指采集、了解。19世纪有了近代报纸,出现了"新闻采访"一词。1872年4月30日创刊于上海的《申报》,向社会公开征集新闻,刊登广告,题目是《新闻采访启》。

"采访"一词,《现代汉语词典》简要注解是:搜集寻访,调查访问。

《辞海》中对采访的解释是:为搜集新闻事实和新闻背景等新闻报道材料而进行的观察、访问、调查、录音、录像等活动。

采访是新闻材料的"采集"与对采访对象的"访问"的合称。换句话说,采访是采访人员通过各种方式寻找和采集有价值素材的活动。也有风趣的说法:"采访是云游四方,会晤三教九流,满足人们的好奇心。"①

广义的采访,是指新闻从业人员、文艺工作者、调研单位、自由撰稿人以及广大民众所进行的调查和访问。采访者包括新闻记者、特约记者、通讯员、基层单位领导干部、宣传工作者、作家、书画家、民间艺人以及广大公众。随着网络信息时代的发展,特别是手机4G、5G的广

---

① [美]约翰·布雷迪:《采访技巧》,新华出版社1986年版,第4页。

泛运用，每一个普通手机用户，都可以随时随地采集信息，进行发布。所以，采访是一个范围比较广、运用比较普遍的概念。

狭义的采访，是指新闻从业人员为获取新闻材料所进行的采集和访问，也叫新闻采访。新闻采访是特指记者包括特约记者、通讯员的采集和访问。从新闻学的角度讲，采访是一种适应新闻工作要求的特殊的调查研究。新闻采访所进行的观察、访问、调查、录音、录像等各种活动，是为了在媒体上进行披露报道，而非其他目的。如果采访用于其他目的，如刑事上或经济利益上的目的，就不能叫新闻采访，而是刑事侦查、间谍活动等。

随着加快推进媒体深度，从"你中有我，我中有你"，正在逐步变为"我就是你，你就是我"，为了适应新时代广大采访者需求，本书所说的采访，主要是指广义的采访，即：

采访是指新闻从业人员、文艺工作者、调研单位、自由撰稿人以及广大民众所进行的调查和访问。我们针对新闻队伍采访频次高、范围广、内容多等特点，又突出了新闻采访这个重点。即：

新闻采访是采访人员利用多种方式，为获得新闻事实所进行的调查和访问。

既然新闻采访的目的是在媒体上公开发表，那么新闻采访的基本要素是：媒体、记者、新闻素材、采访对象。显然，新闻采访有别于诗人、画家、作家等文艺工作者以及宣传干部、调研部门的调查和访问，但共同之处可以借鉴。

由此可见，**采访有三个要素**：

1. 采访是向特定人或广大民众所进行的调查和访问。
2. 采访的目的是向大众传播。
3. 采访活动包括三项内容：收集资料、认识事物、发掘报告素材。

汶川地震中，解放军战士费尽周折将一名三四岁的小孩从废墟中救出来，他的左臂骨折，脸上满是血污。战士们一边给他喂葡萄糖水，一边安慰他，给他包扎，找来一块木板把他抬出来，准备送医院，他不断地说谢谢叔叔，突然艰难地举起了右手向大家敬礼。一个小孩在惊魂未定的时刻，以人性本能的反应，向施救者行礼，真是感天动地，彰显礼仪之邦文化底蕴。杨卫华 摄

二、采访对象

采访对象实际上就是采访素材的来源。在国外新闻学著作中，一般使用"消息来源"（source）一词，消息来源不仅包括人的消息来源，而且涵盖了物的消息来源、物证材料等，比较全面。在我国，通常讲采访对象主要指人，因为人是万物的主体，人也包括提供物质的信息。

所以，艾丰将采访对象定义为："凡是记者在采访活动中向之索取情况和意见或者那些以各种方式（不只语言）向记者提供情况和意见的人，都可以称之为采访对象。"①

由此可见，记者选择采访对象，寻找消息来源的范围相当广泛。一般分为以下四种人：

当事人： 事实的主体或中心。新闻要素中的"何人"，指的就是当事人。某个事实，就是因他而发生的，他掌握着几乎全部的事实。采访最需要找的就是当事人。

知情者： 较为间接地与事实发生着这样或那样的联系。一般来说，

---

① 艾丰：《新闻采访方法论》，人民日报出版社1992年版，第222页。

他只了解部分情况，掌握部分事实。虽然他在事实中的地位不如当事人那样直接，但他所提供的事实，可以补充、丰富或核实当事人所提供的事实。

相关者：与事实的发生没有直接联系，但可以影响事实的发生，或对事实的发生负有连带责任，或有权对事实作出评价。

提供者：报告、提供新闻事实线索的人。有的是政府发言人，有的是知情人，有的是信息传播人等。有的人知道事实真相，但不愿意说，不愿意提供，有时还需要做工作。

当事人、知情者、相关者、提供者，围绕着事实这个中心点，形成了核心层、紧密层、松散层、发布层这样相互连接、由内到外的四个层面。

三、采访礼仪

前面所述，礼仪是社会公认的或约定俗成的，对他人表示尊重，且因社会地位、交往环境不同而有所区别的一种交往规范。其宗旨是人人感到舒适、得体，其本质是通过各种规范的言行表示人际的真诚、尊重、友好和体谅，它是人的社会关系的集中体现。应该说"礼"属人类社会范畴，而且随着社会的不断进步而更趋广泛，内容更为丰富，但在采访活动中，"礼"主要体现在礼貌、礼节、礼仪，以及礼程、礼规、礼法等方面。

礼貌：指在采访活动中通过动作、语言、表情表示对对方的尊重、恭敬的一种行为规范。

礼节：指在采访场合人们相互问候、致意，表示尊重、友好的惯用形式或程序。

一般而言，礼貌是一个人内在素养和品质特性的外在表现，礼节是礼貌的具体表现方式，可以说"没有礼节，就无所谓礼貌；有了礼貌，

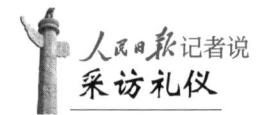

就必然伴有具体的礼节"。

礼仪：是对礼节、仪式的统称，指人们在社会交往、新闻采访中，遵守社会正常行为规范标准，按照约定俗成的程序，以建立和谐关系为目的的各种交往行为的完整过程。

应该说，礼貌是礼仪的基础，礼节是礼仪的基本组成部分，礼仪在层次上要高于礼貌、礼节，其内涵更深、更广，它由一系列具体的表现礼貌的礼节构成，是一个表示礼貌的系统的、完整的过程。

由此可概括为，**采访礼仪**就是采访人员为树立或维系组织主体良好形象，在与采访对象交往过程中，应当遵循的合乎社会道德规范、新闻职业规范以及政治法律规范要求的各种礼仪准则与规范。简而言之，采访礼仪就是在采集访问过程中应当行使的礼节和仪式。**采访礼仪论**就是关于采访者在采集访问过程中应当遵循的礼节和仪式的学说。

本书围绕采访礼仪论展开研究探索。

采访礼仪渗透于采访活动的整个过程，表现在每一个细节活动上。采访礼仪是评价一个人综合素质的重要依据，体现一个单位、一个媒体的整体形象，是提高媒体传播能力和舆论引导能力的重要环节。因此，采访者必须认真学习礼仪，运用礼仪，创新礼仪。

当今世界，礼仪与发展同行，与进步共生，礼仪无处不在、无时不有。新闻记者是与社会广泛交流，最大限度获取事实真相的职业。世界上著名的记者，都是高明的社会活动家、文明礼仪的典范。常言道，七分采访，三分写作。要获取采访的最大收益，必须注重采访礼仪，学习采访礼仪，实践采访礼仪，已是新闻界及全社会的一种共识。

遵循采访礼仪规范，树立采访文明新风，营造良好道德风尚，是时代的要求。继承中国优秀传统礼仪文化，吸收西方礼仪精髓，建设新时代的采访礼仪文化，是我们面临的一项重要而紧迫的任务。

第三节　采访礼仪的特征

一、采访特点

新闻采访,是为"获取新闻事实而进行的采集和访问活动",具有"客观、真实、全面、公正、迅速"[①]的特征,同时具有以下六个特点。

1. 新鲜性

"狗咬人不是新闻,人咬狗才是新闻。"真实和新鲜是构成新闻的两大基石。即使是事实,也必须包含新的信息。这些新的信息,能满足人们了解外部世界变化的需要,能给人以启迪,引导人们正确地判断最新发生的事实的意义;能使人们获得知识,开阔眼界,陶冶情操,得到精神上的享受。追逐和获取新鲜事实,是新闻采访最重要的特点。

2. 时效性

新闻是对刚刚发生或正在发生的事实的报道。新闻采访必须讲求高效率,"闻风而动"是它的又一鲜明特点。报道得越快、越早,事实的新鲜度就越高,越能满足人们的求新心理。要求采访时有"抢"的意识,随时准备奔赴新闻事实发生的现场,枕戈待旦,把新闻第一时间"抢"到手。有人说,新闻是贬值最快的商品,事实也确实如此。

3. 公开性

新闻采访获取事实不是为了让自己或圈子内的一小部分人欣赏和玩

[①] 新华西欧地区分社考察组:《考察西欧分社感到的问题》,《新闻业务》1980年2月21日增刊,第4期。

记者按照各自媒体采访特点，安排了相应的席位，需要记者自警自律，严守礼仪。图为运动会上摄影记者各就各位，秩序井然。来源：《摄影之友》

味，而是为了公开报道出去，让千千万万的人了解。

新闻无小事，新闻采访更是一件严肃的事情。采访活动一般是公开的，需说明自己的身份和采访意图（隐性采访除外），求得被采访者积极、主动的配合。

4. 广泛性

采访对象千变万化，采访内容无所不包。同时，在不违背国家法律、法规的前提下，只要能获取新闻事实，一切采访手段均可使用。要求采访者必须有广博的知识、全面的技能，必须是一个"多面手""杂家"；否则，就难以圆满完成采访任务。

5. 持续性

俗话说："新闻只有一天的生命。"报纸、广播、电视、网络、手机等大众媒体，连续不断地刊播新闻，需要源源不断的供稿，新闻采访也必须持续进行，时刻不能断档。采访是一项艰苦的创新劳动，需要具备不怕疲劳、连续作战的精神和心理准备，需要具有敢于吃苦和勇于奉献的拼搏精神。

6. 索取性

蜜蜂采花蜜，酿造蜂蜜。采访者获取新闻事实，撰写稿件。从采集角度讲，采访者同蜜蜂一样，只取自己所需，又不给被采访者付费，还占用其时间、精力，属于索取型，而采访对象则是付出者，属于奉献型。

这说明采访者应该尊重、理解、体贴、配合采访对象，推崇施"礼"于人，文明采访。

二、礼仪特征

采访礼仪是在漫长的新闻实践中逐步演变、形成和发展起来的，独具行业特征，主要体现在政治性、目的性、共同性、专业性、多样性、传承性等方面。

1. 政治性

新闻媒体是党和人民的喉舌和耳目。新闻工作者是党和人民利益的宣传者和实践者，无论是履行职能，还是社会交往；无论是采访新闻，还是编发稿件，都要充分体现党的主张、人民的呼声。礼仪本身不是政治，但能渗透于政治之中，影响政治；采访礼仪本身不是全局，但礼仪不周、不合适，会影响大局。因此，采访礼仪必须讲政治，旗帜鲜明，立场坚定，爱憎分明，体现法规意识、责任意识、忧患意识。

2. 目的性

采访者把"宣传党的主张，传播人民的声音"作为第一职能，这决定了采访礼仪的基本要素和根本出发点具有鲜明的目的性。采访活动中，必须围绕目的性开展工作，不计较个人和小集团利益得失，坚定信念，调整心态，加强涵养，敢打必胜，牢固树立不达目的誓不罢休的坚强意志，全力以赴完成任务，尽心尽力履行职责。

3. 共同性

礼仪是同一民族、同一国家、同一社会全体成员调节相互关系的行为规范，体现了人际关系中的共同需要，反映了人类追求真善美的共同愿望，符合大多数人的价值取向。采访礼仪跨越时空而普遍存在，表现在信息时代各种社会关系中，渗透于媒体、记者、采访对象、社会公众之中，是人人应当遵循的行为准则和礼仪规范。

2003年3月14日,全国政协十届一次会议在人民大会堂举行闭幕大会前,香港无线电视台记者举起手指校正机位,轻快地做着采访准备工作。黄晓勇 摄

4. 专业性

礼仪不是空泛的说教。采访礼仪是渗透于采访专业技能之中的一种职业素养,是采访活动中的一系列礼貌、礼节、仪式等行为模式和操作方法,是由一个个具体的从业人来落实、来完成、来体现的。因此,只有掌握新闻采访业务,熟知采访技巧,采访礼仪才能转化为规范行为、展示修养、挖掘素材、传播真理的动力。

5. 多样性

各个国家、民族、地区受不同历史、文化、习俗和宗教等因素的影响,导致礼仪规范具有多样性。在千姿百态的礼仪世界中,几乎没有人能完全表达出世界上究竟有多少种礼仪形式。从语言表达的礼仪到行为举止的礼仪,从服饰礼仪到仪表礼仪,从风俗礼仪到宗教礼仪等,不一而足。即使同一礼仪,在不同场合、对不同对象,也有不同的展现方法。同样是握手,男女之间的力度就不同,新老朋友之间也有很大差别。采访的礼仪亦是如此,需要积极探索,灵活应用。

6. 传承性

礼仪具有鲜明的民族特色和时代特点,任何国家、民族、地区的当代礼仪都是在以往礼仪的基础上继承、发展起来的。离开了传承和扬弃,就不可能形成当代的礼仪。当然,任何礼仪都不是一成不变的,都有一个与时俱进的过程,需要不断扬弃,兼容发展。采访礼仪需要在传承中创新,也需要在创新中传承。

礼仪小常识

称呼的种类

1. 职务称呼

主要以对方的行政职务相称,具体方法有三种。一是称职务,如"部长""主任"等。二是职务前加姓氏,如"王部长""张局长"等。三是在职务前加上姓名,适用于正式场合,如"刘涛书记""孙伟厅长"等。

2. 职称称呼

不同职业中有业务职称的,尤其是有高级职称的,可直接称呼对方职称。一是仅称职称,如"教授""律师"等。二是职称前加姓氏,如"刘教授""李律师"等。三是职称前加姓名,适用于正式的场合,如"张杰教授""李俊工程师"等。

3. 行业称呼

直接以被称呼者的职业作为称呼,如老师、教练、医生、会计、警官等。

4. 性别称呼

一般按性别的不同分别称呼"先生""男士""小姐""女士"。其中"小姐""女士"二者的区别,在于未婚者称"小姐",不明确婚姻状况者可称"女士"。

5. 姓名称呼

日常交往中,平辈朋友、熟人、同事,彼此均以姓名相称,长辈对晚辈也可以此称呼。主要有三种方式。一是直呼其名。一般在年龄、职务相仿或同学、朋友、同事之间常用这种称呼。二是只呼其姓,不称其名,但要在姓前加上"老""大""小",如"老张""大李"等。三是只呼其名,不称其姓。通常是上级称呼下级,长辈称呼晚辈,同学、亲友、邻里之间也可以此称呼。

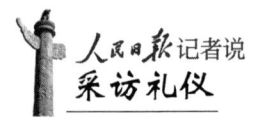

第四节　采访礼仪的原则及功能

一、采访者与采访对象之间关系

采访者在采访过程中发生的人与人之间的交往是多种多样的，有与媒体内部人员的交往，有与读者、观众、群众的交往，有与采访报道中辅助工作人员的交往等。但最主要、最经常、最有决定意义的关系还是采访者与采访对象之间的关系。

采访者与采访对象之间的关系应该是**平等协商，真诚交流**。

平等协商，是指人与人之间在政治上、经济上处于同等社会地位，在享有同等权利、义务的基础上，相互协作、商议；真诚交流，则是真心实意沟通对话。这种关系表现出采访者与采访对象之间对等性、双向性、索取性、繁杂性、距离性的特征。

新闻记者，人们号称"无冕之王"。从记者手中之笔的分量、记者报道所产生的影响来看，这话有一定道理。但这只意味着记者所担负责任的重大，并不代表记者和他所供职的媒体真的有什么生杀予夺之权。新闻记者与采访对象的关系，首先是平等的，是同志般、朋友般的关系，而不属于上下级之间、管理者与被管理者之间的关系。记者以平等的心态，去同采访对象打交道，从而公正、客观地报道事实。记者采访报道的权利是党和人民赋予的，他可以通过报道来影响和干预社会生活，但不能直接调动、指挥别人做什么。也就是说，采访者作用是有限的。不仅必须遵从党纪国法，遵从宣传纪律和新闻职业道德，而且应当以平等的同志式、朋友式的态度对待采访对象。有人不以为然，以为当了记者特别是大报、大台的记者，就可以目空一切，让人家处处围着自己转，稍不顺心，就横加指责，动辄要"曝光""亮相"，其实是一种荒唐、无知又无礼的表现。

● 采访者"索取性"特点，要求采访者必须以崇高的礼遇对待采访对象。在市场经济社会里，时间就是金钱。通常新闻采访是不付费的，而且占用采访对象的时间、精力，对方还担心采访者能否听明白自己的用意，播发稿件后是否会伤及别人、给自己带来麻烦等，"亏本"心理、繁杂情绪时有发生。所以，必须知己知彼，主动化解"取与予""说与做""公与私"之间的矛盾，真诚礼遇，求同存异，培育共同兴奋点，搭建交流平台。

● 平等协商达不成共识，对方不愿接受采访，不愿说明事实真相，则要尊重对方言论自由权。因为法律不支持采访者强制采访，当对方拒绝采访时，应予以谅解，以平和态度，以礼相待，绝不可以给人脸色、埋怨、讽刺，甚至打击报复。要总结经验，转变方式方法，寻求其他路径。与此同时，要处理好"渴求"与"苛求"的关系，即采访者要满腔热忱地欢迎对方提供新闻素材，又要保持沉着冷静、客观公正的科学态度，认真核实，审慎报道，建立良好的平等交流、互动共赢关系。

二、采访礼仪的基本原则

采访礼仪看似采访活动中的"小节"，其实不然，缺少它就不能规范个人或媒体组织在采访中的言行举止，就难以协调人际、社团之间的采访关系。因此，必须把握普遍性和指导性的基本原则。

1. 尊重与敬人原则

"敬人者，人恒敬之；爱人者，人恒爱之。"尊重自己、敬重他人、遵守规则，是采访礼仪的核心。无论采访对象身份尊卑、职位高低、财

人民日报记者说 采访礼仪

2010年3月4日，十一届全国人大三次会议举行新闻发布会，大会发言人李肇星和蔼可亲地回答中外记者提问。邢广利 摄

产多寡，采访者尊重与敬人是采访的前提和基础。尊人换来自尊，辱人收获羞辱。无论是在人格上、能力上还是权益上，都应体现尊重、敬仰对方的原则。即使对方不愿诉说有关事实，甚至谢绝采访，也要以礼相待，毫无怨言。采访中"礼"的良性循环，就是借助互尊、互敬、互爱、互信的回馈得以生生不息。

2. 平等与真诚原则

平等、真诚是采访礼仪的关键。要对任何一个采访对象一视同仁，给予同等程度的礼遇，不颐指气使、看人下菜，不媚上欺下、嫌贫爱富、厚此薄彼，务必做到诚信无欺、言行一致、表里如一、真心实意。

3. 积极与适度原则

积极、适度是采访礼仪的态度和标准。采访者索取"新闻事实真相"的目的性，要求采访者有一个主动进取、探寻新闻时机的态度，同时又要考虑对方的接受程度，把握有礼、有节、有度的处事风格。坚持积极适度原则，最重要的是自我要求、自我控制、自我检点、自我警示，因地制宜地把握分寸、言行得体、适度跟进。

4. 和谐与合作原则

合作是采访礼仪的方法，和谐是采访礼仪的目的。化解矛盾、和平共处、以和为贵是礼仪所追求的重要目标。为实现和谐，就要坚持以人为本，时时处处体谅他人，设身处地推己及人，站在对方角度考虑问题，做到"己所不欲，勿施于人"。开展真诚有效的协商沟通，争取宽松友善的合作机会，既要了解采访对象，又要为采访对象所了解，坦诚待人，休戚与共。

5. 谦和与宽容原则

谦和包括谦虚和善，谦虚是一种美德，和善是处理人际关系的基石。正所谓"凡事以和为贵""退一步海阔天空""有容乃大"，谦和、宽容是替他人考虑的美德，是采访礼仪的一种思维境界。给别人以自我的权利和空间，树立容纳意识，不一味要求别人服从自己的意愿或按自己的意图行事。原则必须坚持，非原则就当谦让。世界上没有十全十美的人，也没有十全十美的事，要求采访者具备宽广的胸怀和容人的涵养。

6. 认同与从俗原则

古人云："入乡随俗，入境问禁，入门问讳。"认可、随同、从众是采访礼仪内在品质的一种体现。采访对象常常在年龄、职务、经历、学历、思维方式以及国籍、民族等方面各有不同，在礼仪上也要因人而异，坚持认同与从俗的原则，尽量与群体、绝大多数人的习惯做法保持一致，求同存异，尊重个性，切勿目中无人、自以为是。如果一味我行我素，排除异己，采访可能举步维艰，难成大事。

三、采访礼仪的功能

具有中国特色的社会主义现代文明礼仪，总体功能体现在四个方面：沟通联络功能、协调合作功能、维护和谐功能、教化示范功能。

采访礼仪渗透于采访人员日常工作、生活的方方面面，发挥着至关

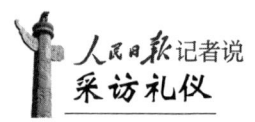

重要的作用。研究和学习采访礼仪，倡导文明采访，加强采访礼仪建设，对于塑造记者良好形象、提高记者素养、提高媒体传播能力和舆论引导能力具有重要作用。

1. 重视采访礼仪的研究与学习，是提高采访者文明素养的重要方法

采访礼仪是采访者综合素质的重要组成部分。采访礼仪作为一门新型学科，以现代文明礼仪的视角，探索和改进采访者的素质和能力，可以有效改善采访者的思维方式和行为方法，不断推动采访者"内强素质、外塑形象"，更好地提升一个人的交际技巧和应变能力，培养一个人的道德情操和气质风度。从这个意义上讲，研究和学习采访礼仪是提高职业修养、丰富采访技艺、增强交际能力、树立良好形象、提升个人魅力的重要方法，是加强个人乃至新闻工作者综合素质的必经之路。

2. 重视采访礼仪的研究与学习，是采访学创新发展的必然要求

新闻界公认"七分采访，三分写作"。采访是为获得新闻事实而进行的采集和访问活动，采访是一门社会科学，有其内在的规律性和专业性，并且随着时代的进步不断发展。文明礼仪的重要特点就是时代性和规范性，即遵循时代的发展和约定俗成的规范或准则办事，这与采访学一脉相承，相互依托、相互促进、相互弥补。与此同时，采访学的深入发展，对采访礼仪提出更高的要求，研究和学习采访礼仪，可以有效推动采访工作建章立制，推动采访人员严格按照有关规章制度办事，规范采访流程，自觉维护采访秩序，严格遵守采访纪律，着力提高采访效率，推动媒体作风建设，增强采访者综合业务素质，提升媒体竞争力和创新力，培养更多优秀"名记者""名编辑""名主持""名栏目"等，为丰富和发展新闻采访学提供理论和实践支持。

3. 重视采访礼仪的研究与学习，是增强媒体竞争力的基本保证

进入网络时代，媒体竞争日益激烈，采访者的礼仪形象彰显着媒体的公信力和竞争力。新闻记者既是媒体中的个体，又是媒体整体中的有

第一章 采访礼仪概述

机组成，其个体采访文明素养如何，直接影响和决定着媒体的整体形象。研究和学习采访礼仪，对推动新闻传播业文明礼仪建设，提高媒体管理能力、传播能力和舆论引导能力至关重要。研究和学习采访礼仪，有利于增强新闻队伍思想、组织、道德和纪律建设，有利于规范媒体社会活动、企业文化、经营理念和创新发展，有利于彼此沟通、增进了解、加深友谊，从而形成健康、文明、和谐、有序的良好氛围，进一步提高媒体凝聚力、战斗力和竞争力。

现实采访中经常看到这种排队举着"提示牌"的场面，有人认同，有人抵制。采访毕竟是为了公开报道，有人面对镜头就"怯场"，为给公众一个良好的形象，这种细致的安排不失为一种礼仪，不妨给予包容。邹锦华 摄 来源：《中国摄影报》

心理学研究表明，人们一般都喜欢与具有良好修养的人或集体一起共事或交朋友，认为他们容易亲近，富有吸引力，能促使自己进步。有"礼"路好走，无"礼"步难行。良好的文明礼仪对一个人或一个集体的成长和发展将产生深远影响。采访礼仪是一种具有潜在约束力的道德力量，潜移默化地熏陶着人们的心灵，引导规范着采访活动的人文秩序，调节着人与人、人与社会、人与自然间的关系。因此，采访礼仪的培育和锤炼，对于提高记者综合素质，推进新闻媒体精神文明建设，打造国内乃至国际一流新媒体，有着十分重要的意义。

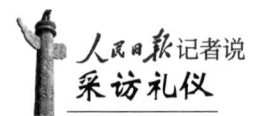

礼仪小常识

几种称呼的正确使用

1. 同志

该称呼流行于新中国成立后，不分男女、长幼、地位高低，除了亲属之外，所有人都可以称同志。但对于儿童、具有不同政治信仰、不同国家的人，应尽量少使用或不使用。

2. 先生

在我国古代，一般称父兄、老师为先生。在现代，"先生"一词泛指所有的成年男子。在西方国家，对成年男子一般都称呼先生。在美国，对12岁以上的男子就可以称先生了。而在日本，对身份高的女子也称先生。在我国知识界，也喜欢对有学问的女子称先生。

3. 老师

在现代社会，此称呼一般用于学校中传授知识的老师。目前这一称呼在社会上也比较流行，尤其在文艺界比较常见。

4. 师傅

这一词原指对工、商、戏剧行业中传授技艺的人的一种尊称，后来泛指对所有艺人的称谓。因为师傅这一词大多用于非知识界的人士，所以一般不用于称呼有职称、有学位的人，否则可能会产生误解。在我国北方这一称呼使用比较频繁，人们对不认识的人都称为师傅。

第五节 实例分析提示

🎙 实例一

顾迈南[①]：先交朋友后作文

顾迈南在其职业生涯中采访过很多知名大学者，写出许多生动翔实的人物通讯，并且与采访对象成为好朋友。她主张采访活动要强调三点：一是讲究采访礼仪；二是在学习中采访；三是诚实守信。

1979年5月，顾迈南到中国科学院采访，碰见物理学家朱洪元，他说著名美籍物理学家李政道正在北京讲学，很轰动。"他讲的是粒子物理学中最新知识，连我这个研究粒子物理多年的人，都听得入迷了。"顾迈南连忙赶到北京科学会堂听李政道讲课，默默地坐在学生席听内容，了解课堂反映，观察他的举止风度。每次开课，课堂内坐满了人，许多人席地而坐，后排人举着望远镜抄黑板。地

[①] 顾迈南，新华社专职科学记者，报道了大量中国科技界发生的重大事件，出版专著《中国当代科学家的奋斗之路》《炎黄之光》等。华罗庚1985年在日本讲学时猝然倒在东京大学的讲台上，作者用一天时间写出长篇通讯《死生甘愿同依——悼华罗庚教授》，引起强烈反响。

下室都挤满了人，围着闭路电视认真地听讲。顾迈南就这样一直听了两周课，觉得外围素材差不多了，才向接待人员提出正面采访李政道教授。

一天下午，李政道从课堂上下来对顾说："你如果不写东西，我可以和你谈三天三夜，你如果要写东西，我就不讲了。"顾迈南当即保证，在发表文章前一定请他指点修改，他才肯回答问题。事后，顾恪守诺言，写好文章后送他过目才发表，《李政道教授在中国讲台上》通讯终于发表。李政道对顾很信任，并成了好朋友，后来还写了许多报道他的文章。顾迈南利用同样的方法，采访过丁肇中、李远哲等获诺贝尔奖的华裔科学家。

1979年丁肇中回国讲学，顾迈南在北京饭店进行了3个多小时的采访，写了《丁肇中教授谈科学实验》的通讯，也请他过目修改后发表，丁肇中教授深有感触地说："在海外，有些新闻记者真是要命，你明明不是那样说的，他写了东西也不给你看看就发表出去了，第二天等你把报纸打开一看完全不是那么回事，可是要想改正已经来不及了！"中国记者的工作态度让丁肇中教授很欣赏。[1]

分析提示

记者采访是一种职业活动，目的是通过采访获取材料，公之于众。显著的"索取性"助长了某些人的功利思想，于是往往抱着一厢情愿式的采访心态，不讲礼仪、不讲技巧，屡屡在实践中"碰壁"。有的人一味埋怨名人、大家架子大、难接触，其实关键还是要在采访者身上找原因。

上述事例说明，"我们的目的是渡河，必须找到桥和船，否则过河无从谈起"。顾迈南坚守的三点，即讲文明礼仪、在学习中采访、诚实

---

[1] 顾迈南：《对李政道和丁肇中教授的采访体会》，《光明日报通讯》1979年第12期。

守信，就是很好的"桥"和"船"。这个"桥"和"船"要求采访者沉下气、静下心，踏踏实实与采访对象交朋友，诚实守信，大家、名家也平易近人，也愿意与记者接近。真心实意广交朋友的过程，有助于你捕捉有新闻价值的细节，帮助你思索如何深入浅出地采写敏感话题。我们从顾迈南的采访中能得出四点启示。

第一，战略交友。扩大社会交往范围，多交朋友，自然包括日常所说的彼此友好、相互交心的挚友，也包括在新闻工作上能给予支持和援助的人，以及消息灵通人士、热心搜寻和传递情报的人。记者的"交朋友"，既要讲战术原则，又要讲战略原则。一次成功的采访，不仅要具备"好记者"条件，而且要具备"好对象"条件，即成功采访＝好记者＋好对象。每个记者除媒体共同的"情报网"外，都应当建立自己的"友情网"。

第二，虚心请教。人才资源是第一战略资源。采访者由于职业特点，掌握的专业知识必定有限，一定要树立尊重人才、尊重知识、尊重劳动的理念，摒弃"功利观念"，认真向专家学习，在学习中体验他们的甘苦与境界，寻找共同语言，搭建对话平台。

第三，持之以恒。人贵有志，志贵有恒。记者需要这种品质。制订长远采访计划，从采访礼仪、采访技艺等细微之处精心设计，培养共同的感情纽带和兴趣爱好。顾迈南没有两周席地而坐耐心听课，没有长时间观察、坚守、等待李政道，就不可能赢得感动与信任。许多记者正是缺乏这种扎实的作风和诚恳的礼节。

第四，诚信守约。诚信守约是采访者的基本礼仪规范。必须坚持深入挖掘"第一手材料"，不道听途说，不在网上荡二手、三手信息，坚持审稿制度。顾迈南坚持请对方审核稿件，尊重对方的知情权、民主权、审核权，赢得了对方的尊重。为了追求新闻"轰动效应"，嘴上答应一套，报道播发后又是一套，不仅失信失礼，而且媒体的权威性和公信力也无从谈起。

🎤 实例二

特朗普①：出门前思考你该换一条路还是换一双鞋

唐纳德·特朗普，虽然从小生长在富裕家庭，但他却坚持开创自己的事业。因为特朗普的招摇，一度有人认为他是美国最讨人嫌的富翁。这个被人评价两极的传奇人物，创建了特朗普王国，全美散布着以他的名字命名的高楼大厦、游艇。2006年8月，特朗普被《商业周刊》评为"全世界最具竞争力的商人"。

这个亿万富翁在社会交往中非常注重外在形象。在他看来，男人路不在脸上，也不在身上，而在脚上。他认为一双鞋足以体现一位男士的品位和修养，而大多国人往往比较重视发型和穿衣，却忽视了对穿鞋的讲究。特朗普喜欢款式佳、皮质好、做工精、简洁大方的黑色或棕色皮鞋，他认为鞋品质的好坏也直接影响男士整体形象。决定穿什么样的鞋要看场合，使穿的鞋跟环境搭配和谐。不管穿什么鞋，特朗普都会尽量保持鞋的整洁。

"穿着运动鞋来见我的人，永远会吃闭门羹。出门前，思考一下你该换一条路还是换一双鞋，因为鞋也会决定你的人生方向。"这是唐纳德·特朗普的名言。关注你的鞋，关注你的路，才能关注你的人生。②

---

① 唐纳德·特朗普，第45任美国总统，纽约地产大亨，社会活动家，美国最知名商界人士之一。以剽悍的经营手段积累资产约25亿美元。
② 华阳：《世界名人给你上的80堂礼仪课》，金城出版社2009年版，第17页。

第一章 采访礼仪概述

❀ 分析提示 ❀

古人云："千里之行，始于足下。"人要走路，必须穿鞋。鞋，也是一种身份的象征。不讲究或穿着破烂鞋的人，大致有三种可能。一是舍不得买新鞋，那是个吝啬金钱的人。二是买不起新鞋，那是个不太成功的人。三是懒得打理，那是个懒散不拘小节的人。无论哪一种情况，都不会取得别人的欢迎和信任。

世界著名男装达人阿伦·福瑟说，要想一眼看穿一个男人，就看他的头和脚。不同的男人选不同的鞋绝对能表现出此人的背景情况，如果想得到别人的青睐，在西装笔挺的同时，多花些时间在你的脚上。一般来说，人们似乎都懂得这个道理，而生活中往往感到旧鞋穿着舒服，况且脚在身体的最下面，不容易引起人的注意。其实，从美学角度来看，人的"两极"即头和脚最引人注目。污渍、破烂的鞋，会让别人从心底悄然鄙视你，在大脑中揣测你的经历，用幻想把你生活的背景涂黑。不要责备人们的肤浅，毕竟你的鞋是无声的标牌！即使你身上穿着顶级名牌西服，手上戴着价值昂贵的饰物，一双破旧的鞋子也可能会抹去你身上的光彩，让你的生活淡然无色。

有人说，鞋子是人际交往中的另一张脸面。话虽有点夸张，却不无道理。鞋子对人来说不仅仅是一种修饰，更多地反映主人内在的气质。一双与你的年龄、职业、风度差距甚远的鞋子，不但有损你的形象，还会让你在众人面前黯然失色。一双合适的鞋子，可以衬托出你飞扬的个性和健康的心态，展示你许多不易言表的内涵和光鲜。

新闻采访者的路就在自己的脚下，要有一双好脚板，跑得快、跑得勤、跑得熟，这一点人人共知，但在讲求审美情趣、现代礼仪的今天，必须搭配一双造型美观、色泽漂亮、适合自己的鞋子，与你的服饰协调呼应、和谐匹配，才有助于提升记者高雅动人的品位。

采访中好鞋配脚的礼仪之道很有讲究，得体的鞋装能让你的优雅风度尽情舒展。不妨注意以下几点。

1. 舒适优先。以"舒适度"优先原则，记者才能跟得上、跟得紧、跑得快、跑得远。

2. 清洁光鲜。经常保持鞋面的清洁光亮。不注意擦拭鞋让人觉得粗心大意，不拘小节，甚至不太可靠。

3. 分清场合。如果来得及，最好正式场合着正装。如穿西装就必须穿皮鞋，不能穿凉鞋、后跟用带系的女鞋或露脚趾的鞋。

4. 新鞋防挤。不要把新皮鞋留到参加聚会那天才穿，因为新皮鞋第一次穿会很不合脚。

5. 卫生保洁。参加新闻发布会或远途到对方住宅采访，最好一进门就套上自备的塑料袋，以示清洁、尊重。

实例三

《名人面对面》：伤人自尊难奏效

凤凰卫视《名人面对面》节目，曾采访香港艺人梅艳芳，谈话中一个片段重点落在了"梅艳芳是不是一个坏女孩"上。

主持人：你的外表一直是坏女人的样子，是吧？

梅艳芳：我从来没有给人家感觉我是个好女人。我的外形跟我的内心是两回事，我的内心其实是很传统的女人，我希望我的爱情是一生一世的。因为我自己很喜欢fashion，很喜欢走在时间的前端，所以我看了很多书，我看好多的东西，有时候我会参考一些。我觉得做艺人的外形就是外表而已，你不能从我的外表判断我的人缘的性质。

我从来没有给人感到我是个好女人，所以一些男孩子跑掉了。不过我分析自己的个性，比较像男孩子的性格，我是坐不住的。你看我一直在动，我不是很淑女的那种，我最喜欢随意一点。

分析提示

凤凰卫视《名人面对面》节目是一个观众喜爱的好栏目，访谈了许多文化名人，给人们留下了深刻的印象。但这期节目却有点粗糙，其中最大的缺憾是没有遵循采访礼仪的有关基本规范，没有理解人物采访礼仪的内在品质。

首先是话题伤人自尊。访谈的话题集中在"梅艳芳是不是一个坏女孩"上，直刺采访对象的自尊心，缺乏人情礼仪。即使要问，本人也很难回答，容易使人难堪。

其次是主题散淡。节目中的问题较散乱，有谈事业，有谈友情，有谈爱情，整个节目看似内容广泛，可仔细听来，采访对象对比较敏感的许多问题则始终在兜圈子，空洞无物，使整个访谈不知所云，仅为娱乐而娱乐。

再次是没有驾驭访谈。采访者与采访对象主次颠倒，采访者随波逐流，看似顺着采访对象以施小"礼"，实则忽视了观众而失大"礼"。看似气氛融洽，内容丰富，实则信息不多，观众不得要领，使采访对象也难以自容，应当引以为戒。

香港电视台曾播放了一位记者最后一次采访梅艳芳的专题，其中记者问："现在很多艺人都回避媒体，你认为原因在哪里？"梅艳芳深有

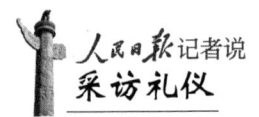

感触地说:"艺人与传媒的关系今非昔比。以前两者的关系好,互相信任对方。现在艺人与媒体越来越没信任感,距离拉得很远,除了记者招待会,艺人不会主动同媒体打招呼。主要是现在的报道太夸张,大都是不真实和负面的消息。现在许多读者买报纸,只看标题,不看内容,因为有太多的虚假和猜测。有的记者三更半夜躲在人家楼下等新闻'爆料'能写出什么好报道,希望这种现状今后会改变。"新闻采访者不妨深刻反思。

礼仪小常识

自我介绍礼仪

1. 力求简洁。自我介绍应在对方有兴趣、有空闲、情绪好、干扰少、有要求时适当进行。介绍尽可能节省时间,一般以半分钟左右为宜,无特殊情况最好不超过一分钟。为简洁明快,还可利用名片、介绍信加以辅助。

2. 实事求是。所表述的各项内容一定要具体实在、真实可信。没有必要过分谦虚,一味贬低自己讨好别人,也不可自吹自擂,夸大其词,表现自我。

3. 讲究态度。必须和蔼可亲,真诚友好,落落大方。自我介绍要精神饱满、胸有成竹、自然放松,不要矫揉造作,临场胆怯。语气要和善、语速要正常、语音要清晰,积极赢得对方的信任与好感。

4. 注重礼貌。引发对方自我介绍时,要认真倾听,最好做适当记录,并与对方确认内容。询问时开头应尽量用敬语,表现出良好的个人素养。

第二章　采访礼仪分类及关联

第一节　采访礼仪的分类

中国古代礼仪形成于"三皇五帝"时期，到了尧舜时期已有成文的礼仪制度，也就是古代的"五礼"之说。我国《二十四孝图说》中的《大舜耕田》就是讲舜耕历山，供养父亲、继母和同父异母之弟的故事。"到了现代知识经济时期，世界经济走向一体化新格局，世界变成了'地球村'，各类活动中时时处处需要礼仪，而且是大众化的礼仪，由此产生了现代礼仪，并且成为人类一种世界性交流语言。"[①] 采访礼仪就是从现代礼仪中细分出来的一种行业新型实用学科。

礼仪的内容由主体、客体、传媒体及环境四个基本要素组成。其中主体是具体礼仪活动的计划及实施者，客体是礼仪活动的对象。传媒体则是实施礼仪活动所必须依托的中介物，可以是人也可以是某种设备、服饰等。环境是礼仪得以进行的特定时空条件。

采访礼仪中，我们可以按照不同的侧重点，将其分为若干类型。

---

① 《中国礼仪文化》，时事出版社 2009 年版，第 6 页。

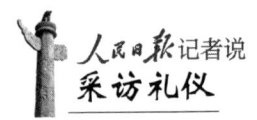

一、以采访形式分，可分为六种

1. 人物采访礼仪

人物采访礼仪就是采访者以人物为主，进行面对面采集访问过程中，应当遵循的各种礼仪准则以及规范。如报纸杂志中的《人物专访》《人物心声》《名家访谈》等栏目，电视、广播电台中的《名人面对面》《焦点人物》《今日人物》《名人轶事》等栏目，采访者在采访中应当遵循的各种文明礼仪。

2. 会议采访礼仪

会议采访礼仪就是采访者在各种会议采集访问过程中，应当遵循的各种礼仪规范和会议要求。如参加国务院新闻办公室举办的新闻发布会、每年全国人大政协会议以及各地区、各部门各种会议采访时，应当遵守的各种礼仪及会议制度。

3. 体验采访礼仪

体验采访礼仪就是采访人员在"亲历"和"融入"社会实践采集访问过程中，应当遵循的合乎社会道德规范、新闻职业道德规范要求的各种礼仪准则以及规范。体验式采访必须在时间充足、政策法律允许、专业技术尚可等前提下进行，否则难尽如人意。

4. 电话采访礼仪

电话采访礼仪就是采访人员通过电话这种访谈、沟通方式，在采集访问过程中应当遵循的合乎社会道德规范和新闻职业规范要求的各种礼仪准则以及规范。一般适用于跨越空间的突发事件采访、核实事实采访、社会调查采访以及所有采访的补充、辅助采访。

5. 网络采访礼仪

网络采访礼仪就是采访人员为了撷取新闻素材，运用网络技术和网络手段，获取相关信息过程中所遵循的各种礼仪准则及规范。主要是通过电子邮件、聊天室、电子公告牌、新闻组、网络调查等工具，与采访对象进行数字化交流时的各种礼仪。

6. 隐性采访礼仪

隐性采访礼仪就是采访人员在不暴露记者身份、采访目的的采集访问过程中，应当遵循的合乎社会道德规范、政治法律规范和新闻职业道德规范要求的各种礼仪准则以及规范。隐性采访的礼仪具有戏剧性和挑战性，当慎之又慎。

二、以传播媒体分，可分为六种

1. 报刊采访礼仪

报刊采访礼仪就是报纸、期刊记者，按照纸质平面媒体的特点，在采集访问过程中，应当遵守的各种礼仪准则及规范。

2. 广播采访礼仪

广播采访礼仪就是广播台记者，按照广播媒体的特点，在采集访问过程中，应当遵守的各种礼仪准则及规范。

3. 电视采访礼仪

电视采访礼仪就是电视台记者，按照电视媒体的特点，在采集访问过程中，应当遵守的各种礼仪准则及规范。

4. 网络采访礼仪

网络采访礼仪就是在互联网上进行采访时应当遵循的各种礼仪准则及规范。广义的网络采访是指新闻记者为了撷取新闻素材，运用网络技术和网络手段，获取相关信息的过程。

2009年6月20日，人民网手机电视正式上线，成为国内第一家拥有手机电视传媒的非广电机构。

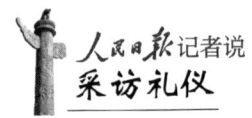

狭义的网络采访是指新闻记者在无法亲临现场，也不能或不宜用电话采访时，借助互联网络，通过电子邮件、聊天室、电子公告牌、新闻组、网络调查等工具，与采访对象进行数字化交流，以获取相关信息，弥补传统采访方式的不足，说明网络采访的条件性和辅助性功能。

5. 新媒体采访礼仪

新媒体采访礼仪就是采访人员利用新科技信息采集手段，按照各种新媒体传播特点，在采访过程中应当遵守的各种礼仪准则及规范，如互联网、广播电视、客户端、微信、广告屏等采访中必须遵守的文明礼仪。

6. 视频直播采访礼仪

三、以采访设备分，可分为五种

1. 笔录采访礼仪

笔录采访礼仪就是采访者在利用手写笔记录采集访问内容时，应当遵循的各种礼仪准则及规范。

2. 录音采访礼仪

录音采访礼仪就是采访者利用录音设备记录采集访问内容时，应当遵循的各种礼仪准则及规范。

3. 视频采访礼仪

视频采访礼仪就是采访者利用现代电子摄录、音像设备采集静态（图片）或动态（摄像）信息时，应当遵循的各种礼仪准则及规范。

4. 电话采访礼仪

5. 网络采访礼仪

四、以播报方式分，可分为两种

1. 现场直播采访礼仪

现场直播采访礼仪就是采访者在现场采访的同时，直接将原始场面传播给公众的过程中,应当遵守的各种礼仪准则及规范。广播、电视、网络等媒体在激烈的新闻竞争中,常利用现场直接采访的形式,而平面纸媒体很少有现场直播采访。

2. 后台制作采访礼仪

后台制作采访礼仪就是采访者在未公开刊播之前的收集信息资料过程中,应当遵守的各种礼仪准则及规范。报刊在没有登载之前、广播电视在没有播出之前都属于后台制作,必须遵守在此期间的各种礼仪。后台制作采访礼仪是相对于现场直播采访礼仪而言的。

总之,采访礼仪还可以从多侧面区分出许多分支来,这说明采访礼仪是一门新型的实用学科,它贯穿新闻采访过程中的每一个细小环节,渗透于采访者的品质内涵中。

本书将根据广大读者诉求,对相关内容进行重点剖析解读。

礼仪小常识

常用礼貌语言

初次见面说"久仰"	打扰对方说"抱歉"
询问别人说"请教"	请人帮忙说"劳驾"
求人原谅说"包涵"	麻烦别人说"打扰"
请人批评说"指教"	好久不见说"久违"
赞人见解说"高见"	看望别人说"拜访"
宾客来临说"光临"	陪伴朋友说"奉陪"
等候客人说"恭候"	中途先走说"失陪"

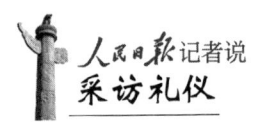

第二节 采访礼仪与相关学科的联系及区别

采访礼仪是一门综合实用学科,与采访专业以及许多学科相互依托、相辅相成、相得益彰,你中有我、我中有你,不能强调一方面而忽视另一方面,必须统筹兼顾,广学博采。

一、采访礼仪与采访技能

采访技能是采访者在搜集新闻事实和新闻背景等新闻报道材料时,应当具备的专业技术手段和能力水平。

采访礼仪同采访技能两者之间有共性,也有关联性、差异性。

1. 共性

主体相同。都是采访者从事职业活动的必要条件。

目的相近。都是寻求"人和"境界,希望达成主体与客体的和谐。

前提一致。所有行为必须合乎社会道德和新闻职业采访道德规范要求。

2. 关联性

采访礼仪与采访技巧相互关联,密切联系,互为依托。

2009年10月12日,2009中国——东盟礼仪形象大使在广西南宁出炉,深圳航空公司的刘静(左)获得女子组冠军,泰国川登喜皇家大学的宁柯宇赢得男子组冠军。来自泰国、越南、老挝、新加坡的9名选手和38名中国选手参加角逐。
牛书培 摄

2010年7月19日,天津今晚传媒集团小记者代表团一行40人做客人民日报社,成为人民日报社"开门办报——人民日报金台行"的第二批客人。小记者们参观了人民日报社总编室、环球时报等单位,与人民日报编辑记者代表进行座谈,其中采访礼仪是讨论话题之一。徐烨 摄

采访礼仪是前提,采访技能是基础;技能需要礼仪搭建平台来实现,礼仪可以渗透提升技能,并转化为技能;高超的技能蕴含着高超的礼仪,文明周全的礼仪体现着娴熟精湛的技能。

3. 差异性

方法不同。采访礼仪注重个人自身修养,以及对各种礼仪规范的了解和应用,着重培养礼节与仪式;而采访技能则是采访人员从事职业活动应当学习掌握的具体的专业技术和能力。

侧重各异。采访礼仪侧重共性与个性、传统性与民族性、时代性与国际性,其品质内涵主要通过言谈举止所表现出的礼节和仪式来展现;而采访技能则侧重于为获取新闻事实所采取的办法、措施、技艺等。

难度不同。采访礼仪除强调当事人有良好的修养、优秀的品质、得体的言行、高雅的举止等基本要素外,还要求其所供职的媒体有较高的诚信和权威,如正确的舆论导向、高效的传播能力、优良的产品品质;而采访技能往往关注个人素质。

二、采访礼仪与人际关系学

人际关系学是人与人之间,在进行物质或精神交往过程中发生、发

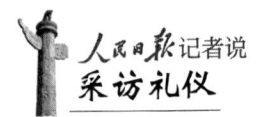

展和建立起来的互动关系,是一门研究人与人之间的交往互动关系及其影响因素的社会科学。

采访礼仪与人际关系都是研究社会人际交往活动艺术的科学,以广结"人缘"、广交朋友达到和谐、友善为主要目的,但仍有明显区别:

支点不同:前者的支点是社会组织主体,即传媒机构,如报纸、期刊、电台、电视台、网络等;后者则是社会个人。

目标不同:前者侧重于以树立社会组织主体良好形象为目标,后者则侧重于以塑造个人自身良好形象为目标。

方式不同:前者除应用人际传播的各种方式外,主要通过媒体公用传播平台,向大众传播;后者则是单纯的人际沟通、交流。

三、采访礼仪与美学

美学是从人对现实的审美关系出发,以艺术作为主要对象,研究美、丑、崇高等审美范畴和人的审美意识、美感经验,以及美的创造、发展及其规律的科学。美学是以对美的本质及其意义的研究为主题的学科。美学是哲学的一个分支,研究的主要对象是艺术,但不研究艺术中的具体表现问题,而是研究艺术中的哲学问题,因此被称为"美的艺术的哲学"。美学的基本问题有美的本质、审美意识同审美对象的关系等。

"爱美之心,人皆有之。"采访礼仪也讲究美、提倡美、展示美、挖掘美,尤其是在采访人员形象礼仪中,许多内容都围绕美而展开,并且提倡采访人员要认真学习美学知识,包括形象美、言谈美、举止美、心灵美等,把握美学标准,善于发现美、塑造美,加强现代美学修养,树立正确的审美观。但两者之间的关系如劳动者与劳动工具一般,不能等同。换言之,采访礼仪需要美学知识,但具备了美学知识却不能称之为掌握了采访礼仪全部内容,更何况采访礼仪中美的标准更多讲究大众性、传播性。

四、采访礼仪与心理学

"心理学"一词来源于希腊文,意思是关于灵魂的科学。灵魂在希腊文中也有气体或呼吸的意思,因为古代人们认为生命依赖于呼吸,呼吸停止,生命就完结了。随着科学的发展,心理学的对象由灵魂改为心灵。直到19世纪初叶,德国哲学家、教育学家赫尔巴特才首次提出心理学是一门科学。心理学(Psychology)就是一门研究人的心理活动规律的科学。心理学者只是在尽可能地按照科学的方法,间接观察、研究或思考人的心理过程(包括感觉、知觉、注意、记忆、思维、想象和言语等过程)是怎样的,人与人有什么不同,为什么会有这样和那样的不同,即人的人格或个性,包括需要与动机、能力、气质、性格和自我意识等,从而得出适用人类的、一般性的规律,继而运用这些规律,更好地服务于人类的生产和实践。

俗话说:"察言观色知其行。"在采访活动中,要尽量了解对方并赢得他人的尊重与好感,正确掌握对方心理显得非常重要。为此,采访工作者必须掌握较完整的心理学知识,了解一般心理反应过程及心理行为特点,学会如何洞察他人的心理,能"读"懂对方,了解对方内心的真实需求,才能达到把握对方心理、尊重对方人格的目的。

五、采访礼仪与肢体语言学

20世纪下半叶,国际学术界产生了一门很有趣味的新兴学科,名为"肢体语言学",又称"行为解析学",就是研究身体行为所表达出的信号的一门学科。人的肢体动作是心灵的一面镜子,看懂了这些肢体语言,有助于我们洞察人生的是是非非。劳文博士在他的《特征结构的机能》一书中提出,人类所有神经性的问题,都可以由身体的结构和姿态显示出来。一个弯腰驼背的人,必定没有脊背挺得笔直的人那样有强烈的自我观念,也就是说,脊背挺直的人在人际交往中,往往不容易通融。舒滋博士发表的许多文章,也引证了很多有趣的说法,来形容行为语言所表达的情绪,得出结论:"心理状态影响身体的姿势和功能。"

记者与采访对象大多数都是初次见面,往往是"一面之交",心理学中的"首因效应"——第一印象,起着重要作用。第一印象如果不好,在后面的访问中就很难扭转过来。因此,记者必须重视自身形象的塑造。世界非语言沟通研究领域的权威、美国的伯德·惠斯戴尔,就人际沟通中非语言信息沟通数值进行推测——

一个人平均一天说话的总时间仅有10~11分钟,平均每个标准句子仅占2.5秒钟。在两个人沟通过程中,语言传递的信息不到全部传递信息的35%,65%以上的信息由非语言形式传递。

另一名学者麦拉宾估计,一条信息传递的全部效果中,只有38%是有声的(包括音调、变音和其他音响),7%是语言,而55%的信息是无声的。**由此得出结论:一个信息的传递=7%的用词+38%的语调+55%的肢体语言。**

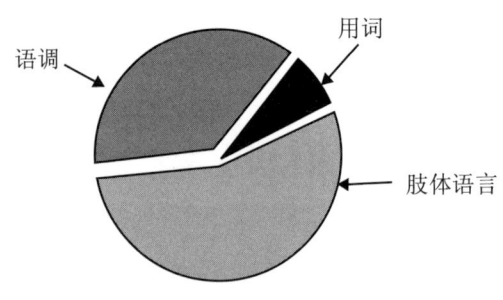

麦拉宾信息传递

"眼睛是心灵的窗户",是指对他人的心理活动可以通过眼睛"读"出来。"眉头一皱,计上心来",也可理解为对方皱眉就表示他在思考,这就是肢体语言。采访中要面对各种各样的人,熟悉的或陌生的,除了提问、倾听等外，要迅速准确判断出对方在想什么，关心什么，就要学会观察、读懂对方的肢体语言。反过来，当自己有些要求或疑惑不宜口头语言表达时，动作语言就能帮你"暗送秋波""排忧解难"。掌握肢体语言学的基本规律，是采访礼仪所必需的基本功之一，是获取新闻事实的重要途径。

六、采访礼仪与民俗学

民俗学是研究民间风俗习惯的一门科学。其主要任务是以科学的态度，对历史与当代的民俗现象，进行调查、整理、描述、分析和论证，探索它的本质结构、特点与社会功能，揭示其发生、发展、传承、演变、消亡的规律，为人类健康发展服务。民俗学是一门帮助人们认识历史与文化、改造现实生活的人文科学。

2006年6月，来自美国、加拿大、澳大利亚等20多个国家和地区的中外摄影家，在新疆开展"四季新疆采风"活动。虽然他们秉持着各自民族的文化礼仪观念，但在新疆采访期间，依然遵从着当地人民的传统文化礼仪。图为他们在新疆伊犁哈沙喀毡房虔诚地拍摄当地婚礼民俗文化。王国志 摄

礼仪的民族性与地域性决定了民俗学在采访礼仪中占有相当重要的地位。一个不懂地域风土人情、历史习俗的人不会成为一个合格的新闻采访者。采访礼仪中尊重与自尊、认同与从俗的基本原则，要求采访者必须认真学习民俗，尊重民俗，应用民俗。从伊斯兰的"斋月"到西方的"万圣节"，从中国人的"粽子"到朝鲜人的"打糕"等，采访者必须熟悉、了解、掌握世界民风民俗，方能把握采访礼仪的真正价值内涵。

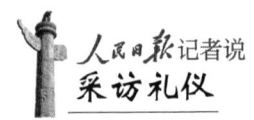

第三节　学习采访礼仪的途径和方法

中国共产党在领导中国人民进行革命、建设和改革的伟大事业中，十分重视社会主义礼仪文化建设，努力把提高各族人民的文明修养和全社会的文明程度作为重要的工作任务。毛泽东同志把"全心全意为人民服务"作为党的根本宗旨和党员的道德修养标准。邓小平同志强调要建设"有理想、有道德、有文化、有纪律"的四有新人。江泽民同志提出要做知行统一、脚踏实地的人，努力使自己真心实意地为祖国、为人民做好每一件有意义的事。胡锦涛同志提出以"八荣八耻"为主要内容的社会主义荣辱观。习近平总书记指出要建立和规范一些礼仪制度。党的新闻工作者是社会关注的公众人物，带头倡导礼仪、践行礼仪、推动礼仪，有着良好的示范作用，必须常备不懈。

采访工作时效性很强，一些人认为，采访礼仪不是主要内容，可大可小，可多可少；有人认为采访礼仪是个人事情，媒体管不着、够不到；有人认为小节无碍大局，无暇顾及；有的媒体也不重

2010年3月23日，上海世博会山东馆礼仪人员培训启动，参加培训的18名候选礼仪人员从山东大学、山东师范大学、山东艺术学院等高校层层选拔出来，接受形体、涉外礼仪等培训。龚辉 摄

视礼仪建设，只要数量，不顾质量；只看表面，不分析内涵；只重结果，不看过程，如此等等，严重影响了媒体建设发展及其文明素质的提高，影响了采访业务开展，影响了人民记者形象。为此，广大新闻工作者一定要把加强文明礼仪修养作为提高自身素质、改进媒体形象、提高工作效率的一种基本功和必修课，切实提高主动性、自觉性，增强紧迫感和责任感，做推进文明礼仪建设的好榜样。

采访礼仪不能简单理解为礼节和仪式，采访礼仪有其深刻的内涵，其养成是一个涉及教养、学养、素养、涵养和修养的系统工程，不可能一蹴而就，需要长期的培育和不懈的努力。

一、加强文化素养

采访礼仪是采访者综合文化素养的外在表现，是外在美与内在美的和谐统一，正所谓"慧于中而秀于外"。采访礼仪要有较高的文化知识，并非仅仅做一个"好人""知礼之人"就够了，必须具备一定的文化素质和内在品质。文化涵养是美育的思维基础，也是掌握采访技巧的前提。

政治修养。"政治家办报"是毛泽东党报理论的一个重要论点。1959年6月，毛泽东在与人民日报社新任总编缉吴冷西谈话时说——

"新闻工作，要看是政治家办报，还是书生办报。有些人是书生，最大缺点是多谋寡断，没有要点，言不及义。要一下子看出问题所在。……搞新闻工作，要政治家办报。"[1]

1996年1月，江泽民接见解放军报师以上干部时重提"政治家办报"，他说，政治家办报"至今仍然具有重要的指导意义"。胡锦涛很重视党的新闻工作者的政治修养，在2008年6月考察人民日报社时说："要牢固树立政治意识、大局意识、责任意识、阵地意识……要增强政治敏

---

[1]《毛泽东新闻工作文选》，新华出版社1983年版，第215—216页。

锐性和政治鉴别力。"习近平总书记强调："党的新闻舆论工作是党的一项重要工作，是治国理政、定国安邦的大事……"搞新闻必须站在政治家的高度，加强政治修养，这对新闻采访人要求很高。坚持什么，反对什么，支持什么，服务什么，都要旗帜鲜明，立场坚定，爱憎分明，荣辱与共。

理论修养。采访者要有较高的理论水平，即政治理论水平，坚持真理，辨别是非，维护党和人民的根本利益。采访者要深入学习马克思主义新闻观，深入学习毛泽东思想、邓小平理论、"三个代表"重要思想和科学发展观，全面贯彻习近平新时代中国特色社会主义思想。以科学的理论武装人，以正确的舆论引导人，以高尚的精神塑造人，以优秀的作品鼓舞人。绝不允许在采访活动中散布与党的路线方针政策相违背的言论和意见，绝不允许在媒体公开发表同党中央决定相反的论调。

知识修养。新闻记者是一个"杂家"，一个复合型人才，需要多方面的知识储备。不管你出身多么高的学府，有多么高的学问，都需要树立终身学习的理念，打造"学习型记者"形象。学习社会科学、自然科学、政治经济学、社会基本常识以及分析问题和解决问题的能力，构筑一个比较全面的知识结构和系统的知识体系，在广学博采上下功夫，随时准备从容应对各种采访任务。

二、注重品德修炼

品德是一个人的品质和道德。自古以来，中华民族始终十分重视思想品德，倡导"君子以德服人"，始终把道德修炼作为做人、做事的根基，一个人没有道德修养，就谈不上有良好礼仪修养。采访人员必须把道德修炼放在重要位置。

公正。把公众当作同志、朋友，一视同仁。不以衣貌取人，不以地位取人，不可厚此薄彼。在个人利益与组织利益相矛盾时，义无反顾地放弃个人利益；当组织利益与公众利益相冲突时，应主动协调，统筹兼顾，力求双赢，不能将组织利益建立在损害公众利益的基础之上。

真诚。以诚待人，以诚相见，表里如一；对采访对象投桃报李，不求锦上添花，但能雪中送炭；宁可人负我，不可我负人。真诚为人处世，反对表里不一，阿谀奉承。虚情假意的沟通与妥协，即使在礼仪形式上做得完美，也难获得对方的真正信任。

热忱。采访人员要蕴含火一般的热情，使人感到温暖亲切。热忱能迅速拉近人际交往距离，使人产生一种吸引感和亲和感，尤其在一些公众场合，主动结识新朋友，更显个人魅力。当然热忱是建立在真诚公正基础上，而不是应付场面的"人来疯"。

宽容。要有宽广的胸怀，容人的度量，尤其是面对见解不同、性格各异、志趣不一的采访对象，对对方的误解甚至无礼要有海量，宽大为怀。同时，善于团结与自己意见不同的人，允许不同观点的存在，在矛盾运动中寻找科学发展路径。

无私。心底无私天地宽。采访中经常会遇到许多烦恼，细究其因，有相当一部分是自己心底的"私"字作怪，让人拿不起、放不下，让人在个人与组织、自己与他人、名利与奉献之间惶恐不安，一旦悟通这个道理，思想境界就会提升到新高度，作风修养就会提高到新水平。

品德是对一个人思想品质和人际交往能力的全面衡量。品德高尚的人，必定是深明大义、胸怀广阔、深谙事理的人，既能坚持自己的立场，又能顺应社会环境发展，明辨是非、弃恶扬善、以礼待人、以理服人。这是采访人员基本的礼仪素质。

三、提高综合能力

采访人员提高文明礼仪素养，不能仅停留在表象上，要贴近新闻业务实际，着力提高综合能力。培养礼仪修养与提高综合能力是一个良性

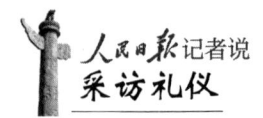

循环、相互促进的过程。

思维能力。采访人员必须具备较高的政策分析水平和发现新情况、新问题的敏感性，提高解决问题的思维能力、推理预测的思维能力、协调关系的思维能力、角色转换的思维能力，以及处理各种复杂问题的应变思维能力。

协调能力。采访人员必须具备政治家的战略眼光，善于组织各职能部门、各业务环节，保持畅通的信息交流，有上通下达、联络左右、沟通内外的协调指挥能力，真正做到"眼观六路、耳听八方"，成竹在胸。

写作能力。过硬的新闻写作能力是记者必须具备的基本的专业素质。缺乏基本的写作水平，谈采访礼仪将是无源之水。别人给你讲述了半天，你写的稿子文不对题，毫无新意，甚至都发表不了，何谈信誉和权威？所以，必须在提高写作技能上下功夫、出彩头。

交往能力。斯大林说："记者应该是社会活动家。"名记者都是著名的社会活动家和交际高手。要求采访人员具有广泛的兴趣爱好和随机应变的才能，掌握并遵循各种社交场合的礼仪规范要求，提升自己的人格魅力，拓展事业发展途径。

创新能力。创新是一个国家、一个民族发展的不竭动力。创新无止境，创新出活力。虽然采访有约定俗成的程序，但采访中新颖独创、别出心裁的文明礼仪，有助于活跃气氛，充分调动采访对象的积极性和创造性，挖掘和发现更多有新闻价值的素材。

新媒传播能力。随着新技术革命的飞速发展，互联网络、多媒体的全新信息传播环境给记者的业务素质提出新要求，建设国际一流媒体的发展趋势势不可当。传媒人必须树立终身学习的理念。2002年4月，来自美国密苏里大学、斯坦福大学、中国香港大学、清华大学等高校新闻学院的专家教授以及国内各大媒体的社长总编共50人汇集北京，参加"21世纪新闻教育峰会"，清华大学李希光教授演讲指出——

在全球化时代,谁掌握了下一代传媒人,谁就掌握了下一代媒体,谁掌握了传媒,谁就掌握了未来。中国急需有国际水准的新闻传播学院和新闻人才。

四、积极参与实践

采访礼仪是一种工作作风的体现,是一个长期艰苦磨炼的渐进过程,是一个从认识到实践反复循环的提升,仅掌握礼仪理论知识是远远不够的,礼仪修养关键在于实践。良好的礼仪需要付出,甚至牺牲个人利益。所以,礼仪修养既要修炼又要培育,离开实践,礼仪修养就成了无本之木。采访者要有积极献身新闻事业的决心和信心,在实践中总结经验,增长见识,磨炼修养,规范礼仪。

事物的发展是永恒的。"我们的未知远远大于已知",社会在发展,历史在前进,采访人员要紧随时代发展步伐,积极参与实践锻炼,与时俱进,勇立潮头,开拓进取,不断在实践中摸索符合创新精神的新观念、新方法、新礼仪。

新闻战线人才辈出,星光灿烂。采访人员要把文明礼仪要求自觉融入采访工作和生活之中,向新闻界革命老前辈、英雄模范人物学习,从每一个细节做起,总结经验,取长补短,搞好传、帮、带,学会在继承中创新,在创新中传承、外树形象、内练素质,努力成为一个大气睿智的采访者。

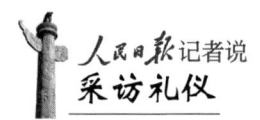

第四节 实例分析提示

🎤 实例一

周恩来：肢体语言能使沟通更加形象传神

1972年2月21日，美国总统尼克松和夫人帕特、国务卿罗杰斯、美国总统国家安全事务助理基辛格一行乘坐"空军一号"降落在了北京。周恩来总理穿着大衣站在舷梯前，他的身后是叶剑英、李先念等领导人和各界代表百余人。

尼克松从舷梯上逐级而下。距地面还有三四级台阶时，他便向周恩来伸出手去。周恩来也伸手与尼克松相握。"总统先生，你把手伸过了世界最辽阔的海洋来和我握手。"周恩来说道。尼克松则在日后回忆："当我们的手相握时，一个时代结束了，另一个时代开始了。"

……

经周恩来确定的尼克松访华接待工作的总方针是："不冷不热，不卑不亢，待之以礼，不强加于人。"1972年2月21日，尼克松一行抵达北京机场。当天下午，毛泽东就会见了尼克松。在回顾了

20多年来中美关系的状况后,毛泽东特别谈到最近两年中美关系接触的过程和背景,肯定了尼克松、基辛格所起的重要作用。

晚上,周恩来在人民大会堂为尼克松和其夫人举行了欢迎宴会。说祝酒词时,尼克松引用了毛泽东的诗词"多少事,从来急,天地转,光阴迫,一万年太久,只争朝夕",说"现在就是只争朝夕的时候了"。周恩来特别交代乐队演奏尼克松爱听的《美丽的亚美利加》,尼克松赞扬说:"我在外国从来没有听到过演奏得这么好的美国音乐。"①

分析提示

读了这段描述,我们再回到当年拍摄的《周总理机场迎接尼克松》那张著名照片上,分析双方的肢体语言。

周总理身体很笔直,站如松,符合中国人传统的君子风范标准;表情不卑不亢,面对超级大国的态度表现了一个中国领导者的自尊面貌;周总理等候在那里,尼克松主动迎上来,握手的右手很松弛没有过分紧握,但也不随意耷拉,给人有理有节的感觉,尼克松两脚叉开,显然是从飞机上很兴奋地小跑过来,尼克松脸上洋溢着笑意,同周总理略显严肃的表情形成鲜明对比,维护了国格。

常言道:"行动胜于语言。"周总理合理的肢体语言,既尊重了对方又显示了我方不卑不亢的立场。针对有些外国首脑和记者的挑衅,周总理一次次用自己适当的肢体语言,维护了中国的尊严与主权。适宜的肢体语言、真诚的笑容、刚毅的目光,不仅能征服一个个困难,更能传递出一种坚定的信念,民族的声音。可见,正确使用和理解肢体语言,能使彼此的沟通自然到位,传神入画。

---

① 冯群星:《尼克松访华50周年 中美"融冰"背后的交锋与较量》,环球人物网,https://www.globalpeople.com.cn/index.php?m=content&c=index&a=show&catid=44&id=30577。

心于内而形于体。我们日常的手势、眼神、动作及姿态等身体各部分为人所见的活动，都可以表达情感，与人交流。通过肢体语言与有声语言的有机结合，能达到"眉来眼去传情意，举手投足皆语言"的境地。人们往往会在不经意间，使用肢体语言来表达心中的想法，那或许是你所不愿看到的、听到的，却是最真实的。诸如，鼓掌表达兴奋、顿足代表生气、搓手表示焦虑、捶胸代表痛苦等。当事人以肢体活动表达情绪，旁观者可以从中分辨出当事人所要表达的情绪。

有人信奉"做大事不拘小节"，那更多是讲要抓住主要矛盾，但作为采访人员，则不能这样原谅自己、放松自己。因为有些看似细枝末节，正暴露了你礼仪修养上的缺陷，这恰是对方所重视的，甚至不能容忍的，可能成为影响合作的大障碍。所以，不合适的肢体语言，只会使人望而生厌。肢体语言在说话过程中，具有特殊的表达功能。人之所以能使对话顺利进行，并非都有很好的谈话技巧，而是善于巧妙地分段使用动作和表情的缘故。一个小小的肢体语言，起到了意想不到的效果。

礼仪学、心理学认为，不管一个人如何巧舌如簧，他的身体都不会说谎。既然肢体语言对社会交往有深远的影响，我们应该在采访活动中正确使用和理解肢体语言，以恰当地把握对方内心世界，真实地表达自己的情感意图。譬如，要了解常用肢体语言传导的基本信息：

● 善用手掌力量。传递"事态发展由我控制"的信息。如每次与人寒暄时，先伸手与对方相握，先发制人；关键时候，以手掌动作配合，显示坚决有信心。

● 尽量扩展"个人地盘"。表示主掌驾驭采访活动。如环顾四周，了解地理情况，对眼前的事物有简短而概括的点评等，这种做法虽略显"霸道"，但有震慑功效，同时显示你有足够的信心去把握场面。

● 身子前倾。表示重视或感兴趣。

● 轻拍肩背。表示鼓励、恭喜、安慰和亲近。

采访者对采访对象肢体动作也要心中有数。如：
- 正视对方，面带微笑。表示友善、诚恳、自信、有安全感等。
- 扭绞双手。表示紧张、不安或害怕。
- 眯着眼睛。表示不同意、不欣赏，厌恶、发怒。
- 打哈欠搔头。表示厌烦、迷惑或不相信。
- 环抱双臂。表示不欣赏、不同意或愤怒、防御、攻击。
- 坐不安稳。表示不安、厌烦、紧张或提高警觉，想早些结束访谈。

实例二

贝罗尼[①]：谦逊有礼是通向博学的阶梯

  法国著名画家贝罗尼到瑞士度假，仍每天背着画架四处写生、采风。一天，他正在日内瓦湖边用心画画，旁边走来3位英国女游客，边看他的画，边指手画脚评论，有的说这儿不好，有的说那儿需要修改。贝罗尼谦虚地听完她们的话，接纳了她们的意见，都一一做了修改，并表示感谢。

  第二天，贝罗尼外出，又碰到昨天评论他画作的3位女游客。她们走过来说："我们听说贝罗尼在这里度假，所以特地来拜访他的。请问你知不知道他现在在什么地方？"

[①] 贝罗尼，法国19世纪著名写生派画家。为人谦卑有礼、虚心接受别人意见，广受社会尊重。

贝罗尼朝她们微微弯腰鞠躬,回答说:"不敢当,我就是贝罗尼。"听完他的话,3位英国妇女的脸都红了,想起昨天对他的画不礼貌地评论,非常内疚,执意要拜贝罗尼为师学画画。

颇有成就的画家贝罗尼处处谦卑有礼,虚心接受别人的意见,类似这样的事不少。于是他的学生劝他,你不能总让别人指手画脚,应该反驳一下,否则老受气!而贝罗尼摇摇头坚信:谦逊、礼貌是通向博学的阶梯。贝罗尼这种谦卑好学的品质,使他的画艺超群,成为一代宗师。①

分析提示

记者是社会公众人物,往往报刊有名、电台有声、电视有影、网上有语,有的人很容易忘乎所以,说话办事不太讲究方式方法、礼节礼貌;有的人神气十足,别人对他的稿子提些意见就听不进去,甚至认为是找碴儿等,学习贝罗尼谦逊有礼的好学精神很有必要。

常言道:人上有人,天外有天。能力水平越高的人,越知道知识海洋高深莫测、学无止境,要达到精益求精、技艺超群,必须谦卑好学,取人之长,才能不断进步,故而具有容人的风度和接受批评的雅量。泰戈尔说:"当我们大为谦卑的时候,便是我们最接近于伟大的时候。"谦逊是一种美德,它由人的自知之明而来,有自知之明就能了解自己的不足和欠缺,从而为人谦虚。谦虚不是弱者的表现,而是一个强者虚怀若谷的精神风范。

谦逊是一种人生智慧。越是谦逊的人,别人越喜欢找出他的优点;越是孤傲自大的人,别人越瞧不起他,还会找出他的缺点。所以,平时谦逊对人,才能博得他人的支持,为你的事业奠定基础。当你以谦逊的

---

① 柯君:《哈佛家训全书》,新世界出版社2009年版。

态度来表达观点或做事时，就能减少一些冲突，多一些和善。即使自己出现了失误，也很少出现难堪局面。正如查斯特·菲尔德所说："如果你想受到赞美，就用谦逊去做诱饵吧。"

谦逊有礼体现了一名记者的修养。记者要采访三教九流，报道世间万象，谦逊可以使你永远把自己置于学习的位置，告诫自己不断发现他人优点。一个真正懂得谦逊好学含义的记者，是一个善于积蓄知识能量的优秀新闻工作者。当一些重要采访机会来临时，幸运就会垂青于你，助你成功。采访中谦恭礼让是一种仁爱，是为人处世的黄金法则，必然会得到人们的尊重，受到世人的敬仰。

谦逊好学是获得采访成功、事业发展的基本前提。谦虚使人进步，骄傲使人落后。但谦虚过度，就是自卑；好学过度，就抓不住重点；清傲适度，却是果敢。因此，在采访过程中，要懂得何时应该谦逊、何时应当激扬，从而灵活应对，游刃有余，发挥自己的特长和优势，寻找最佳的切入点和落脚点。所以，谦逊有礼在采访中运用得当，需要注意技巧与策略。

1. **谦逊有礼是礼仪规范**。谦逊是采访过程中一种发自内心的尊重人、爱护人的涵养和具体行为准则，而不是只装在脑子里和停留在口头上的概念。

2. **谦逊有礼要大胆沉着**。谦逊不是畏缩不前，该表现自己个性和独特见解时，也要敢"闯"敢"冒"，善于把握抓取新闻素材的最佳时机。

3. **谦逊有礼要注意分寸**。即要实事求是，把握尺度，有礼、有节、有度，而不是虚头滑脑说假话、动嘴皮。

4. **谦逊有礼要追求真理**。谦逊不是一味甘拜下风讨好人。作为记者要坚持原则，寻求真理，刚正不阿，外柔内刚，主持正义。

总而言之，谦逊有礼是采访者必须具备的美好品格。除此之外，采访者还要具备庄重大方又个性化的气质、语言风格和外观形象。

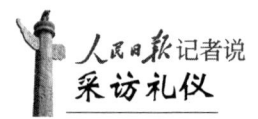

1. 采访者气质常见类型

气质是一个人形象、学识、个性、语言特色的总和。气质是一个人外在形象的评价标准,更多地表现在喜怒哀乐上。气质是一个人呈现给世界的一种感觉。

● 含蓄儒雅型。举止自然大方,端庄、典雅,以广博的知识面和敏捷的采访力见长。如央视新闻节目《东方时空》原主持人水均益,其健康的外形、典雅的举止、丰富的知识储备和一流的口才,构成了独特的儒雅气质。作为国内媒介专访国际风云人物的品牌,水均益专访过包括安南、普京、希拉克、克林顿、布莱尔、金大中、阿罗约、卡斯特罗、阿拉法特等100多个外国政要和世界名人。在《东方时空·高端访问》节目中,面对世界政界和金融界嘉宾,他稳健俊朗、含蓄深邃、波澜不惊、从容应对,表现出驾驭现场的能力。

● 优雅靓丽型。女性主持人居多,以靓丽的外形、恬静的表情、娇美的气质、温馨的语言给观众留下美好的形象。如素有"北大才女"之称的央视新闻节目主持人张泉灵,靓丽的外形、甜美的声音、青春的活力和天生的亲和力,构成优雅的气质和靓丽甜美的个性特色。在《东方时空》节目中,张泉灵先后主持了张健横渡英吉利海峡、连战及宋楚瑜大陆之行等大型直播活动,深入抗击"非典"第一线、罗布泊无人区以及汶川地震灾区等做连线采访,以一个女人的优雅细腻与纯真靓丽在节目中表现得轻松自如,使人看新闻如同欣赏艺术作品,潜移默化中将新闻铭记于心。

● 严谨深刻型。男性主持人居多,语言上讲究理性与流畅,以谈吐的深刻和逻辑的严谨著称。如白岩松,一双探寻的眼睛,采访功底扎实,以广博的知识和流畅的表达能力,创下了一个主持人的奇迹,形成了独具特色的"白氏主持风格",以冷峻、硬朗的气质打动观众。2000年被授予"中国十大杰出青年"称号,获得"中国播音与主持"大奖特等奖、

"中国金话筒奖"。白岩松很少就事论事，善于从宏观的角度探究错综复杂的事物，给人以开阔的视野，得到一种俯瞰的快乐。

● 幽默风趣型。采访过程自然、诙谐，气氛轻松活泼、欢声笑语，时常迸发智慧火花，很受观众喜爱。据统计，山东省大专以上学历只占3.86%，其余96%是中学及以下学历。齐鲁电视台台长闫爱华说："我不可能抛开96%的人口去追求4%。"于是山东卫视齐鲁台开播了《拉呱》百姓家事栏目，地道的山东土话，风趣幽默的拉家常式主持，构成了特有的亲和力、号召力，拉近了与寻常百姓的距离。"嬉皮笑脸"的《拉呱》一直跟"一本正经"的《每日新闻》绑在一起，收视率稳步上升，成为山东最受欢迎的电视节目之一。

2. 采访者个性化语言风格

个性是人与生俱来的，从一般意义上讲，个性和气质是一个层面内在素质和外在形象的总和。个性可以经过后天的培养和影响逐渐形成，它与人的性格、处世态度及学识修养息息相关。培养个性与形成个性是一个渐进的复杂的过程，电视新闻栏目的定位与采访人个性必须首先匹配，而后是融合，然后是包装上镜接受观众的品评，在栏目的播出制作过程中不断磨合改进，才能使采访人的个性化表达与节目定位交融，使栏目的特色与主持人的个性形成高度统一。目前，电视新闻主持人语言风格主要类型如下：

● 文质书卷类。具有较高文学修养的采访人才能达到此境界。如沈力、赵忠祥、罗京这些"腹有诗书气自华"的老新闻工作者。他们玩味语言、出口成章，闪耀着史诗般厚重的文化底蕴，他们指点江山、激扬文字，蕴含着丰润而浓郁的书卷气，气质高雅从容。如沈力曾在节目中说："新中国的成长，让我们看到它希望的曙光，不，是整个世界的曙光；当然，仅有曙光是不够的。看吧！不久的将来会变成一轮红日喷薄而出。"

● 哲理思辨类。通常是哲学爱好者，善思考、能辩论，以说理的缜

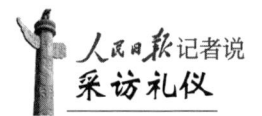

密和逻辑的严谨见长。其语言颇具思维深度和逻辑力量，向观众呈现一种理性化、逻辑化的特色，突出了语言的深刻性和严肃性。《新闻调查》节目中曾说："临渊羡鱼，不如退而结网，结网的功夫决定有没有鱼，所以平时的功夫要花在结网上。有某种理想是有上进心的表现，但理想的道路从来就不是理想的，只有靠自己的主观努力，才能把理想变成现实。"

● 生活智慧类。采访人善于洞悉人生、热爱生活，在新闻现场从容淡定，极富激情，在平等的交流中感受视觉与情感的愉悦。2001年当选为"最佳新闻节目女主持人"的陈鲁豫在重大新闻直播节目中，如《戴安娜王妃葬礼》《美国总统大选》《9·11事件》《伊拉克战争》等节目采访中，充分发挥了在国际新闻采访方面的才华，闪耀着生活的光辉与人生的哲理。

● 风趣幽默类。列宁说："幽默是一种优美的、健康的品质。"幽默是一种气质、一种风度、一种魅力，这种魅力胜于采访人的衣着打扮。语言含蓄而俏皮、尖锐而不刻薄，蕴含采访人高超的艺术修养和文明礼仪。在诙谐幽默的语境下，采访人的表现不是肤浅的贫嘴，而是闪烁着智慧的火花。如《马东读报》栏目，主持人通常都是杂家，天文地理无所不能，在娓娓道来中不时道出一段惹人发笑、让人深省的语句。

3. 采访者外观形象

采访者作为公众人物，在传播新闻、引导舆论的同时，也把自己推到公众面前。一个富有深刻文化底蕴、举止潇洒的主持人不仅是媒体的门面，而且被视为一个区域或单位的文化标志。"年轻漂亮"已不再是评价主持人的唯一标准，有特点、有个性又有魅力的采访人更具吸引力。外表形象是一个比较复杂的综合工程，它不仅是观众看得见的外形，也包括表情语言、肢体语言、服饰语言等。

● 表情语言真诚互动。表情，是采访人内心情感的外在表露，一个优秀的新闻采访人会根据栏目内容、风格，在确定节目基调时，首先把表情因素考虑在内，借助内心真情实感和内容要求，全力调动表情元素，与节目内容的喜怒哀乐相融互动，推进节目并达到与观众交流共鸣的目的。一个优秀的新闻采访人就会善于挖掘个人独特的表情语言和魅力，面对镜头同观众真诚互动。

● **肢体语言恰到好处**。肢体语言又称身体语言，是指身体的各种动作，以此代替语言达到表情与用意的沟通目的。长相是天生的，形象是可以塑造的，恰当的肢体语言可以传神或弥补不易表达的语言或美中不足。采访人的肢体语言应该定位在生活和舞台之间。太生活化就失之土气，太艳丽则失之庄重。有的主持人，还聘请了专业肢体语言师、化妆师进行形象设计。出色的电视新闻采访人善于调动自己的"表情语言"，形成双方交流互动机制，强化了观众的参与感和主持人的亲和力。一个微笑、一个鼓励的眼神、一个倾听的姿势、一个拍手的动作都会起到"此时无声胜有声"的效果。

● **服饰语言光鲜传神**。服饰语言是新闻采访人个性化特色的重点内容之一，主要针对节目文化定位、主持风格。如生活娱乐类服饰可以稍显时尚，但亦不能追求过分艳丽，以免喧宾夺主，转移观众注意力。作为电视新闻采访人，服装应有别于娱乐栏目和经济类栏目，不宜过于前卫、夸张，妆容过艳容易给观众造成轻浮和不庄重的感觉，有失基本礼仪规范。如身着低胸艳服的主持人播报强台风袭击，会给人一种特别搞笑的滑稽感，效果也会大打折扣。

电视新闻采访者个性化是个人综合素质和人格品行的体现与浓缩，增强采访者个性美，说到底是以礼仪形象吸引观众，以气质内涵影响观众，以科学价值观陶冶观众，为公众送上健康的精神食粮，为社会树立亮丽风景线。

第三章　采访日常礼仪基本要求

第一节　自身形象礼仪

"形象"一词，《现代汉语词典》解释为，能引起人的思想或感情活动的具体形状或姿态。通常指人物的神情面貌和性格特征。[①]

2010年8月，国务院新闻办正式启动《国家形象宣传片》拍摄项目，将在国际主流媒体播放中国的国家形象宣传片。宣传片分两个部分，一部分是30秒长度的电视广告，即已开拍的《人物篇》，由50名中国各界名人来诠释中国形象；另一部分是15分钟的《角度篇》，在全国取景，通过800多个画面来阐述中国的和谐发展。形象宣传片力图从更多角度、更广阔的视野展示当代中国社会生机勃勃的国家形象，这标志着中国更加自信、主动地展示自己的"软实力"，争夺国家话语权。

个体形象是一个综合的复杂概念。个体形象的优劣大致取决于两方面：即内敛的精神、修养，外显的容貌、风度。前者指个体本身的道德、

[①]《现代汉语词典》，商务印书馆1991年版，第1289页。

学识、技艺等方面，是个体形象的核心，精神修养与外在躯体的结合就形成了个体形象的重要元素——气质。一个人良好的气质礼仪包括以下几方面：

● **品德高尚。**心地善良，有同情心，在别人困难时懂得伸出援助之手，不贪图私利、损人利己。做人要有度量，对别人的过错能够容忍，待人不刻薄。

● **富有情趣。**面对人生要幽默风趣，不能太古板，喜好高雅文明，健康向上，充分享受生活的情趣。

● **勤奋好学。**刻苦钻研，用知识武装自己的头脑，充实自己的人生。

● **健美体魄。**拥有健康的身体是成功的基础，所以要参加体育活动，加强体育锻炼，保持身体健康。

中外记者的成功先例告诉我们：记者的形象在采访对象心目中有举足轻重的意义。《解放年报》原副总编辑、著名记者江永红特别强调记者形象，他说——

> 采访者注意的往往是方法，而受访者注意的往往是记者的形象，或者说是透过方法看形象；最终作用于受访者心理场的是记者的形象而不是方法，即记者的形象在受访者的心理环境中是成为"期望的目标"，还是成为"应回避的目标"。说到底是一个是否受欢迎的问题，否则我们就无法解释，为什么同样的方法，有人成功，有人失败。[①]

一个人的形象往往渗透于一个人的素质能力，又通过素质能力表现出来，服务创新于实践活动，形成更加广泛的人才形象效应。人民日报

[①] 江永红：《自悟一得——江永红新闻论文全集》，长征出版社2005年版，第18页。

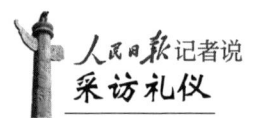

社原社长张研农说——

我们需要什么样的人才？有社会责任、有职业精神、有专业素养、有开阔视野。像人民日报这样的媒体，是要有一份对国家、对社会的责任和担当，有奉献祖国、服务人民的情怀。新闻这个职业被称为社会的瞭望者。没有敬业、乐业的职业精神是不行的。①

可以看出，作为媒体采访人，其形象体现在多方面多角度，但良好的礼仪形象主要体现在仪容、仪表、仪态三个方面，因此，讲求仪容、仪表、仪态三者和谐统一是采访人员的必修课。

一、仪容礼仪

仪容即容貌，由面容、发式以及身体所有未被服饰遮掩的肌肤所构成，是形成良好形象礼仪的基本要素。注重仪容是自尊、自重、自爱的表现，也是对他人的尊重。采访人员良好的仪容礼仪要做到端庄、干净、整洁、简约。具体把握好以下环节。

1. 发式礼仪

头发整洁、发型得体是采访人员良好仪容的基本要求。一般讲，发型要与工作性质、工作环境相适应，与自身的年龄、脸型、肤色、体型相适应。

男性的发型要求前额发长不遮眉毛，后面发长不过衣领，侧面鬓角发长不过耳中。一般不提倡留长发、蓄胡须，不宜剃光头，不得染彩发。

女性的发型要体现庄重、典雅、大方。俯仰之间头发不能遮住眼睛，不应染彩发。

---

① 张研农：《我们需要什么样的人才》，《新闻战线》2009年第12期，第18页。

2. 面部清洁

面部清洁主要包括牙齿、眼角、鼻孔、嘴角和耳朵等部位的清洁。

牙齿的整齐洁白会使人面容生辉，要养成良好的刷牙习惯。还要特别注意口气问题。口中有不洁气味，来源之一是食物，来源之二是身体状况不佳，不管哪种情况引发的口气问题，都需要及时防治。

清洁和保持眼睛卫生应做到无眼屎，无睡意。眼镜端正，清洁明亮。办公时不宜戴墨镜或有色眼镜。

鼻毛和耳毛不容忽略。有的男性鼻毛和耳毛生长较快，要及时清理。

3. 正确化妆

化妆时要把握自然、得体、协调几个要素。化妆要视时间和场合而定，一般应以淡妆为主。要与服饰相匹配，与环境相协调，与身份相吻合。不要当众化妆，不要在异性面前化妆，不要化浓妆，不要使妆容出现残缺，更不要评论别人的妆容。

4. 手部美化

养成良好的洗手习惯，保持良好的指甲卫生。不宜留长指甲，女性可适当地修饰指甲，但不要用色彩鲜艳或色彩浓重的指甲油。不要在开会时修剪指甲，也不要一边谈话一边剪指甲。有人手心容易出汗，要注意经常擦手。注意在与人握手之后不能立即擦手，否则会被看作对别人的不尊重。

二、仪表礼仪

仪表通常指人的外表，也包括人的仪容、姿态、身材、体型、服饰等。这里重点讲形体、着装要求。

1. 形体美的标准

华南师范大学体育系教授胡小明综合各家见解，根据中国的实际情况，提出了形体美的标准：

- 骨盆发育正常，关节不粗大凸出，肌肉发达均匀，皮下脂肪适当；
- 五官端正，与头配合协调；
- 双肩对称，男宽女圆；
- 背柱正视垂直，侧视曲度正常；
- 胸部隆起，正背面略呈"V"形，女性胸部轮廓丰满，有明显曲线；
- 臀部圆满适度；
- 腿修长，大腿曲线柔和，小腿腓肠肌稍突出；
- 足弓高。

总体而言，形体美的奥妙在于体型各部分之间的比例"恰到好处"。人们觉得侏儒较丑陋，而同样身高的小孩子却很可爱，就是因为前者的头、躯干、四肢之间不合比例。

意大利著名画家、人体解剖学家达·芬奇提出，人体各部分之间的比例应合乎"黄金分割"律——

人的头长应是全身高度的1/7，肩宽为身长的1/4，跪时身长减少1/4，两腋的宽度与臀部的宽度相等，大腿正面的宽度应等于脸的宽度，两眼间的距离应等于1只眼的长度，耳朵的长度应等于鼻子的长度，乳峰应与肩胛骨在同一水平线上。[①]

2. 着装美的标准

所谓"佛要金装，人要衣装"，没有相称的服饰外表，就谈不上仪表美。着装在一定程度上反映一个人的阅历修养、文化品位和审美情趣，也体现民族的习俗、社会的风尚、个人的地位和身份等。衣着整齐、干净、得体、美观，既显示了自尊，也表达了对采访对象的尊重。

采访人员着装，主要有制服、西装、套装和便装等，在一些正式的场合，还需要着礼服或民族服装。选择服装，一要注意面料、色彩和款

[①] 林友华：《社交礼仪》，高等教育出版社2003年版。

式，以规范、庄重、典雅为宜。二要考虑自己的职业特点和身份。三要与时间、地点和场合相符合。

公务着装中，男士西装和女士套裙选择最多，最为普遍。这里主要介绍两种服装的基本要求。

- **男士西装基本要求**

选择和穿法。西装有两件套和三件套之分。三件套的有一件马甲，马甲的颜色与外衣一致。这两种套装都可以作为正装穿着。另外，上衣有单排扣和双排扣。双排扣的更显庄重，穿时要把纽扣全部系上，不可以敞开。单排扣的可以不系扣，显得潇洒，但在正式场合，两粒扣的可只系上面一粒，叫作"系上不系下"，三粒扣的可系上面两粒，也可以只系中间一粒。坐下时，解开纽扣会使上衣保持平整。西装大小一定要合体，不可过紧或过松。外套里面除了衬衣，最多只能再穿一件薄毛衫。裤长以站立时能盖住皮鞋鞋面为宜。

颜色选择。作为职业装的西服套装，颜色应该上下一致。一般以黑色、藏蓝色、铁灰色等深色为主。

面料选择。一般选纯毛或较为高档的混纺面料制作。

衬衣选择。白色衬衣是最为普遍的选择，其他单色衬衣或带竖细条纹的也很常见。淡粉色、淡紫色、格子、宽条纹或花的衬衣不适合在严肃的公务场合穿着。衬衣的领子和袖口一定要挺括。领子要高出西装外套领子1厘米左右，袖口也比外套袖子长出1厘米左右，一方面保护外套不被磨损、玷污，另一方面有层次感。不论多热，长袖衬衣的袖子都不可以卷起来，袖口的扣子也要系好。衬衣的下摆必须整齐地塞进西裤裤腰之内。衬衫必须熨烫平整，不能皱皱巴巴。

鞋袜搭配。西服必须配皮鞋，最正规的是黑色系带皮鞋。鞋上不宜有装饰物，也不要选择镂空、压花的皮鞋。高帮皮鞋、旅游鞋、凉鞋都不能配西服穿。袜子要长及小腿中部，袜口要松紧适度，不可松松垮垮。

要选择深色棉质袜子，或与皮鞋颜色一致，或与西裤颜色一致，不宜有明显图案。

领带选择。领带颜色一般不要与西服颜色一样，但可以是同一色系的，或深或浅。最好是单色的，如深蓝、深灰、暗红、黑色等。领带的图案可以选择单色图案，也可以选择条纹或圆点图案，花饰图案一般不在正式场合使用。领带的质地以丝绸为佳，其次是混纺物、羊毛、棉布等。佩戴领夹时，长度以皮带扣中间为限，身材高大的，可再适当延长一些。

皮包皮带搭配。皮包、皮带颜色要与皮鞋一致，这就是男士着装的所谓"三一原则"。皮带扣要简洁，皮包一般应是手提的公文包。

除了上面介绍的一些搭配方法以外，还有一些细节也很重要。如西服里面最好不穿毛衫或毛背心，如果要穿最好只穿一件单色、鸡心领、薄型的，更不宜重重叠叠穿好几件；西装外面口袋里一般不装东西，内侧的口袋可以放名片夹、笔、钱包等轻小物品，衬衣左胸的口袋也不宜放任何东西；很多人把手机和钥匙挂在裤腰上，虽方便可常需要掀起衣襟，在公务活动时殊为不雅；公文包要经常清理，让物品各归其位；应在口袋常备一条干净、平整的手帕，以备不时之需。

● *女士套裙基本要求*

西服套裙是女性传统的职业装，一般要注意几点：

套裙选择。女性套裙大多由一件女士西装上衣和一条半截裙构成。选择套裙要注意在面料、色彩、图案、点缀、尺寸、造型和款式等方面进行选择。一般来说，套裙所选用的面料讲究匀称、平整、柔软、悬垂、挺括等。不仅手感和弹性要好，而且应当不起皱、不起毛、不起球。在色彩方面，应以冷色调为主，总体色彩至多不要超过两种，套裙的图案和点缀也不宜多、不宜繁。

套裙搭配要把握好四个环节。

第一，衬衫。作为与套裙配套的衬衫，在面料上要求轻薄而柔软，如真丝、麻纱、府绸、涤棉等。在色彩上以单色最佳，同时要注意衬衫的色彩与套裙的色彩互相搭配。在穿法上，一是衬衫在公共场合不宜直接外穿。二是衬衫的下摆必须掖入裙腰内，不得任其垂悬于外，或是将其在腰间打结。三是衬衫的纽扣，除最上端一粒不系外，其他纽扣均不得随意解开。

第二，衬裙。衬裙色彩最好单色，但必须与外面套裙的色彩协调。二者要么彼此一致，要么外深内浅。一般情况下，衬裙上不宜有图案。衬裙的裙腰不可高于套裙的裙腰，同时应将衬衫下摆掖入衬裙与套裙的裙腰之间。

第三，内衣。内衣应当柔软贴身，并且起支撑和烘托女性线条的作用。选择内衣时，要使之大小适当，既不能过于宽大，也不能过于窄小。内衣一般不能外露。

第四，鞋袜。穿套裙时，宜穿皮鞋与尼龙丝袜或羊毛袜与之配套。鞋子如果开线、裂缝、掉漆、破损或者是袜子如果有洞、跳丝等，均应更换。不可当众脱下鞋袜，也不能处于半脱状态。袜口不可暴露于外。

三、仪态礼仪

仪态是指人在行为中身体呈现的各种形态，也就是人的站、坐、走、蹲的规范。

潇洒的风度、优雅的举止，常常被人们羡慕和称赞，给人留下深刻的印象，人们往往凭借一个人的仪态来判断其品格、学识、能力以及修养。

1. 姿态规范

● 挺拔站姿

站立时要精神、挺拔。正确的姿态是头正、肩平、两肩放松，双臂自然下垂，双手放于大腿两侧或相握放于身前，挺胸收腹，身体的重心落在两脚正中。男性双腿可分开,双脚间的距离最多与肩齐。女性双腿应并拢,脚尖微微外撇,也可以双脚前后相错半脚站好。经常出现的错误站姿有:懒散,倚着墙或其他物体站立;一肩高一肩低,驼背、塌腰或一腿不停地抖动;双手插在兜里;双手叉在腰间或手臂在胸前交叉抱紧,挺腹,下巴向上扬起等。

● 端正坐姿

坐,相对于站来讲是一种放松,但不是松懈。在公务场合,尤其在办公室里,坐相一定要稳重、端正。男士坐姿应体现出自信和豁达,女士坐姿应体现出庄重与矜持。端正的坐姿是:入座要轻、要稳,尽量从椅子的左侧入座。女性穿裙装时,坐下前用手拢一下裙摆。落座后,上身同站立时相近,不要驼背,腰要直起来。坐时一般只坐椅面的三分之二,背部轻靠椅背。双肩平正放松,两臂自然弯曲,双手相叠放于腿上。也可以一手放在椅子或沙发的扶手上,双膝并拢,掌心向下。双腿正放或收于一侧,双脚并拢或交叠。男性的双膝可以分开一拳左右距离,小于肩宽。在阿拉伯国家不能跷"二郎腿"。表示认真倾听别人谈话时,上身可以略倾向于对方,而不靠椅子背。离座要缓。主客交谈之后,客人应主动告辞,主动起身,从左侧出座。主人不要抢在客人之前起身,否则会给人以不耐烦、希望客人快点离开的感觉。

● 轻快行姿

媒体工作人员的行姿要稳健大方,轻松自然,体现出朝气蓬勃、积极向上的精神状态。正确的行姿是:头正,双眼平视前方,下颌微收。挺胸收腹,双肩平稳,双臂自然摆动,身体的重心随着前行而略向前倾。步法稳健,双脚的内侧基本是扎实地踩在一条直线上;步幅适中,男性、身材高的人或穿运动鞋、便鞋的人,步幅要大一些,穿高跟鞋及裙装的女性,步幅要相应小一些,正常的步幅为自己的1.5~2个脚长。走路要全脚掌着地,膝部和脚腕要有弹性。切忌在行走时大甩双臂、左摇右摆,或东张西望、左顾右盼,也不要过分昂头或低头行走。在狭窄的通道中如果遇到领导、长者或女士,应站立一旁,并以手势示意他们先行。上下楼梯应靠右行走。

2. 表情得体

人类的表情非常丰富,不同心境就会有不同表情。但对媒体工作人员来说,无论你的心境如何,在公务活动当中都应显露得体的表情。要学会微笑,善用微笑。微笑让人觉得和蔼可亲,值得信赖。微笑应该是发自内心的。喜爱你的工作,喜欢你的同事,体现工作环境良好、气氛和谐。如在工作中出现了问题、挨了批评,或与同事有了摩擦,也要控制自己的情绪,学会职业性的微笑。媒体采访人员必须养成真诚微笑的习惯。

微笑是待人的基本表情,但不是唯一表情,采访人员经常与各种各样的人打交道,需要根据实际及时调整。例如,对满腹怨气或满腔愤怒的人,不能急于辩解,也不必随声附和,甚至微笑都可能被认为是嘲笑。一般只能以专注的神情静静地听着,表现出对他的足够重视。对比较拘谨的客人,除了微笑外,还要主动地和他讲话,使气氛和缓。对性格急躁的人,对答要利索,处理问题不要拖泥带水。对敏感、神经质的人,微笑当然重要,同时应特别注意用词的委婉客气。对疑虑重重的人,除了微笑,自信的口吻和表情非常重要。总之,对不同的人不同的事,处理的方法不同,表情的应用也应当有所区别。

3. 目光自信

眼睛是心灵的窗户。在中国优秀传统文化的熏陶下,人们讲究为人要谦虚、含蓄、内敛。所以在传统礼仪中,不强调谈话时目光一定要注视对方;相反,在与长者谈话时,目光应该下垂,以示恭敬。但是,在国际通行的礼仪中,谈话的大部分时间里,要求目光注视对方。

采访人员运用眼神时要符合一定的礼仪规范,在不同场合和面对不同对象时,应使用不同的眼神,不能千篇一律。尤其要注意以下细节:对对方的讲话或谈话感兴趣时,要用柔和友善的目光正视对方的眼区,内心充满友善和敬意;当话不投机,要中断谈话时,可以有意识地将目光稍微转向他处;当对方说了幼稚或错误的话显得拘谨害臊时,应一如既往地用理解的目光注视对方,不要马上转移自己的视线;当对方缄默不语时,不应再看着对方,以免加剧尴尬;当双方谈话谈得很投机时,不应东张西望,使对方认为你不专心致志。

4. 手势恰当

手势在仪态礼仪中占有重要的位置。心理学家研究证明,在面对面交谈时,口语所起的作用只占三分之一,而通过举止传达出的信息占三分之二,可见举止的重要性。手势是举止中最富有表现力的肢体语言,各种各样的手势表达的意思丰富多彩,所以,人们常常借助手势表达不同的意思。

在公务活动中,给人提示方向、指点物体、介绍某人、请人做某件事等,都需要用手来指示。规范的手势应该是,四指并拢,拇指自然松开,手掌自然伸直,掌心向内或向上,手腕伸直,肘关节自然弯曲,手臂适度伸出。运用手势要自然协调,避免做作、僵硬和夸张。常用的手势有致意、告别、欢呼、打招呼、鼓掌等。常用的方式有直臂式、横摆式、双臂横摆式、斜摆式和双臂竖摆式。

在任何情况下,不要用手指指点别人。有人经常伸出一个食指对人指指点点,这是不礼貌的。有些手势是令人反感、有损形象的。比如,当众搔头皮、掏耳朵、挖鼻孔、剔牙、咬指甲、修指甲、搓泥垢等。不同地区的人使用同一手势,所表达的意思不尽相同,应先了解清楚,防止产生误会。因各国习惯不同,同一手势表达的意思也不尽相同,与外国人交往时,手势不可乱用,比如竖大拇指、"OK"手势、"V"形手势、举食指等。

鼓掌用右手击左手掌心。温和一点的方法是，用右手的手指部分轻击左手掌心；表达热烈情绪时，用右手掌心击左手掌心。在各种交际场合，都不要打响指。在谈话中或打电话时，人们常常借用手势加强语气、帮助表达，但用法要得当，避免幅度太大，给人不稳重之感。

礼仪小常识

女走一条线，男走两条线

采访属于公务活动，采访人员出现在众人面前时，一定要注意走姿的美感。具体说，就是要抬头挺胸，目视前方，双肩保持水平，双臂自然摆动，双手自然合拢，脚掌用力，重心上提，阔步前行。大家公认一个原则，叫"女走一条线，男走两条线"，是指女士双腿要适当并拢成一条线，男士双腿要适当分开一些，成两条线。有些常见的不得体的走路姿势，如摇晃肩膀，鞋跟触地发出踢踏声，低头含胸，脚步细小凌乱，都不应该出现在采访人员身上。

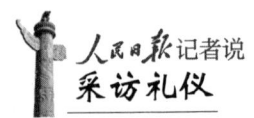

第二节 公务交往礼仪

公务交往礼仪是指媒体工作人员在公务活动中正确处理人际关系时应遵循的基本礼仪规范。社会交往是媒体职能之一，公务交往是采访者的一种工作常态。在公务交往中的文明礼仪既体现了媒体工作人员思想道德水平和文明素养，又影响着媒体的工作效率和整体形象。

一、公务交往中要把握好几个关系

1. 与上级交往礼仪

交往的关键是尊重。在媒体上下级之间，虽然职务有高低，但仍是平等的同志关系。上级应让下级理解自己的意图，获得尊重和支持，上级的指示才容易贯彻；下级要施展自己的才华，也应得到上级的了解、支持和帮助。因此，上下级之间的尊重是相互的，既需要上级尊重下级，也需要下级尊重上级。下级尊重上级应做到以下几点。（一）自觉维护领导及职位应有的尊严，切不可在公开场所采用有失双方身份的方式进行交流，确有意见分歧，要选择适当场合交换意见。（二）遵从领导指挥，对领导在工作方面的安排、命令、指令和部署都应服从。自己有困难找上级帮助解决，也应以礼相商，不可吵闹失态。（三）对领导可以提意见或建议，但要讲究方法，选择适宜的时间、地点和场合，要使你的建议易于让领导接受，不要让领导处于尴尬状态。不要在同事之间随意议论领导、指责领导甚至挑拨领导间的关系。（四）注重仪态，不要随意闯入领导办公室，不要随意翻阅领导的公文或信件，不可做出过分亲密的举动，不可吹吹拍拍、拉拉扯扯。

2. 与下级交往礼仪

上级与下级交往时,最重要的是体恤和尊重下属,这是领导者最基本的修养和礼仪。上级动辄搭架子、摆谱、板脸孔,"我是领导"的意识过强,下级一般都会敬而远之。一个优秀的上级,能够带头讲民主,以身作则,善于团结各方面包括有不同意见的同志一道工作;能够维护干部队伍的团结,营造相互信任、和谐共事的良好氛围,形成心齐、气顺、风正、奋进局面。上级要重视下级,善于肯定下级的成绩,善于听取下属的意见和建议,知人善任,任人唯贤,用人不疑,疑人不用,扬其长,避其短,不求全责备。无论布置工作,还是日常交往都要亲切温和,礼贤下士,不以势压人。要心胸开阔,善待下级,对下属的进步要适时表扬,给予鼓励;对下属的失礼、失误要宽容。好的上级,会让下属变得能干而自信。

3. 与同事交往礼仪

一个和谐的社会组织,其同事之间应该是一种团结、互助、合作的人际关系,但由于种种原因,同事之间往往会出现一些障碍,这多与同事间的交往礼仪不当密切相关。为此,媒体工作人员要高度重视并正确把握与同事交往礼仪,言谈文明恰当,举止掌握尺度。(一)表里如一,言行一致。对同事的困难应给予关心、理解和帮助。(二)为人诚恳,待人忠厚。把诚实、信任作为人际交往的基本原则。襟怀坦荡,处事公道,为人正派。既要充分自信,又要虚心向他人学习;既要坚持原则,又不趋炎附势;既不骄傲自大,也不过分谦卑。(三)正直善良,疏密有度,公允正派,为人清爽,不搞小圈子,不拉帮结派,不搬弄是非。经济往来一清二楚,不贪图便宜,不流于世俗。

4. 与公众交往礼仪

新闻工作者的职业就是与公众交往,是党和人民的耳目喉舌。中央对新闻工作提出"三贴近"要求,即贴近实际、贴近生活、贴近群众,充分体现了立党为公、执政为民的思想，也体现了新闻机构的宗旨和立场是客观反映现实，维护人民利益。这些说明记者与人民群众联系密切。记者在人民群众面前永远是小学生，必须尊重基层群众，树立向基层学习、向群众求教、向实践取经的理念，扑下身子，摆正位子，自觉做到礼贤下士，不耻下问。对所要报道的新闻要深入采访，抓住本质，不能简单地走程序、搞形式，走马观花。理解基层难处，体谅群众困难，尊重当地的风俗习惯和禁忌，对群众的传统忌讳不能乱加评论。对群众提出的确实需要解决的问题，及时转请有关部门研究处置。对没有把握的问题或不宜马上决断的，不轻易表态，更不能随意表态。

5. 与异性交往礼仪

与异性交往一定要自尊、自爱、自重。不要随意侵入异性的私人空间，不要打探异性的隐私，不要谈论与异性身体有关的话题，不要品评异性的长短。一般不问女性年龄、收入、家庭地址等属于个人隐私的内容。要给女性提供更多的方便，予以更多的关照。女性工作人员与男性交往时不可热情过度、开放过度，更不宜在异性面前修饰打扮。

二、公务交往中的几个禁忌

1. 忌夸夸其谈

夸夸其谈主要指说话不切实际，远离主题。交谈本是一种有来有往、相互了解、交流情感、沟通信息、商讨问题的双边或多边活动，参与交谈的各方互为发言人和听众，体现了一个人的工作能力和交际能力。一些人常常在谈话中抢话、插话，或者是废话、空话、套话、假话、闲话连篇，或者是海阔天空、不着边际，与场合、主旨、气氛不相关联，甚至完全不符合实际等，其原因就在于没有把握谈话主题，不懂谈话礼仪，缺少必要的交际能力。

2. 忌个人意识过强

保持良好的个人意识无可厚非，但若个人意识太强，就会给人际交往带来麻烦。媒体是一个相互合作的组织，需要相互认同、相互支持，如果个人意识过强，既会带来交际上的困难，又妨碍工作的正常开展，更是对人不尊、不敬。表现在行为上，有的人教养不够，涵养较差，万事只要自己合适，决不考虑别人感受。有的人只图自己方便，不在乎是不是会给别人造成麻烦。有的媒体工作人员"无冕之王"意识过强，喜欢颐指气使，指手画脚，甚至独断专行等，这些都是媒体工作人员应引以为戒和努力改正的问题。

3. 忌不守时间

"无端地浪费他人的时间，无异于谋财害命。"与人交往，诚信守时是基本礼仪，是一个媒体工作者必须具备的现代文明素养。守时是对他人的负责，也是对自己的尊重。守时体现了一种对事业、对工作高度负责任的态度，一种尊重人、理解人的思想境界，一种甘于奉献、信守诺言、崇尚礼仪的文明修炼。

4. 忌打探隐私

隐私权是公民的基本人权。尊重隐私，保护隐私权，是人类社会进步和发展的重要标志。随着物质生产的发展，人的独立意识、民主意识逐步增强，尊重隐私、保护隐私愈益成为公民的基本权利，成为社会文明进步的标尺，成为践行文明礼仪的重要原则。现实生活中，一些人惯于打探、传播他人隐私，甚至编造他人隐私。还有一些人以打探、传播、编造他人隐私为乐、为荣，表现出道德修养的缺失。媒体工作人员要带头践行尊重隐私、保护隐私的良好行为，在人际交往中充分尊重对方意愿，自觉摒弃打探隐私的陋行。

5. 忌议论领导同事

人无完人，孰能无过。无论是担任领导职务的同志，还是从事具体

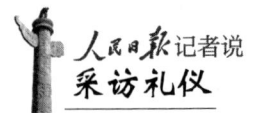

工作的同事,都会有这样那样的缺陷和不足。俗语云:"谁人背后不说人,谁人背后人不说。"但媒体是党和人民的耳目和喉舌,新闻工作者使命光荣、责任重大,必须加强党性修养,恪守职业道德,摒弃世俗观念,切忌不负责任地随便议论,品头论足,传播小道消息,更不能"妄议中央",犯自由主义。这是媒体工作的基本要求,也是现代文明礼仪的基本规范。

礼仪小常识

迎客:在哪里迎接

迎客没有一定的规范。但一般对于比较重要的客人,如果与之邀约第一次会见,就应该主动安排车辆上门迎接,比如到酒店、机场,或者客人家里去迎接;对于一些一般性的客人,我们可以在办公楼门前、电梯口,或者是在办公室的门口迎接。也就是说,根据客人生熟程度、重要性不同,采取不同迎接方式。如果是在办公室迎接客人,客人来了一定要起身相迎,即使工作再忙,站起来迎接客人也是最基本的礼貌。

第三节　接待公众礼仪

《礼记·曲礼》云:"礼尚往来。往而不来,非礼也;来而不往,亦非礼也。"采访者到基层采访,常常会受到基层干部群众的热情接待,采访对象、基层群众到媒体汇报线索、审改稿件、办理事务、走访等,媒体有义务做好公众接待工作。媒体公务接待工作参考执行《党政机关国内公务接待管理规定》(中办发〔2013〕22号)。媒体接待礼仪总体原则是:以人为本、热情周到,礼节规范、节俭适度。媒体接待工作内容包罗万象,涉及迎来送往、住宿餐饮等诸多方面,接待中的文明礼仪直接检验媒体及采访者的公信力和诚信度。下面就最基本、最常用的几种情况进行介绍。

一、接待基本礼仪

1. **热情周到**。无论是接待上级还是下级,无论是政府官员还是普通百姓,都要一视同仁。不能依客人身份、关系亲疏而"看人下菜"。事先要了解接待对象的民族、宗教、职业以及个人禁忌,充分尊重客人习惯,周到、细致、热情地提供相关服务,让来者有宾至如归的感觉。

2. **礼节规范**。做好接待工作要严格按照接待要求,规范各种礼节,让来客感受到尊重和热情。要在迎送、引导、接洽、会谈以及乘车、住宿、参观等各个环节上下功夫。谈话时要恭敬真诚、神情专注、认真倾听,回答问题时要详尽、准确、耐心。要掌握好分寸与场合,不要妨碍对方私生活,不要限制来宾个人自由,不要影响来宾休息。

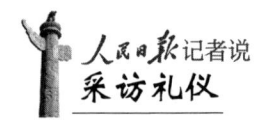

3. 节俭务实。媒体接待的根本目的是加强交流，做好工作。为此，既要遵守必要的操作规程，更要注重节俭务实。程序性和礼节性的安排力求少而精，不盲目攀比。要坚持重礼貌、重礼仪、重友谊，从实际出发，量力而行，杜绝铺张浪费。招待标准要严格按照有关规定执行。

二、会务礼仪

迎接公众往往要开座谈会、招待会、情况通报会等会议，在安排会务时一定要认真筹划，精心安排，以简朴、热情的礼仪，让来访公众有宾至如归之感。

会场布置。通常包括（一）会标要表述准确，庄重大方，一般使用全称，确需简化的必须规范准确。主会标要悬挂在主席台的正上方，需要制作其他会标时，一般应悬挂在会场较为突出的位置。（二）正式会议一般应摆放鲜花。（三）座签印制要规范、大方，双面相同，字号、字体要统一，摆放要整齐。（四）提供的文具要经济、实用，摆放要规范。（五）桌、椅、沙发等摆放间距适中，方便出入。（六）灯光和音响设备等要调整到位，细致检查，避免出现差错。

座位安排。公务会议的座次安排一般分为两种：一种是设主席台的座次安排，一种是不设主席台的座次安排。

设主席台的座次安排又分两个区域，主席台的座次和听众席的座次。主席台的座次通常按职务高低来确定，其原则是，前排高于后排，中央高于两侧，左座高于右座。听众席常用的排法有：按职务高低排列，或按单位的序列排列等，原则与主席台上的排法相同。具体排法可根据会议的需要而定。

不设主席台的座次安排，首先确定会议主席的座位，一般是面对会议室正门的正中间位置，或是背依会议室内主要景致的正中间位置，其他与会者在其两侧，先左后右、再左再右依次循环排列。

三、握手礼仪

握手是国内外通行的见面礼节。握手时应注意以下几个方面：

- 微笑着目视对方，不能只握不看，心不在焉。
- 用力要适度，不能用力过大或绵软无力。
- 接触面要得当，应当满把相握以示真诚，不能只给对方两个手指头或手掌不弯曲。
- 对方是领导、长者、女宾时先主动伸手。对没有握手习惯的宾客不要伸手，可行拱手礼或注目礼。宾主之间，抵达时，主人先伸手；告别时，客人先伸手。
- 由近及远进行，避免交叉、重叠握手，不能两只手同时握两个人的手。
- 不能戴手套握手，也不能戴墨镜握手。

握手礼仪

四、鞠躬礼仪

鞠躬是我国古代传统礼节之一，至今仍是人们见面时表示恭敬、友好的一种体态语言，普遍被人们所接受和使用。

1. 鞠躬方式

行鞠躬礼时，行礼者在距受礼者2米左右，身体立正，面带微笑，目视受礼者。女性鞠躬时手合拢，自然放在身前；男士则将双臂自然下垂在身体两侧，弯腰到一定程度后恢复原态。受礼者一般应还礼，长者、贤者、女士、宾客还礼时可不鞠躬，欠身点头即可。

2. 鞠躬程度及含义

弯腰因场合、对象不同而有所区别。一般而言，角度越大，表示越谦恭，对被问候者越尊敬。

- 一般敬礼：15°左右，表示一般致敬、致谢、问候。
- 敬礼：30°左右，表示恳切致谢或表示歉意。
- 敬大礼：45°左右，表示很恳切的致敬、致谢和歉意。
- 敬最大礼：90°左右，在特殊情境，如婚礼、葬礼、谢罪、忏悔等场合才行90°大鞠躬礼。

鞠躬与握手相比，鞠躬表达的敬意更深一些，尤其在大众场合个体与群体交往时，不可能同许多人逐一握手，则用鞠躬代之，既表示恭敬，又节约时间，值得大力提倡。

五、宣传品礼仪

随着电子技术飞速发展，单位个人的形象宣传品五花八门，除纸质名片、宣传册外，电子名片、二维码、电子屏、AI人工智能、机器人等应有尽有，宣传品礼仪应当引起重视。

1. **恰当设计**。宣传品设计要大方、美观，如无特殊需要，一般不使用繁体字。信息要准确、简洁，不宜过多。个人名片要标注主要职务，其他兼职尽量少写或不写。因工作需要，可印制不同形式宣传品，根据交往对象分发。不论传统还是新技术宣传品都要保持整洁完整，不可有落灰、乱放、皱褶。

2. **适时发送**。要观察对方意愿引导、发放。一般选择初识和分别之时。当人们正在热烈交谈时，可以先点头致意，不要打断别人谈话发介绍宣传品，更不能不分时间、场合随意发放。发送宣传品要双手递上，正面朝向对方。通常由低职位者先向高职位者递送。如人数众多，不宜确定发送顺序时，可相机发送，最好由近及远。如需要，也可将相关信息加注写给对方。

3. **文明接收**。双手接收宣传品后，要认真阅览并致谢对方。为了称呼交流方便，可将对方宣传品暂时放在面前。但在离席时，一定不要忘记带走，否则留在桌上很不礼貌。介绍、观看视频宣传广告时，一般不超过3分钟，除对方有浓厚兴趣时，不做长时间解说。对对方内部宣传品不主动提出索要、拷贝诉求。

礼仪小常识

怎样送客最得体

1. 真诚挽留。客人提出离开时，主人应主动诚恳挽留。客人告辞，主动起身后，主人方可紧随。主人不能在客人之前起身或有引导客人离去的举动，否则，有逐客之意，有失礼仪。

2. 亲自相送。客人执意离开时，主人应亲自相送，衷心祝福。条件允许，可赠送一些特产或纪念品，以增进双方感情。等客人走远后，再回房。不要在客人还没走远，主人就转身回房，如果客人礼貌性地回首与你再次道别，却看不到你，心里的滋味肯定不好受。

3. 尽地主之谊。对远方来客，送别前应为客人订好飞机票或火车票，最好将客人送至机场或车站。客人乘坐的飞机、火车尚未离开视线时，即使有重要的事情，主人也不能离开，如在这时提早离去，难免让客人产生想法。

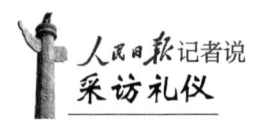

第四节　公务环境礼仪

公务环境主要指采访人员日常办公和公务活动的场所，包括报社、电台、电视台、网络以及驻地记者站、通讯站、办事处等分支机构日常工作区域。加强公务环境文明礼仪建设，营造文明和谐的工作环境，会提升媒体形象和工作效率，这是全体媒体工作人员共同的责任和义务。

一、环境整洁卫生

2006年6月13日，中外记者聚焦上海合作组织峰会，来自27个国家和地区128家媒体的796名记者报名采访此次上合组织峰会。图为新闻中心秩序井然、文明规范。张传奇 摄

保持办公区域的整洁美观是每个媒体工作人员应尽的职责。

1. 布局协调。整体布局要整齐协调，办公桌相对统一，摆放位置符合房间布局，集体共同使用的设备相对集中。

2. 简洁整齐。办公桌面要简明整齐，各类办公物品摆放有序，文件资料定期清理、及时归档或上交，不堆放与手头工作无关的物品，不提倡摆放与工作无关的个人用品。

3. 干净清洁。注意保持室内卫生，自觉做到无污物污迹，及时清洁打扫地面、桌面和办公室设备，随时倾倒垃圾、废纸等。保持空气清新，不带味道刺激

性强的物品，不在多人共用的办公室内吸烟、用餐。

二、举止文明礼貌

采访人员在办公区域要时刻注意自身形象，做到行为规范，举止文明，落落大方。

1. **声音适中**。同事集中办公者居多，与同事交流、接待客人、接打电话，尽量和风细雨，降低音量，不影响他人。使用设备轻拿轻放。在电脑上工作时，一般不开音响，或戴上耳机，以免干扰别人正常工作。

2. **姿态端正**。举止端正庄重，不摇头晃脑，不在办公室整理个人衣着、吃零食，不在行为上影响他人。

3. **节省设备**。不长时间占用电源插座、电话、复印机、传真机、计算机、公用数据线等公用设备，以免影响他人使用。

4. **礼貌待客**。无论是因公前来洽谈工作，还是非工作对象上门询问事情，都要起身笑脸相迎，热情招呼，认真应答。同事接待客人时，要安心做自己的工作，不要插话或打探事情，更不要冷言冷语，表露厌烦情绪。

三、工作有序高效

媒体无论大小都是一个整体系统，只有严格遵守各项工作制度，才能保证媒体正常工作秩序。这既是工作要求，也是礼仪规范。

1. **遵守时间**。按时上下班、值班或参加各项活动。有事提前请假，不得无故迟到、早退。外出采访的时间、地点、事项等向领导汇报后，不忘向身边同事说明，以便有急事及时联系。

2. **坚守岗位**。不得无故离开办公室或串办公室聊天、办私事，不得在工作时间干私活、接待私人朋友，不得在计算机上玩游戏、聊天。随时准备受领采访任务，整装待发。

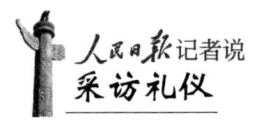

3. 严守纪律。严格遵守媒体各项规章制度，强化保密观念，狠抓工作落实，努力做到令行禁止，步调一致，高效规范。

四、爱护公共财产

爱护公共财产是媒体工作人员应尽的责任，也是道德修养和文明素质的重要体现。

1. 提高思想认识。养成爱护公共财产的高尚品德和思想境界，处处维护国家的利益和媒体的利益，"不以善小而不为，不以恶小而为之"。

2. 遵守管理规定。媒体设备大都是电子集成化程度较高的精密器材，有的电脑、摄录、排版等用具相当昂贵，而且易于损坏，必须严格遵守有关公共财产管理和使用规定，不得擅自转送、转借有明确规定和要求的公共物品；借用单位的公共物品，要及时归还，不得长期占用，甚至据为己有；工作调离时，应及时移交自己使用的办公用品和采访设备；下班或长时间离开办公室时，要关灯、关闸、关好门窗，防止电路短路或失窃被盗。

3. 厉行勤俭节约。尽量使用自然光，白天少开照明灯，养成随手关灯的习惯；合理设置空调温度，一般夏天设置温度不低于26℃，冬天设置温度18℃—23℃比较适宜，做到无人时不开空调，开空调时不开门窗。及时关闭水龙头，防止跑冒滴漏，杜绝发生长流水现象。节约办公耗材，提倡双面用纸，推广在电子媒介上传送、审阅、修改稿件。

五、力求言语文明

言语反映一个人的基本修养，体现对他人最基本的礼貌。

1. 称谓得当。称呼要符合身份，符合基本的礼仪礼貌规范。一般来说，在媒体同行中，下级对上级应以姓氏加职务相称；上级对下级或同级时，根据被称呼者年龄在姓氏前加"老""小"相称，也可直呼其名。

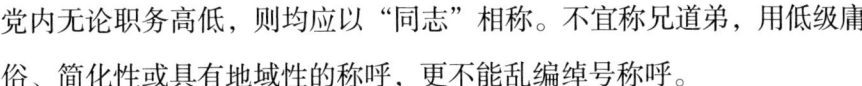

党内无论职务高低，则均应以"同志"相称。不宜称兄道弟，用低级庸俗、简化性或具有地域性的称呼，更不能乱编绰号称呼。

2. **言谈稳重**。轻言、慢语、简洁，不要旁若无人地高谈阔论，影响他人。语速要适中，不能过快或过慢。语言要简洁明了，对方说话要认真倾听，积极适度应答。

3. **主动沟通**。讲究行为艺术，对不熟悉、交往不深的同事，也要主动加以沟通，对自己不感兴趣的话题，可委婉表达，不要直接拒绝。

4. **文明用语**。使用文明礼貌规范用语，不说脏话，不拿个人身体特点开玩笑，不开低级玩笑。

六、维护公共环境

健康文明的环境需要大家共同维护。

1. **注意公共卫生**。尊重清洁人员的劳动，废弃物应分类投进垃圾筒。不在非吸烟区吸烟，不随地吐痰，不乱扔烟蒂、瓜果皮、口香糖等。

2. **遵守公共秩序**。如会议室的使用和管理制度，阅览室、图书馆的阅读和借阅制度，活动室、运动场的活动规定，自行车的停放位置，汽车的停放地点及车位等限定，都要自觉遵守。

3. **爱惜公共用具**。以主人翁的责任意识爱护图书杂志、健身器材、就餐工具、卫生间用品、花草树木、门牌廊灯、音像器材等公共设施，轻拿轻放，不要随意移动、违规操作，自觉保护爱护，提高其使用寿命。

七、注重细节礼仪

细节往往决定成败。媒体工作大多都是脑力劳动，常常构思新闻、编辑稿件、电脑排版，需要有一个安静的环境，但多数单位是开放式办公，因而必须时时处处注意细枝末节。进出媒体大门或有人值守的门厅时，应主动出示证件或向值守人员打招呼致意，不可目中无人地径走直

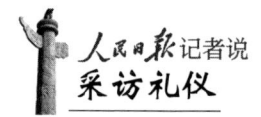

"闯"。进出电梯时，应礼让客人、年长者、职务高者。乘坐自动扶梯时，应靠右侧站立，以便别人从左侧超过。集体就餐要排队等候，礼让他人，取食物时可少量多次取用，避免浪费。健身活动时，动作适度不夸张，不长时间占用某一器械。阅读电子报栏时，要照顾周围读者，点击动作不宜过大，翻阅动作、表情不宜张扬。

礼仪小常识

乘坐小轿车基本礼仪

1. 如有司机驾驶时，以后排右侧位为首位，左侧次之，中间座位再次之，前座右侧为末席。

2. 如主人亲自驾驶，以驾驶座右侧为首位，后排右侧次之，左侧再次之，后排中间座为末席。

3. 主人应引导宾客上座，但还要尊重本人意愿和选择。宾客坐在哪里，哪里就是上座。即便不明白座次，坐错了位，也不要纠正，应"主随客便"。

4. 重要宾客或年纪大的采访对象需要乘车时，要上前拉开车门，手贴近车门上框，以示防碰，引导上车，轻关车门；自己若需从另侧上车时，则要从车尾快步绕行而至。

5. 领导或同事的轿车，如不主动招呼，则不便示意要求搭乘；上车时要主动让上位，尽量少带物品；上车后不可乱动乱摸，大声喧哗，未经允许不可抽烟等；不宜评价所乘车辆状况，以示庄重大方。

第五节　采访礼仪存在的问题及对策

最近，在一次全国性调查中，竟有半数新闻工作者不知道早在2019年就修订的《中国新闻工作者职业道德准则》。西北某省记者协会一次新闻从业人员素质调查结果显示："讲究采访礼仪"的占43%，"不知道采访礼仪"的占17%，"采访礼仪有重要作用"的占73%，"没有参加礼仪培训"的占93%。由此可见，一些新闻工作者对采访礼仪的认知程度和行为习惯上还存在许多薄弱环节和容易忽视的问题。

一、当前存在的主要问题

1. 形式化场面不乏其例

有人认为采访礼仪就是一种程式新、表面新、样子新的形式。采访先进典型中，有的单位或采访对象为表示隆重礼仪，劳民伤财摆阵势、摆场面、摆成果，兴师动众召开欢迎仪式、座谈会、联欢会等。有的采访者一拍即合，乐此不疲，投桃报李，采访工作却走马观花，蜻蜓点水。因为受了这种厚重的礼遇，盛情难却，采访者便有意夸大、拔高报道，严重脱离实际，当地群众极为不满。有的力求某种效果，引导对方说过头话，甚至造假，失实报道屡见不鲜。有的为求排场示意吃、拿、卡、要，采访要对方专车接送，甚至动用警车开道，引起公众反感，公信力和权威性备受质疑。

2. 庸俗化现象时有发生

有人认为采访礼仪就是讲几句客套话，做做样子，表个姿态，于是

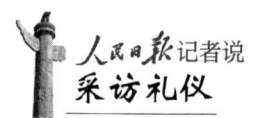

言不由衷，行不自然，心不在焉。在一些地方，采访礼仪已成为大吃大喝、公开行贿的代名词，而对于一些行为不规范的企事业单位来说，干脆借礼仪之名，送"车马费""辛苦费""补贴费""劳务费"等，少则几百，多则上千，巨额行贿索贿案时有发生。在有些地方、有些人眼里采访礼仪已被庸俗化、表面化，对于弘扬采访礼仪真谛，发挥采访礼仪作用，有百害而无一利。

3. 极端化倾向较为普遍

礼仪是人类文化的精髓，礼仪也会随着人类社会的发展而不断变革、不断吸收和扬弃，现代礼仪必须符合现代社会发展要求，如同简化汉字一样，再恢复到过去的繁体字显然不习惯，但要再简化也不易，走向两个极端都会有麻烦。

采访礼仪的一个极端是"复古"。表现为许多礼仪形式、礼仪程序舍简就繁，似乎不就繁就显不出隆重，礼多人不怪是没错，但礼繁了就会让人感到不自在，也不符合现代社会高效快捷行为规范的要求。

采访礼仪的又一个极端是"崇洋"。穿上西装，打上领带，人就显得精神，但过于迷信"舶来品"就会与礼仪的民族性相矛盾。例如一提到采访，三伏天穿西服打领带显示礼仪，却使人汗流浃背不自在；三九天西装革履以示尊重，却冻得人打哆嗦。

采访礼仪要走中国特色的社会主义精神文明之路。记者生活、生存于民众之中，要贴近民族特征，不能舍本求末，贪大求洋，要在崇尚民族文明礼仪的基础上，古为今用，洋为中用，有所吸收，有所扬弃。

二、基本对策

1. 加强宣传，为采访礼仪正本清源

采访礼仪形式化、庸俗化现象已给采访者带来许多负面影响，给公众留下一种采访礼仪就是应付场面，礼尚往来的不良印象，迫切需要每一位

新闻工作者从理论和实践两方面为采访礼仪正名,还采访礼仪根本宗旨。

一方面,我们要加强理论宣传,引导公众树立正确的采访礼仪观念,了解采访礼仪的特点及其在树立媒体良好形象中的作用,充分认识讲究采访礼仪对于提高个体自身修养、媒体整体形象乃至整个社会文明程度的重要意义,进而自觉地以采访礼仪规范为坐标,修正自身行为,树立良好的新闻工作者形象。

另一方面,我们要以采访礼仪规范为指导,从文明礼仪的视角审视媒体各项社交活动,进一步学习借鉴现代文明进步的成果,从实践中来、到实践中去,使媒体及媒体供职者的良好形象以最佳的方式展示给公众,给采访礼仪注入新时代精神文明的品质内涵。

2. 博采众长,建立健全采访礼仪理论体系

作为一门新兴学科,采访礼仪理论的体系亟待完善。当前,采访礼仪偏重实务介绍、缺乏理论依托的现象比较普遍。这种状态与20世纪80年代初公共关系导入初期的景况相类似,这就需要采访理论工作者尽快建立起一套比较完整的采访礼仪理论体系。当然这里要重视两个问题,一是传统礼仪规范的传承与发展,二是发达国家采访礼仪的借鉴与扬弃。只有两者兼顾,博采众长,才能形成既符合我国特色,又能适应时代发展要求的采访礼仪理论体系,真正为采访礼仪实务提供坚实的思想基础和科学指导。

3. 勇于探索,积极推动采访礼仪与时俱进科学发展

采访礼仪作为一门社会科学,具有其内在的规律性。随着世界经济一体化蓬勃发展,政治、经济、文化采访报道不断深入,对世界各国各地区不同礼仪规范的了解与研究更加迫切,要求采访礼仪必须深入采访实践,研究探索与当代社会文明发展相协调的科学化、制度化、实用化新路子,才能传承发展,发扬光大。

积极探索新兴媒体采访礼仪是我们研究工作的重中之重。如网络采

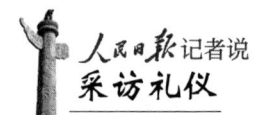

访礼仪、手机采访礼仪，作为一个新媒体发展领域，有许多未知需要去探索总结，亟待建立一整套科学、完整、实用的礼仪规范。

4. 注重培养，加大采访礼仪教学训练力度

采访礼仪是新闻记者必备的文明道德素养和基本职业技能。当今时代，媒体竞争日益激烈，人人手里有"麦克风"，记者已经不是"麦霸"，新闻采访发生新变化，必须认识到文明礼仪在采访中的地位和作用，加大采访礼仪的教学培训力度。新闻院校要高度重视采访礼仪教育，设置内容丰富、形式多样、具体深入、简洁实用的采访礼仪教学课程，普及新闻采访礼仪基础知识教育。新闻媒体的管理机构要倡导文明采访，认真执行采访礼仪规范。要结合采访实际，制定相关采访礼仪准则，利用多种形式，开展采访礼仪培训，规范礼仪行为，提升媒体整体形象。新闻采访人员要增强采访礼仪自律意识，自觉加强礼仪技能技巧训练，着力提高自身礼仪素养。

第六节　实例分析提示

实例一

吉拉德[①]：名片满天飞那是拓展你的事业

2002年7月18日，NAC成功者大会在中国北京召开，乔·吉拉德上台演讲之前，让工作人员把自己的名片印了几万份摆放在每一张椅子上，在讲到如何收集客户信息时，他不时将名片一把一把往人群中撒，他说："这也是获得信息的一个途径"，还说："给你两个选择：你可以留着这张名片，也可以扔掉它。如果留下，你知道我是干什么的、卖什么的，我的细节你全部掌握，需要我时得心应手。"

销售是需要智慧和策略的事业。在每位推销员的背后，都有自己独特的成功诀窍，吉拉德特别把名片印成橄榄绿，令人联想到一张张美钞。他每天一睁开眼，逢人必发名片，坚持要对方收下。吉拉德解释说，销售员一定要让全世界都知道"你在卖什么"，

[①] 乔·吉拉德，连续12年被《吉斯尼世界纪录大全》评为世界零售第一。连续12年平均每天销售6辆车，至今无人能破，被吉斯尼世界纪录誉为"世界最伟大的销售员"，迄今唯一荣登汽车名人堂的销售员。

而且一次一次加强印象，让这些人一想到要买车，自然就会想到"乔·吉拉德"。

吉拉德有一个特别的习惯，喜欢在公众场合"撒"名片。如在热门球赛观众席上，他整袋整袋地撒出名片，他耸耸肩表示："我认为这是个很怪异的举动，但就是因为怪异，人们越会记得，而且只要有一张落入想买车的人手中，我赚到的佣金就超过这些名片的成本了！"

吉拉德最深的体会是，名片满天飞，要点不是推销产品，而是推销自己，拓展事业发展空间。①

分析提示

名片是一个人身份的象征，是加强社会沟通和交流的必备工具。如今的名片已经进化为电子名片、视频名片、二维码名片等，但万变不离其宗。名片上一般印有必要的个人资料，比如姓名、职务、地址、联络方式等。它就像一个人简单的履历表，同时也是每个人在与别人初次见面时，能够让人尽快了解自己最重要的书面介绍材料。作为个人的"第二身份证"，名片不仅是个人身份的介绍，更是个人的脸面、形象。名片总的要求是"整洁、有序、明了"。随身所带的名片，最好放在专用的名片包、名片夹里，也可以放在上衣口袋里。千万不要放到裤袋、裙兜、提包、钱夹里，那样做既不正式，又显得杂乱无章。自己的公文包、办公桌抽屉里，也要备有名片，以便随时使用。

一张张小名片是记者人脉管理中重要的资源。在人际交往中，一张名片可能蕴藏无限的机遇。我们不赞成像乔·吉拉德那样四处撒名片，既不节俭，也不卫生环保，但要善于捕捉机会，在合理的时候出示自己

---

① 乔·吉拉德：《名片满天飞：世界最伟大的销售员乔·吉拉德》，中华励志网，http://www.zhlzw.com/lz/ys/65259.html。

的名片，介绍和推销自己，给别人留下深刻印象；同时，保存别人给你的名片，合理利用，充分扩展记者人脉，有助于拓宽视野，增加海量信息。

名片是采访者身份的简明介绍，担负着"招商引资"、保持联络的重任。名片是展示自己的小舞台，充分发挥现代电子技术技能，在设计上要多花点心思，使别人对你的名片喜欢多一点、印象深一点。要使采访者名片充分发挥作用，除精心设计外，必须掌握以下礼仪：

1. **顺便介绍**。递送时应说"请您指导""请多关照""有线索常联系"等，或者做一些简短的自我介绍。

2. **珍重递送**。递名片时应起身站立，走上前去，使用双手或者右手将名片正面对着对方；请对方扫描电子名片时，要主动将设备调至名片主页，恭敬递上，便于扫描、拍照。

3. **恭敬捧接**。他人递来名片时，应起身站立，面含微笑，目视对方。接受名片时，双手捧接，或以右手接过，不要只用左手接过。

4. **精心收藏**。接受名片或扫描电子名片后，要从头至尾认真默读一遍，意在重视对方，加深印象，及时编号、归类收藏。

5. **外宾随俗**。最好将翻译成对方国语的名片正面对着对方。实在没有印有对方国语的名片，则应送有英文的名片。但注意给外国人的名片不能用笔涂改，头衔最好不要超过三个，否则有炫耀、虚假之嫌。

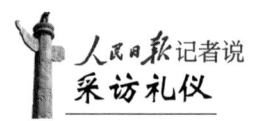

实例二

王志①：要经得起观众的挑剔

1994年，王志进入中央电视台，主持《东方时空——东方之子》栏目，2003年担任《面对面》栏目记者、主持人、制片人。他接受采访时说——

我现在的主持风格就是不断地思考社会问题，然后刨根问底把根源揪出来。每次做节目或者跟着摄制组去采访，我都要求自己要冷静，一定不能被表面的一些东西蒙蔽住。比如说采访一些劳模或领导干部，他肯定会说一些冠冕堂皇的话，但是我要的不是这些，观众想听的也不是这些，我就用关于人性的各种问题挑剔他，迫使他说出一些真正的内心的话。

王志深有感触地说，摄影机对着你的时候，没有几个人能很真实地表现自己。但是我就要用透视的目光，把我的受访者还原到真实的那一面，让他把自己的心里话说出来，让他表达出真实的自己。"非典"时期我采访过两位市长。采访时他们都跟我说到

---

① 王志，中央电视台著名记者、主持人。主持《东方之子》栏目期间，三次获得中国电视新闻一等奖。曾在《新闻调查》《面对面》栏目中任主持人、制片人、记者。获得"金士明杯"全国电视节目主持人大赛新闻奖金奖、"中国青年五四奖章"。

了当时公布的疫情情况,我马上表示质疑。有的观众问我,你不怕得罪人家吗?人家都是高层干部。其实我最怕得罪的就是观众。我觉得既然我们把一些人请到《面对面》来,那么我代表的就绝对不是自己或者一个单纯的栏目,我代表的是观众。观众最想知道什么,我就问什么。你既然来了,你就要经得起我的挑剔,经得起观众的挑剔。其实我们记者都在质疑,也许像黑人的牙齿显得很白一样,我长得憨厚,所以别人以为我很犀利。①

实践探索

　　王志"要经得起观众的挑剔"的理念,就是新闻职业道德的集中体现,是尊重人民群众主体地位礼仪品质的基本规范与准则。细细品味,值得学习借鉴。

　　一般调查采访的题材,都是公众关注的欺瞒性问题、公众憎恶的腐败问题、公众关心的疑难问题。调查采访的路径大都围绕问题、悬念、质疑等展开,每一次调查行为都是通过问题的提出、悬念的求证、质疑的破解来完成的。所以,在调查采访中,记者要有质疑意识、问题意识。调查采访的主要手段是通过调查发现问题、搜集证据、揭示事实真相和问题实质。所以,调查采访较其他采访方式更客观全面,礼仪要更加周全。

　　王志强调的是调查采访过程必须平等真诚、客观真实,经得起实践检验,甚至记者每一句问话和采访对象每一个回答,都应经得起观众的挑剔和考量。只有采访过程让观众感觉可靠、可信、可亲,才能增强说服力和准确度,从而为解决问题提供破解思路和决策参考。

　　确保调查过程的客观真实、全面可靠,一两个人单枪匹马很难完

---

① 《与王志面对面》,《北京青年报》2003年9月10日。

成，必须依靠团队集体力量，相互支持，配合默契，才能彰显媒体团结协作、荣辱与共的文明风范。王志说："有人说我很犀利，我同台里的筹划、编辑、导播、摄像等同事相敬如宾，彬彬有礼，因为他们可以帮助我查找纰漏，减少失误，尽量把完善的一面展现给观众。"《中国青年报》在调查采访过程中，也特别注意强调"读者至上"宗旨，注意调动各种信息资源，抓好团队协作，前方记者深入一线采访，后方利用本报社会调查中心、网络在线调查等协同作战，严把质量关，发表了一大批有理有据、客观公正、经得起考验的调查报道，为《中国青年报》赢得声誉。

礼仪小常识

聊天六忌

1. 一味标榜炫耀本媒体本人业绩，有卖弄之嫌。
2. 随意将采访中遇到的有关事件当笑料讲述，好道人隐私。
3. 尽情插话，满口官腔，不给别人表达机会。
4. 叙事啰唆，语言呆板，重复使用某种句式或词语。
5. 概念不清，逻辑不严，随便扩大指代范围，容易引起误解。
6. 过分靠近或动作亲昵，多用口头禅，甚至带脏字。

中篇

常用采访礼仪规范

礼仪不仅展现一个人的风度和魅力,而且体现一个人的内在学识和文化修养。采访礼仪是人际交往中的"润滑剂"和"助推器",有效增强交流与合作,最大限度减少分歧摩擦,避免人际冲突,使采访成为一种和谐愉快的社会文化交往活动。

"人无礼则不立,事无礼则不成。"在这个重形象、讲礼仪的时代,形象光彩是外秀,礼节得体是内慧。采访礼仪体现的是个人职业素养,拥有丰富的礼仪知识,能营造良好的采访氛围,为真诚合作奠定温馨的基础,令事业发展如鱼得水。

本篇着重介绍常用人物采访、会议采访、体验采访、电话采访、网络采访、隐性采访六种礼仪的基本规范,并且透过形式,深刻挖掘礼仪的内在素养和品质特征,倡导把文明形式和专业技巧结合起来,着力提高采访效率。

第一章 人物采访礼仪

第一节 人物采访礼仪的含义

人物是事件和活动的主体。人物采访就是对社会公众人物或某一事件中关键人物进行深入、系统的挖掘和探讨,生动细致地展示人物的经历和心理,使受众更好地了解人物,从中获得感悟和启示。

人物采访是媒体常见的一种报道形式,涉及范围比较广。一种是对社会公众人物、重大事件中的关键人物进行专访,如领导干部、演艺明星、当事人、设计者等,以了解其人生追求、事件的详细情节和背后故事;一种是经常性地对各种各样的人物进行访谈,以收集新闻报道需要的各种素材。目击者、知情者、街头随时走过的路人等,都可能成为记者访谈的对象。

人物采访礼仪,是指采访人员在人物专访过程中,应当遵循的合乎社会道德规范和新闻采访规范要求的各种礼仪准则以及规范。

人物采访的特点在于"专",有人称人物采访为人物专访,其采访礼仪要既适应公众,更要针对个性,突出特性。采访者能够积极适应特定人物或特定专题,营造良好氛围,就有利于挖掘详细、深入的素材和生动丰富的故事。

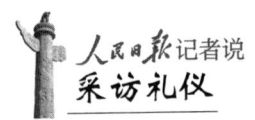

第二节　人物采访礼仪的基本规范

人物采访，一般是近距离"面对面"采访，主要形式有四种：

- 一对一采访，即一名记者对一名采访对象所进行的采访。这是一种最常用的方式。
- 一对多采访，即一名记者对某个群体人物所进行的采访。如座谈会，一般不超过 10 人。
- 多对一采访，即多名记者对一名采访对象所进行的采访。如多家媒体集中采访一名模范人物、先进典型等。如新闻发布会，也有助手补充材料。
- 多对多采访，即多名记者对某个群体人物所进行的采访。如组织记者团对先进集体进行采访等。

上述四种方式，虽然有不同的礼仪要求，但其基本的礼仪规范是一致的，即真诚相约、适从个性、照应全局、礼节周全。

一、协商专访时间

进入信息时代，人们的工作生活节奏加快，压力加大，记者要"索取信息"，本来就是"添事"。为此，采访者要主动与选定的专访对象进行联络，委婉说明采访意图、采访计划、采访时间、刊播时间，态度要诚恳，逻辑表达要清晰。认真倾听对方意见，尽快适应对方特点，善于调整采访计划和思路，协商采访事项。把握采访时间，过短有轻视之嫌，过长有啰唆之感。

一般在半小时以上，一次最长不超过3小时。并且采访前要将预计时间及计划告知对方，以便对方安排日程。

2010年5月11日，国家统计局发布4月份国民经济主要指标数据，新闻发言人盛来运在新闻发布会后回答记者提问。孟丽静 摄

二、主动询问禁忌

对象方答应采访后，一般不便说明自己的特殊习惯、爱好和忌讳，有些可能难以启齿，而尊重、认同一个人的个性和忌讳，最显礼貌、最易亲近。采访前要做好调查研究，在了解对方民族、习惯、喜好、脾气、秉性等基础上，要主动询问采访对象的禁忌。一是尊重对方个性，投其所好；二是做好充分应对准备，事先处理好"取"与"予"的关系，把可能出现的分歧和差异降到最低限度，寻求最佳的融合点。

三、着装讲究得体

人物采访大都是近距离面对面采访，采访者要讲究服饰仪表。不能因为记者工作繁忙而忽视穿着打扮。发型要庄重、得体，头发要整洁、干练，符合职业特色。着装以朴素、自然、干净为宜，不宜着过于时髦、鲜亮的衣服，以防着装"喧宾夺主"，给对方造成心理压力，妨碍平等对话交流。尤其是女同志采访不能穿紧、透、露的服装，不宜浓妆艳抹，不宜反复打理服饰，不宜喷过浓的香水。

四、热情拿捏有度，距离产生美

主动热情、大方豪爽是采访礼仪的基本要素，但礼到则可，言不过三。常言道，"话说三遍淡如水"，讲的就是热情要拿捏有度。同时，面对面访谈，要讲究礼貌"距离"。太近了，体味干扰对方，说话唾沫星子可能溅到对方；太远了，互动不敏感，有轻视对方之嫌。一般常规礼貌距离遵循：

- 站立对话距离：大于 0.5 米，小于 1.5 米。
- 座谈交流距离：大于 1.5 米，小于 3 米。大型会场除外。
- 拍照摄像距离：3 米以上，直射灯 3 米以外，侧射灯 2 米以外，且光线不宜太强，最好使用柔光罩。
- 录音采集距离：麦克风距主讲人嘴唇 0.3 米以外，且低于主讲人下巴，以免遮挡主讲人和观众视线。

五、目光温和，注视位置适当

目光注视时间。采访者视线接触对方脸部的时间，约占全部交谈时间的 30%—60%。过长，会被认为对对方本人比对其谈话的内容更感兴趣；过短，则被认为对对方本人及其谈话内容都不感兴趣。

目光注视位置。目光注视应当自然、稳重、柔和，不能紧盯对方的某一部位，或上下打量。注视对方的位置不同，所传达的信息也有所不同。

采访注视区间一般以两眼为底线，以前额上端为顶点，所形成的三角区间。注视这一区间能够达到认真严肃、庄重、占据主动的效果，也用于商务谈判、外事交往和军事指挥。如图：

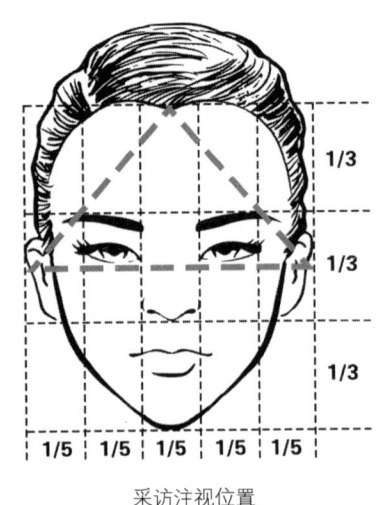

采访注视位置

社交注视区间一般以两眼为上线，以下颌为下点，所形成的倒三角区间。注视这一区间容易出现平等感觉，让对方感到轻松自然，从而创造良好的氛围。总之，视情况可以灵活运用。如图：

六、提供化妆道具，耐心配合试镜

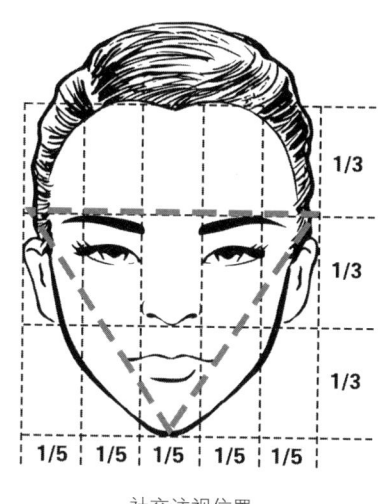

社交注视位置

电视、网络、广播等专访或现场直播，会展示采访者的立体形象，除突发事件外，一定要事先告知对方有所准备，有条件的要提供简单的化妆、道具用品，也可请专业设计师为采访者形象、造型等提出建议，将录制、拍摄的资料现场反馈给对方，请采访对象提出意见建议，力争让其满意。后期制作的节目，要寄送采访对象进行审核，以示尊重对方的知情权、监督权、参与权。

七、借用物品及时归还

需借用以待研究、证明等单位或采访对象的物品，要打借条，认真履行契约，严守信条承诺，尊重个人隐私。用后及时归还，如不慎遗失，要诚恳道歉，照价赔付，以示诚信。

将自己两种以上的电话等联系方式告诉对方，主动索要对方的联系方式，随时保持信息畅通，给人以可靠、安稳的印象。

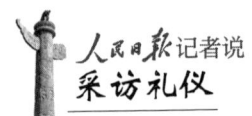

礼仪小常识

寒暄：基本"客套"不可少

寒暄是工作中的"一杯热茶，一张笑脸"，必不可少。在采访会见中，应当增加一些寒暄。随着年龄的增长、级别的提高，很多采访人员，特别是职务较高的领导，都不愿说一些客套话，或者根本不屑于去说客套话。其实适当地说一些"你好""欢迎""辛苦啦""希望你下次再来""祝你周末快乐"，或者在工作中适当地对对方说一些令其高兴的话，让人一听就能感觉到这是你对对方实实在在的关心，可以彰显你的品位。第一次见面可以说"很高兴认识你"，以后见面可以说"很高兴见到你"。这是基本的客套话，也是我们中国人礼仪文化的素养，是中国传统文化的符号和标志，应当切记。

第三节 人物采访礼仪应当把握的品质内涵

人物采访,需要挖掘内心深处的思想和过程,通常只有那些有成就、有故事、有经历、有争议、有专门知识的人才会成为访问对象。采访者要同他们进行无障碍的心灵沟通,除了应当遵守礼仪的基本规范外,还必须具备采访礼仪的内在品质,成为推动深度采访的助推剂。

一、精心运筹,尊重从"案头功课"做起

尊重不能停留在口头和心里。采访礼仪还要体现在采访前的认真策划精心准备上,也叫"静态采访"或采访的"案头功课"。专访人物确定后,要确定报道主题,制订周密采访计划,列举提问提纲。通过多种渠道,对专访对象进行深入细致的了解,目的是知彼知己,尊敬对方,扣紧主题,更好地了解其政治见解、行为动机、思想情感、专业技能等,不过多干扰、妨碍采访对象的工作生活以及习惯。

著名记者顾宜凡在采访以高傲著称的美国摄影大师弗兰西斯科·思格乌洛之前,就做了大量案头准备,包括对他艺术经历、作品风格的研究,对他创新摄影与"丝屏"印刷技术的了解。顾宜凡一进对方家门,就对客厅里一幅巨大的挂图作了点评,几乎专业化的评论让思格乌洛大为吃惊,感到了莫大的尊重,于是双方有了共同语言,为一场深入友好的采访创造了一个合适的氛围。顾宜凡得

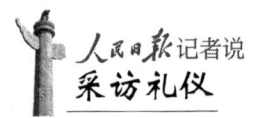

到了他"从没告诉过其他记者的许多隐私"。把高尚的礼仪理解为崇敬,把真诚的礼遇转化为新的储备,是优秀记者常用的技巧。

二、知己知彼,争取专访成功

公众人物、社会名人、先进典型等新闻人物大都很忙,有时很难请他们静坐下来访谈。记者能否赢得专访,关键在于是否能赢得信任。诚实守信,是记者争取采访机会的最好通行证。实际上,很多专访都是利用间隙,见缝插针完成的。有人总结出"抓住四闲访忙人"的人物专访诀窍。所谓抓"四闲"就是抓忙人会议之闲、抓忙人休假之闲、抓忙人外出之闲、抓忙人取得成果后之闲。

记者建立良好信誉十分重要。一些人,特别是专家、学者不愿意接受记者专访,大致原因有两点:一是觉得记者喜欢拔高人物形象,报道中充满溢美之词,给他们正常的同事关系、人际关系制造许多不必要的麻烦;二是担心记者报道不准确,给实际工作带来被动,有时会让公众误认为是被访谈者在故意造假或哗众取宠而误导公众。例如,有的记者采访科学家,报道他们的科研成就,往往只提科学家一人的贡献。实际上,对科学研究稍有了解就懂得,一个大规模的研究项目都是一个科研团队在努力。记者的报道只提科研项目的负责人,不提及他人的工作,表面上是抬高了科学家的地位,实际上是给科学家周围正常的人际关系制造麻烦。的确,有的人片面强调突出专访人物,忽视了尊重"人民群众"这个主体的作用,导致不良的社会效应。因此,许多名人、忙人是否接受专访也是因人而论。对于那些他们认为是认真、可靠、有专业素养的记者,他们还是乐意接受采访的,因为采访本身就是对他们工作成绩的肯定,就是与公众交流的渠道。

三、以诚相待,对方愿掏心里话

有人说,记者的能力在于撬开人的嘴巴,掏出心里话。让对方掏心窝子最难。自古有先贤遗训:"逢人且说三分话,不可全抛一片心。"许多中国人谨记先贤教诲,让人说真话就已经不易,让人说出掏心窝子的话很难,何况记者常常工作时效性很强,初次见面就想让人家掏出心里话很困难。按常理,在生人面前,一般人说话都会多一分提防,何况他明知道记者会把自己的话引用在文章里,播在广播电视里,自然更要提防。信任是最好的融合剂,要缩短距离,就要善于与采访对象真心实意交朋友,缩短心理距离。一次见面不投机,就来第二次、第三次。

2005年9月18日,记者在"九一八"纪念日采访中,怀着崇敬的心情倾听贵州籍抗战老兵闫廷春讲述抗战的故事,当讲到仅中缅印战区滇西战役中,参战的中国远征军中有贵州籍官兵13万人,其中近10万人壮烈牺牲的事迹,不少记者流下了眼泪。
来源:新华社

人物采访是一种平等式的交流。面对名人,如何以平视的眼光来看待,以平等的姿态来对话,对记者有很高的要求。一般拜访这些名人,最初难免会诚惶诚恐,毕恭毕敬,生怕说错话。但是,记者不能等同于"粉丝",崇敬之情溢于言表,过分亲热,会让对方怀疑你的用意,认为你有所求,可能更端架子,不说真话。这样就很难进入一种平等交流的氛围,采访只能在仰首中进行。特别是年轻记者要注意避免近水楼台,上来就要求与名人合影、签名,那会让对方更加看轻你。如果想合影留念,也要在采访过后,看对方心情酌定。

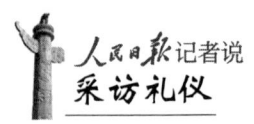

四、客随主便，选择适当访谈环境

专访需要在一个具体环境中进行，每一个具体环境都显示某种特定的意义，可以影响谈话情绪。合适的环境不仅便于谈话，而且能激发谈话者的兴趣。只要情况允许，不提倡将采访对象请到办公室、直播室，让采访对象选择自己乐于接受的采访时间、地点、场所，尽量让采访者回归自然、回归原生态。这不仅是尊重对方，有利于采访效果，而且是最好的礼节礼貌。

谈话需要进入一种状态，需要一种安然的心情，繁忙工作中的人很难顾及采访，而且有碍礼节。有一位记者照章办事，在车间里采访一位劳模，以为这样更真实。不料劳模工作起来聚精会神，一丝不苟，无暇他顾，记者问十句，他也回答不了一句，在车间里泡了一下午，却一无所获。后来记者征求劳模意见，把下车间观察与约谈话分开进行，效果截然不同。

尊重采访对象选择环境，还有利于采访对象放松心情，触景生情，以主人翁的责任感回答记者的提问。政治家、企业家、科学家们有一个共同特点：事业是他们生命中重要的一部分。他们大多不喜欢在公众面前谈情感和个人隐私，也不适应柔情式的采访风格，即使把他约在茶室，也别奢望有太多私密的谈话，倒不如选择较正式的场合，便于他思考问题。一些性格较拘谨的采访对象，应该鼓励他选择自己熟悉的环境采访。记者要注意准时到达，不仅出于礼貌，而且可以观察并熟悉周围环境，激发、引导对方谈话的坦诚性和积极性。

五、善于倾听，不卑不亢顺势引导

倾听是听的技巧，也是一门礼仪艺术。学会了"接受的姿势与表情"

等基本技巧,把握好五个阶段的倾听技术①,就能渐渐提升礼仪素养。

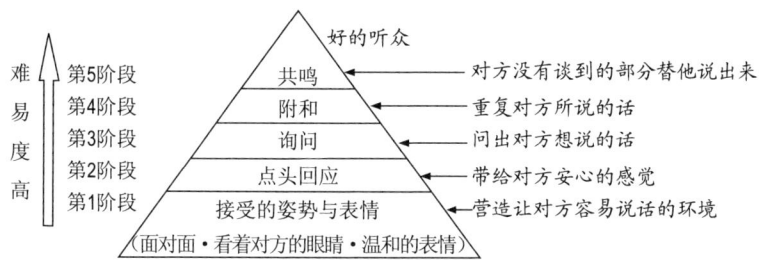

倾听技术的五个阶段

善于倾听可以营造和谐友好的谈话氛围。以记者提问为主的专访,谈话节奏较快,索取目的性较强,对方容易顺着记者的思路回答问题,难以畅所欲言,有时也会跑题。在时间允许的情况下,记者专访应争取谈心式的采访。谈心是交流,交流需要一种氛围,一种平等交谈的氛围。在这种氛围下,记者要尊重专访人物的话语权,不要轻易打断话题,采访者既要把握谈话的主动权,又要驾驭谈话氛围,才能达到最佳采访效果。

创造平等交流的谈话气氛,要靠记者抓住契机,顺势引导。在聆听中迅速迎合对方兴趣,靠近主题;在聆听中寻找知识的接近点,挖掘主题。名人、前辈们也是有情感之人,只要记者态度诚恳,他们也和蔼可亲,平易近人。如果记者有别出心裁的见解,他们会对你奖掖有加,积极配合。

采访中常常要变换话题,也要应用礼仪方式。

● 幽默提醒。幽默是人际关系的润滑剂,利用幽默表达换一个话题,是最好的方式。

---

① [日]古谷治子:《日常交际礼仪·职场篇》,刘霞译,电子工业出版社2006年版。

● 委婉点拨。从侧面婉言"点拨"、暗示对方，使其明白需要换一个主题，从心理上平缓过渡。

● 直言相告。开门见山地告诉对方不用继续说下去了，直截了当地表达要换另一个话题。这种方式过于直白，可能有碍情面，要注意对象，谨慎使用。

六、创造兴奋点，挖掘深度报道

让采访对象兴奋，是最好的礼遇。营造兴奋点就是给采访对象创造一些感兴趣、有见地的话题。营造谈话的兴奋点有两个目的。（一）活跃谈话气氛，让对方畅所欲言。一般的人总是对自己感兴趣的话题滔滔不绝，对自己不感兴趣的话题回答则比较简单。总是回答自己不感兴趣的问题，容易使谈话气氛沉闷。为了照顾对方的情绪，适当营造一些兴奋点，有助于打破沉闷。（二）刺激对方，达到意料不到的效果。在交谈中，采访对象一味地顺着记者提问回答，比较被动，被动久了，不仅谈话中的信息量会降低，采访对象的思维也会僵化。营造谈话兴奋点可以刺激采访对象，活跃思维，甚至在交锋中，语出惊人，收获意想不到的效果。

人民日报著名记者范长江当年所采写的《中国的西北角》，被称为"一部震撼全国的杰作"，可他在对西北上层人物的采访中，常常遭拒，如青海的封建军阀马步芳就明确拒绝他的采访。范长江的对策是——

"你不接见我，我可要想法子见你。"马步芳出城打猎，范长江也提猎枪跟了去，一只猎物在飞跑，范长江"啪"的一声打中，引起马步芳对他的好感。接着，途中休息饮酒，范长江开怀畅饮，又赢得马步芳的青睐。范长江于是海阔天空地同他穷聊，创造兴奋点，把他所要采访的问题，拐弯抹角地套出来，对一些人名、数字，范长江则通过伸在裤袋里的手,用早已准备好的短铅笔,记录在纸上。由此,他对马步芳作了成功采访。

讲究礼仪就是遵从采访对象,但采访尖锐的问题,总顺着采访对象也难以达到效果,那就要善于应用迂回、曲折的提问方式,在巧妙的礼仪周旋中促进彼此交流。意大利知名女记者奥里亚娜·法拉奇①,善于提一些尖锐的、具有挑战性的问题,并且言辞泼辣、直接,成了她闻名于新闻界的一个主要特色,采访对象却从不感到她有失礼之处。有人将她富有进攻性的采访方式称为"海盗式"采访,其绝妙之处在于,她通晓采访礼仪之道,把尖锐、复杂的问题转化了角度,把矛盾、攻击的话题变换了说法,在含蓄有礼中避免尴尬,在平常婉言交谈中完成采访。

礼仪小常识

拜访时怎样敲门

敲门最得体的做法是,右手中指弯曲,用二关节先轻敲三下,等一小会儿,再敲三下。

敲门的响度要适中,太轻了房里人听不见,太响了房里人会反感。不能用拳捶、脚踢,不能乱敲一气。

有门铃时要轻轻揿一下,隔一会儿再揿一下,静听房内反应。老年人行动迟缓,耐心等待。即使别人的门虚掩着,也应当先敲门,得到主人允许才能进入。

进入熟悉人的办公室,也应当先敲门或称呼。

---

① 奥里亚娜·法拉奇,意大利著名女记者兼作家。曾采访过邓小平、基辛格、英迪拉·甘地等多国政要。作为新闻工作者、战地记者和小说家,其传奇的采访经历,广为新闻界传颂。

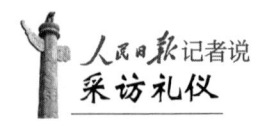

第四节 实例分析提示

实例一

韦尔斯:共同话题与东方领导架起桥梁

1937年4月,斯诺前夫人尼姆·韦尔斯来到延安,想专访中国领袖毛泽东。一位西方记者,怎样才能与毛泽东这位东方领袖"一见如故"?

韦尔斯笑着对毛泽东说:"我知道你的故事。因为我丈夫斯诺写了你的故事,是我给打字的。"毛泽东听了她的话会心地笑了,顿时气氛融洽起来。韦尔斯从笔记本中取出一张照片,对毛泽东说:"我早就从这张照片上认识你了。这是斯诺给你照的。我从西安跳窗户出来时,只带了两样东西:一样是你的照片,一样是一盒口红。你知道,一盒口红对美国年轻妇女多么重要,几乎什么都可以贡献出去,而口红是不能丢的,所以,你也就不会诧异了。"

韦尔斯幽默的语言,招来一连串的笑声。毛泽东接过那张戴着红军八角帽的照片,眯着眼睛笑。韦尔斯说:"这张照片很好看。"

毛泽东笑道："我从来没有想到我的照片会这么好看。"谈话从这里开始,双方似乎一见如故,谈话不再拘束了。

后来,韦尔斯曾多次回忆起这次采访,她说："要采访一个人,尽可能先了解他,了解到像一个未见面的老朋友一样。待到见了面,又要有捷径,找到沟通双方感情的桥梁。""比如我,拿了斯诺照的那一张照片,就是一道桥梁。"使双方产生了极大的接近性。抓住共同的喜好也是记者架设"桥梁"常用的办法。韦尔斯在延安进行了广泛的采访,写成《续西行漫记》一书。①

分析提示

韦尔斯遵循采访礼仪平等与真诚、认同与从俗的基本原则,通过照片这个共同关心的话题,找出了兴趣点,搭起了连心桥,完成了自己的采访使命,不失为一个经典案例。

心理学、礼仪学研究表明,人际交往中,人与人之间心理上可分为四种距离:亲密距离、私人距离、社会距离和公众距离。前两种距离是亲近友谊;官方接触遵循社会距离;其余人则保持着公众距离。记者采访是代表媒体在活动,记者与采访对象的心理距离是"社会距离"和"公众距离",也就是"公事公办"距离,很难让采访对象进入无话不说、畅所欲言的状态。只有缩小隔膜,尽可能变"社会距离"为"亲密距离",才能达到无话不谈的境地。要缩小这个"距离",就要寻找中介"桥梁",学会沟通艺术。

实践证明,采访对象愿意同自己经历、意见、感受相似的记者打交道。寻找被采访者的兴趣、喜好,以此作为切入点,可以加快接近对方,在交往中加深友谊、增进互信。比如,攀老乡是故乡人永久的话题;朋

---

① 艾北:《韦尔斯与〈续西行漫记〉》,《新闻战线》1979年第4期,第74页。

友介绍是架设"桥梁"的捷径;观察了解特点,投其所好是营造良好氛围的好方法。

尊重对方,必须了解对方,进入对等角色,在平等交流中达成默契。平等交流的前提是以"礼遇"为媒。比如,记者对于煊赫的名流,或许耳熟能详,多少会有些了解和接触。但记者要想面对面采访他,仅凭如此一鳞半爪的印象是不够的,必须把功夫下在深入了解、观察、积累、研究采访对象上,把对对方的崇敬、对事业的追求,融入默默无闻的调研摸底工作之中。

古人云,"立德、立功、立言"三不朽。"是非只因多开口,话不投机半句多。"一般人都会说话,却很少有人会意识到自己的话说得好不好。一句话,代表个人的思想、道德修养、价值观及意识形态。说话思前顾后,处处为对方着想,尊重爱戴别人,才是真正的语言艺术。谨记古人"一诺千金"的君子风范,坚守古人"谨言慎行"的诚信态度,牢记古人"刀伤易痊,舌伤难愈"的训诫,与采访对象的交往就能和气有礼,热情诚恳,关系融洽,距离会不断拉近。

记者专访政府官员、学界泰斗、行业领军人物等社会著名人士司空见惯,不妨注意把握以下几点。

1. 心态平和不卑不亢。古人尚且遵循"上交不谄,下交不骄"的礼仪,新时代的新闻工作者绝不能以权势、地位、金钱取人,如果谁位高权重就巴结逢迎谁,谁位卑无权就瞧不起谁,是非常庸俗和失礼的。也不能以对方的相貌取人,以对方的衣着和脸色来决定自己的取向。正确的采访态度应当是恪守职业道德、互相尊重、平等对待、友好采访、不卑不亢。

2. 做足案头功课。认真寻找与采访对象共同的兴趣、共同的爱好、共同关心的专业话题等,怀着崇敬的心情从资料中与采访对象谈心。意大利《晚邮报》记者奥里亚娜·法拉奇,在20世纪80年代访问邓小平之前，曾抓紧时间，彻夜备战，翻阅的材料"摞起来有两英尺高"，包括邓小平的传记、在各种会议上的讲话材料、生平履历材料，以及传奇故事等，还打电话通过各种关系了解与邓小平接触过的人，紧张得像"学生大考"一样。

3. 精心分析突出主题。根据新闻报道主题策划，确定采访思路，综合分析采访对象实际情况，尽量吃透弄懂采访内容、范围、专业技术等基础知识，列出采访详细计划，抓住重点访谈话题，深度挖掘报道线索，摸索"缩小隔膜""拉近距离"的办法，最大限度地获得与采访对象平等交谈的资格。

4. 学会巧言应对。从前评价好记者是"一手好字，两片巧嘴"。在这个竞争异常激烈的信息时代，一手好字已经由电脑代替，但拥有一张会说话的巧嘴，任何时候都不会淘汰。记者"巧言应对"并非"讨好献媚""嘴尖皮厚腹中空"，一味鼓吹耍嘴皮子似的花言巧语、能说会道。我们主张采访者"适时沉默，三思而言，当说则说，巧言应对，恰好得体"。话说得巧、说得好、说得及时，才能让人听了高兴、听了舒心、听了喜欢。所谓"良言一句三冬暖，恶语伤人六月寒"，正是说明，想拥有采访好人缘，你先得以言为礼，学会说"好"话。

5. 充分利用访谈机会。采访著名人物的时机和时间，都是难得的、有限的，要善于抓住机会，争分夺秒，尽情发挥，提高效率。有时要开门见山，直奔话题；有时要迂回婉转，循循善诱；有时则要兼而行之，多种方式并用，录音、拍照、摄像等联合出击。采访结束后不忘索取联系方式，以便下次补充采访。

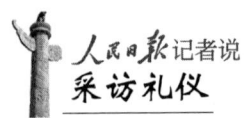

实例二

王志：在温情追问中核实事实

中央电视台的王志是一个以擅长追问而著名的记者。下面一段对白是他对一个造假的市委书记的采访，他竭力探求典型宣传的真假，在追问中让那位书记对涉及的事实一一核实。①

王志：在典型宣传的过程中，有没有夸大的地方？

书记：应该讲是接近实际的。

王志：为什么所有的老百姓都没有建房，只有闵德伟一个人建起了楼房。你觉得闵家沟有多少人多少户能够盖上闵德伟这样的小楼？

书记：我没有调查。

王志：你觉得闵德伟上任后，到底带领群众开辟了多少橘园？

书记：没掌握这个具体数字。

王志：那66万斤鱼呢？

书记：年报我没有具体核查。

王志：你去过村里3次，材料上说户均养猪12.6头，你看见过

---

① 李大同：《冰点故事》，广西师范大学出版社2005年版，第362页。

几户有12.6头猪呢？

  书记：(半晌)这个数据没有具体调查。

  王志：那你们都调查什么了？

  书记：要宣传他肯定要有宣传事迹、工作业绩。

  王志：他的业绩靠什么来体现呢？就这些数字？

  书记：(迟疑)不应该就是数字吧。

  王志：数字与精神到底是一种什么关系？

  书记：这是一个文字上的表达方式。

  王志：如果没有这些数字，你认为这个典型还能不能成立呢？

  书记：(沉默)应该是成立的。

分析提示

  从上述人物专访例子中可以看出，王志的紧逼提问，是在把握基本事实的基础上，有礼、有节、有度的追问。符合平等与真诚、谦和与宽容等采访礼仪基本原则。如果像审判机关那样盘问，一则那位书记可能中途拒绝采访，使场面尴尬。二则采访者好似执行机关，有失身份，群众在心理上不易认可。而王志正是摆正新闻职业人的位置，在平等交流的氛围中，一步步使造假者在公众面前晾晒，也给造假者一个台阶。这段温情、理性的追问使谈话生动有力，具有戏剧性和推理性。追问是记者和被访者之间的一场较量，需要智慧与策略。

  在人物事件、人生经历和专业知识等人物专访中，事件访谈相对富有挑战性。因为事件往往错综复杂、涉及面广、人物众多，采访中既要营造温情四溢、平等交流的谈论氛围，又要善于调动采访对象的激情，让对方愿意向你倾诉真情实感。如果遇到于采访对象不利的提问，往往会回避、掩饰或不回答，这就要求采访者既要以礼相待，不"炸场"，又要讲究访谈技巧，或旁敲侧击，或迂回包抄，或设置伏笔等，营造兴

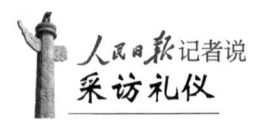

奋点,彰显采访礼仪的品质功能,使其在不经意中露出"马脚",尽显"庐山真面目"。通常可以从礼仪的内涵上把握四点:

1.**尽量含蓄**。一些不便、不忍或场景不允许直说的话题,需要把"词锋"隐遁,或把"棱角"磨圆一些,使语意委婉、软化,以便使人更好接受,而不激怒人,处于失礼状态。

2.**讲究策略**。借助比喻、暗示、引申等手法,将复杂过程简单化。善于应用设伏、迂回、推理等手法,在温和、礼貌的交谈中达到揭露事实、主持正义的目的。

3.**增强亲切感**。通过比较将遥远的事物拉近放大,增加访谈内容的贴近性、理解性和现实对照性。

4.**提高可信度**。顺势推进,引导被访者就其所表达的观点和意见提供相应的论据、证据,增强访谈内容的真实性和权威性,做到柔中有刚,礼仪周全。

实例三

李小萌:隐私提问把握度

选自央视《新闻会客厅》栏目两段访谈,都涉及对个人隐私的提问。主持人李小萌在提问方式、把握追问的度上值得揣摩。

片段1:(选自《新闻会客厅》2007年5月22日):

李小萌:您倒不忌讳说您最近赚得不错?

杨怀定：对，不忌讳。

李小萌：但是您忌讳把自己真正的资产数告诉大家。

杨怀定：也不忌讳。

李小萌：现在有人说叫您杨千万都叫少了。

杨怀定：没这个话，股市没有那么好，这样叫我的人鼓动人家盲目地挣钱，这个股市没有那么好挣。

李小萌：如果您经历了十八年，现在资产还没有累积到千万的话，那别人叫您中国股市第一人，叫股神，我觉得都叫高了。

杨怀定：是叫高了，我没那么伟大。

李小萌：您在给我放烟幕弹吧？

杨怀定：但是我讲的是净货币，我卖掉的资产很多，比如我本身是个散户，从两万块钱起来的，就算几百倍的收益了。

片段2：（选自《新闻会客厅》2007年5月10日）：

李小萌：在舞台上你们演绎的是一对情侣，你们的生活估计观众也很关心，生活中你们是姐弟关系了，现在你们各自都有自己的男朋友、女朋友吗？

马丽：是这样的，我有一个男朋友，非常健康的一个小伙子，非常有朝气、阳光的一个男孩。

李小萌：是在你残疾之后交往的？

马丽：是这样的。

李小萌：他对你最感人的赞美是什么？

马丽：感人的赞美应该是，我说你喜欢我什么，他会说，你非常坚强，至少是和别的女孩不一样。

李小萌：坚强。孝伟呢？别脸红。

翟孝伟：想想，待定。

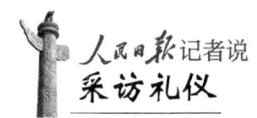

李小萌：什么意思？没人要你，还是追你的人太多。

马丽：是这样，粉丝很多的，孝伟。

翟孝伟：不能这样说，待定。

李小萌：因为太帅了是不是？

马丽：是这样的。

翟孝伟：别这样说，老说实话干啥？

李小萌：好吧，那就这样，谢谢你们俩。

分析提示

细心考量上述两段专访谈话，可以看出，主持人李小萌恰到好处的提问，是尊重人性、尊重隐私、尊重个性的礼仪体现，拓展了一个和谐、理性、愉悦、宽松的局面，给观众留下温馨的思考。

人物专访常常会涉及个人的隐私问题，处理得好与差，不仅是采访专业技术问题，而且是社会交往的礼仪问题，必须提高记者文明礼仪修养，精心组织策划，理性对待访者。在股市上顺风顺水的人，人们可能很想知道他们到底从股市上赚了多少钱；在舞台上扮演情侣的演员，人们可能好奇于他们舞台下的关系，等等。人物专访不应该回避这些热点、焦点、趣味点问题，否则就是对公众兴趣的漠视。但是，记者应该讲究提问的方式，可以顺势提问，细心试探，婉转表达，不强加于被访者，不破坏访谈气氛。另外，不同的人对个人隐私的态度也不尽相同，有的人愿意公开，有的人则不愿意公开，记者应该尊重对方的意愿，不宜一味用公众兴趣来勉强被访者。

当今时代，信息技术高度发达，个人隐私资料可瞬间被大量搜寻、收集、储存及发布，处理不当可能会导致个人隐私信息外泄，令采访对象蒙受损失甚至侵权。为此，应当注意以下几点。

1.事先沟通磨合。遵守尊重与自尊的礼仪基本原则，坚持善于交友，让对方愿意掏出心里话的礼仪品质，在采访前的交流中就要尊重个人隐私，试探对方对一些敏感问题的态度和想法，对方不悦的话题要尽量回避、绕开。特别是现场转播类的采访，要仔细沟通，最好做些"彩排"，否则即时播出未能编辑，可能出现尴尬场面。

2. 现场灵活引导。采访中随着场景、气氛、话题的变化，可能激发被访者的兴趣，采访者要善于灵活引导，深化访谈主题，丰富趣味性和娱乐性。一旦发现选择的话题不受欢迎，则应立即转移话题并道歉，以示尊重。

3. 尽量回避禁忌。禁忌一般因个体不同而有所区别，但从中国传统文化观念及现代人的习惯上讲，只要与采访主题无关，可做到"四不问"：

- 不问年龄。特别是现代女性的年龄是保密的。她们希望自己永远年轻，外国女性则 24 岁以后不愿告诉别人自己的年龄。

- 不问婚否。熟人一般爱谈论彼此的婚姻状况，但采访者面对采访对象往往是"陌生人"，如果问及人婚否是不礼貌的。

- 不问悲痛。明知访者有生理缺陷、重大事故、严重挫折、受辱等情况，又与此次采访报道无关，则不要主动涉及，即便有关也要尽量回避，不宜当众询问。

- 不问收入。经济收入问题比较敏感，不到很熟的程度，最好免谈。为了消除收入分配不平等造成的心理不平衡，创造一个良好轻松的语言环境，一般不涉及。对那些反映个人收入或财富状况的化妆品和服饰的价格、汽车的型号、住宅的大小等问题也不宜提及。

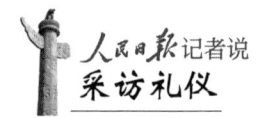

第二章 会议采访礼仪

第一节 会议采访礼仪的含义

我们一直重视营造良好的文风会风,提倡开短会、讲短话、讲管用的话,倡导务实简朴的会风、清新简洁的文风。

会议采访就是部门或单位将相关人员有领导、有组织、有目的地集合起来,从事某种活动期间,采访者所进行的采集访问活动。在我国,由于观念束缚、报道方式陈旧等原因,会议新闻受到受众和学界较多的争议和批评。

会议报道历史悠久,因为"会议是官员们做出决定的地方,这些决定影响着公众",会议是信息密集的场所,会议是新闻的"富矿",学界和业界都比较认同这个看法。人们埋怨会议新闻不好看的原因主要在于记者采访报道的角度和方式。

我国各种各样的会议有二三十种之多。除国务院新闻办的新闻发布会、每年"两会"外,各级人大、政协和党的代表大会,各地区、行业、部门经常要开很多会。还有种种报告会、现场会、汇报会、观摩会、表彰会、座谈会以及庆典、剪彩、歌舞晚会等,范围很广,内容很多。首先要筛选判断,哪些会议比较重要,必须参加。如果会议议题影响面广,即使例行会议,也值得关注;如果会议影响面小,没有多少新闻价值,一般只作了解，不必会会赶场子、凑热闹。

会议采访礼仪，是指采访人员在会场采访或会后补充采访过程中，为维护媒体良好形象所应遵循的合乎社会道德规范、新闻道德规范、会场具体要求的各种礼仪准则以及规范。

会议采访是记者在公众场所的社交活动，是对采访者文明礼仪的全面考验和提升。

会场是记者发掘有价值素材的主阵地，会场文明采访要把握好三个特点：一是信息集中，注意忙而不乱，分层分项挖掘梳理；二是人才荟萃，注意一视同仁，重点联络；三是交会频繁，注意礼遇周全，树立良好形象，为会后补充素材或今后采访结下"人缘"基础。

礼仪小常识

迎 送 语

1.言辞发自内心。迎送语要有感而发，出自内心。常用迎送语有"感谢您亲临指导！""欢迎您下次光临！""很高兴您能来！""请慢走！""请走好！""下次再会！"，等等。

2.态度真诚自然。迎送语要态度自然、亲切、大方，声音柔和，面带微笑，自然得体，生硬的语气和表情都是失礼的。

3.祝福注意禁忌。迎送祝福用语要因人、因时、因地而宜，要"投其所好""锦上添花"，衷心祝愿。要了解禁忌，不能千篇一律，机械照搬等。如在机场送人时要说"一路平安"，而不能说"一路顺风"。

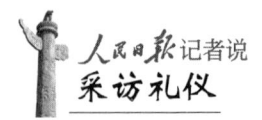

第二节 会议采访礼仪的基本规范

采访者是公众人物,会场是公共场所,会议名目之多、频率之高,是我国的一大特点,会议采访礼仪的基本规范,尤为公众关注。

一、提前到场,"熟"能生巧

中国古礼云:"先到先礼。"时下交通拥堵,赶会途中要把堵车等因素考虑进去,迟到是最大的失礼,也会给采访带来被动和麻烦,必须杜绝迟到。一般情况下,最好提前30分钟以上赶到,既能轻松安检,又可熟悉会场情况,了解周围环境,占据有利采访位置(没有指定座位时),接洽后来者,"混"个眼熟,遇事不慌。

2010年4月15日,国家统计局新闻发言人李晓超在国务院新闻办发布会上宣布一季度国民经济数据。一些记者提前一小时到场,席地而坐翻阅相关资料,准备提问。图为发布会现场气氛热烈,采访活动紧张有序。何俊昌 摄

二、遵守会场纪律,维护媒体声誉

认真阅读《参会人员须知》《记者采访报道须知》等会议明文规定和要求,佩戴采访证、记者证、媒体标识等证件标牌,在指定区域活动。抓拍要主动筹划,灵活快捷,恰到好处,不因"大媒体"而

无所"畏"惧，不因"小媒体"而停"滞"不前。占据最佳位置拍摄或提问，要动作迅速、简明扼要，并且尽快离开，以便其他记者轮流采访。拿到"提问"话筒后，要在规定的时间、数量等要求内完成，严格自律，展示记者形象，维护本媒体声誉。

1949年10月1日，新华社记者侯波在天安门城楼上拍摄开国大典场面。他好不容易选好了最佳角度，不料挡住了台下群众的视线。当时台上台下用一根绳子拴着筐上下传递信息，筐里的纸条好多都指责工作人员，说挡了视线看不见毛主席，请他们走开。侯波抱歉地蹲下身子，等待时机。当毛主席宣告"中国人民站起来了"时，侯波轻快地伸出相机，按下了快门，又赶快蹲下。《开国大典》珍贵的历史瞬间定格在胶片上。

三、聚精会神入会，不可半途而退

既来之则安之。要认真听会，搜寻新闻材料，专心琢磨问题。会议最后主持人往往要提炼会议主题要素，便于捕捉线索，而且经常会给记者单独采访、调查的机会。一旦半途退场，则可能给报道内容留下缺憾，也给与会者留下不礼貌的印象。切不可拿了会议材料、签了到、收了"车马费"便一走了之，回去后仅凭一些会议材料或会议场面图片、视频，凑一条新闻了事。这不仅失礼，而且有损人格，败坏媒体记者信誉。

四、管好手中设备，切勿妨碍秩序

会场上参会人多、记者多、采访器材多。有录音机、摄像机、照相机等易损精密采访设备，要熟练掌握其性能，拍照（使用闪光灯）在指定的时间内完成，禁止使用闪光灯的场所，一定要关闭电源，防止误闪。

摄像要注意距离，不能为抓特写镜头而只想自己向前凑，遮挡会场或其他采访者视线。携带采访设备要适中，够用就行，不能超负荷往脖子上挂、左右肩背、手上端，给自己带来累赘，又妨碍会场秩序。

五、低调切入，防止"喧宾夺主"

参加诸如庆典会、座谈会、经验交流会之类被动性采访会议，要摆正位置，以旁听者的身份低调、低位介入采访，以不干扰会场程序、秩序正常进行为原则，适当采访现场，不能为抓"亮点"而唯我独尊，随意摆布，引人注意。同时积极寻找其他方式弥补全场采访，以新闻工作者的社会道德感和规范礼仪展示记者素养。

六、服从会场管理，友好协商解困惑

采访者的职责就是会场抓新闻，难免不"安分"。为此，首先要牢固树立会场纪律意识，服从会场组织者管理，确实遇到与采访主题有关的矛盾和困难，要以诚恳的态度、耐心的工作，友好协商，寻找契机。如经过多方努力仍无法解决时，要真心感谢会场组织者，绝不能有埋怨之气，以彰显礼仪风度。

2010年3月4日，十一届全国人大三次会议举行新闻发布会。图为文字、摄影、摄像记者在新闻发布会现场按指定位置有条不紊地进行采访。杨宗友 摄

第三节 会议采访礼仪应当把握的品质内涵

召开会议的时间一般不会很长,要在有限的时间里采集到更多有用的素材,必须在遵守采访礼仪基本规范的同时,从多角度多视野着力提高采访者全面把握会议采访礼仪的内在品质综合修养。

一、了解会议背景,不打无准备之仗

"机遇往往青睐于有准备的头脑。"会议的程序性比较强,不少会议都是及早安排,具有一定的周期性、规律性,采访者仅仅了解会议时间、地点、议程、媒体近期宣传重点等还不够,必须了解当前国家乃至世界的政治动向、经济发展趋势、社会关注热点等时代背景,充分认识本次会议的成因、主题以及采访任务,制订采访计划,对会场上的礼遇提前思考应对之策,才有利于抓住先机,赢得主动。

二、既敢于"抢先",又防止"劫持"失礼

维护会场秩序是每个与会者的起码礼仪。但采访者不像听会者,

全国"两会"期间,两名记者"劫持"着著名导演张艺谋执意要求采访,令张艺谋非常难堪。这种采访方式其实很失礼。范继文 摄

要有善于抓新闻亮点的意识，勤观察、勤思考、勤动手（拍照、记录、录音等），还要有大局意识，不干扰他人。采访者要抓住会议人物活动短暂的"空闲"期，抢先抓时机提问题，但要防止"硬撞""死缠"，破坏气氛，让人尴尬冷场，甚至不愉快。

三、积极联络，广结人缘

会议是采访者建立和扩大个人社会网络关系的一个平台。采访会议可以有更多机会接触社会各界人物，特别是平常不容易联系的政府官员、专家学者和各界名人。这些人物可能与本次会议采访的目的和任务并无关系，但也要设法与其联络，哪怕只是简单地交换名片，获取个人联系信息，会议也能成为记者寻找和联系采访对象的场所。

2008年8月，奥运会开幕后，人民日报记者李舸为拍好女子游泳冠亚军争夺战，按规定提前3天申请拍摄采访资格。21日，他早早来到奥林匹克体育中心排队等候进入游泳馆。在指定的透明池旁（位置固定），拍摄时间只有半小时，既不能干扰运动员，又不能携带更多器材妨碍其他记者，室内光线较暗，运动员游的速度很快，只能手端相机，隔着玻璃凭着娴熟的技术抓拍。这次游泳赛荷兰队获冠军，美国队获亚军。图为记者抓拍的荷兰队在决赛中。李舸 摄

四、外静内动，文雅礼让

大型会议都是参会人员多、媒体多，尤其是新闻发布会，参加的记者中有纸质媒体、电子媒体、网络媒体，既有中央、地方的媒体，还有一些国外媒体。一遇会场"热点"，记者往往蜂拥而上，"大炮"林立，"闪电"不断，争先恐后。这时记者一定要信守职业道德，把职业敏感冲动与文雅礼貌结合起来，理性处置：一是要服从会场指挥。不能为"抢"新闻犯"个人主义"而失节。二是有"撞车"要主动道歉。记者之间磕磕碰碰司空见惯，但要主动礼让，文明礼貌，绝不能相互埋怨，甚至动粗。三是确保人身器材安全。动作要适度得体，快捷稳重，防止人身意外、采访器材受损失等不愉快事情发生。实践证明，一味浮躁冲动，是抢不来好新闻的。

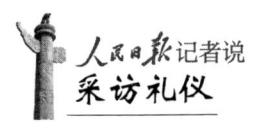

第四节　实例分析提示

实例一

段柄仁："难缠"记者让人怜爱

2003年3月6日,《北京晚报》刊登第九届全国人大财经委员会委员、北京市第十一届人大常委会副主任段柄仁的文章《"难缠"的记者》。作者形象地描述了对采访者矛盾复杂的心理感知。

参加人代会,最难办的事儿是什么?不是审议报告,不是撰写议案,也不是阅读堆积如山的文件简报,而是应付"难缠"的记者。只要他们盯上你,即使推辞再三,甚至左躲右藏,也难以甩掉。

可气可恨的是,不论大会小会的会前、会后和会中的短暂休息时,还是一日三餐的食堂内,一早一晚的宿舍区,常常是紧紧地缠着你,给你提出五花八门的问题。你刚起床,希望约见的电话便打了进来,有时的确烦人。但是反过来设身处地一想,又使人敬佩,让人怜爱。你看,他们从早到晚马不停蹄,代表们工作,他们也在工作,代表们休息,他们还在工作,问个不停,写个不停,举着、扛着相机、摄像机照个不停。你不耐烦,他不在乎,你拒绝回答,他不妥协。那种辛苦,那种执著,那种追求,那种不达目的死不罢休的劲头,使你不得不"举手投降",尽可能地满足他们的要求。

再仔细一想,可敬可爱之处岂止是敬业精神?他们的那些提问,多数不是空穴来风、无的放矢、一个人的胡思乱想,而是广大群众希望及时了解的情况,解开的疑问。而提问也并非是完全向你索取,同时还提供你信息,使你增长知识,给你启示,使你认识深化。总之,通过和他们的交流,使你进一步了解群众在想些什么,摸准社会跳动的脉搏,更好地行使职权。从一定意义上来说,记者是代表会上的"群众代表"。

结论是,"难缠"的记者,"缠"出了会内会外相互呼应、互相促进的民主的活跃的良好气氛。你说,遇上"难缠"的记者,好还是不好呢!

分析提示

这位被采访者用真情描述了面对记者纠缠的心理路程,很有代表性。说明记者与采访对象之间横亘着一对矛盾——"取"与"予"。处理好这个矛盾,要讲究艺术。

的确,记者采访的目的,不是结交朋友,不是倾听心声,不是释放情感,而是完成任务——获取新闻素材。而任何人都没有无偿提供材料的义务,采访对象的"给予",即为采访者提供事实材料是要付出成本的,主要体现在四个方面。

- 耗费精力。采访者提问索取素材,采访对象要紧张地思考,挖空心思地回忆过去的事实,提供人证、物证。
- 占用时间。记者有了采访任务才去临时找对象,给对方平静生活增添了一个"干扰者"。

2009年10月22日，国务院新闻办公室举行新闻发布会，国家统计局新闻发言人李晓超介绍前三季度国民经济运行情况。图为记者在积极、适度、有礼的氛围中采访。何俊昌 摄

● 没有报酬。接受采访也是一种劳动，但通常不付费，无偿满足记者"为公众服务"的高尚目的，采访对象实际上是以"志愿者"的身份接受采访。

● 承担风险。采访对象担心说出的材料是否能被记者正确理解，不知道记者的报道是否会对自己造成伤害、招来打击报复等。

采访者总希望对方"无私接受""积极配合"，却很少站在采访对象的角度思考问题，采访者必须善于换位思考，客观、辩证地处理"取"与"予"、"索取"与"奉献"的矛盾，以更加崇敬的礼遇对待被采访者。在大型会议采访中，机遇稍纵即逝，时间分秒必争，只有处处以礼相待，才能搭建互相理解和信任的桥梁，寻找融合、共赢的契机。为此，不妨做好以下几点：

1. **敬业有度**。我们要大力倡导敬业精神，勇于开拓创新，但应把握"度"，过分狂热，为了自己的职业而妨碍他人的职业，也是不道德行为，让人"厌烦"，甚至有"狂傲""自私"之嫌。

2. **准备充分**。礼仪学认为，对等交流效果最佳。与采访对象达到平等交流的资格，必须认真学习，储备技能，尽可能接近或达到对方的知识水平。提问要认真调研精心策划，筛选广大读者希望了解、采访对象又能准确解答的问题，而不是空穴来风，无的放矢。

3. **执着坚韧**。采访对象对记者的"纠缠"不礼遇时，记者要理性分析，认真总结改进，讲究礼仪艺术，以持之以恒、百折不挠的赤诚之心换取对方信任，但要避免"强行摊派"、死缠硬磨式的采集方式，这样

不仅不礼貌,而且搜寻到的"素材"也可能打折扣。

4. 促进共赢。采访者要主动当好促进和谐共赢的使者。记者采访获得信息的同时,也要将公众的诉求传递给采访对象,让采访对象了解公众在想些什么、需要什么,以鼓励采访对象,达到沟通交流、互谅互让、互惠共赢的良性互动。

实例二

王小丫:柔中带刚"抢"新闻

2003年3月6日,新华社报道了中央电视台记者王小丫在北京"两会"上采访戴相龙的情景。

刚上任天津市市长的戴相龙是"两会"焦点人物。3月5日下午,小组会一结束,王小丫就快步走到刚站起来的戴相龙身边,随即提出问题:您刚刚完成由人民银行行长向天津市长的角色转换,请问您的感受是什么?您如何看待今年我国经济增长7%?这时其他媒体的记者也拥了过来。一直保持低调的戴相龙见到这个阵势,赶紧对王小丫说:"咱们再约个时间聊吧。"转身就要"突出重围"。王小丫见状,一下就挽住戴相龙的胳膊,蹦跳着,堵在戴相龙的面前。戴相龙一边应付着,一边向外挪动脚步,两人就这么僵持着,眼看就要迈出会议室大门。与王小丫同来的中央电视台记者张雪梅见

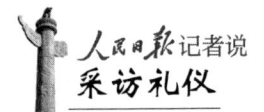

状,立即上前"救火":"请问您准备为天津做些什么?""发展经济,维护社会稳定……"戴相龙说罢,径直走进电梯,记者们也拥到电梯里。走出电梯,记者又问:"请问您希望天津人民给您一个什么样的评价?"戴相龙突然停下脚步回头对记者说:"一个好市长!"

分析提示

这篇特写展现了王小丫等记者柔中带刚、执着冷静的"抢"问情景,基本符合采访礼仪积极与适度、和谐与合作的原则,实现了采访的目的,折射出一个记者的修养、素质、礼仪,值得回味。

应当看到,采访对象并不乐意接受此次采访,而且明确提出"再约个时间",可能当时真的还有其他议程,也可能是推辞,但记者的职业就是要找新闻,不能再约再等,于是王小丫就"挽住"胳膊,"堵"在前面,此举就有一种"劫持"失礼之感。因为记者有中央台背景,又年轻活泼,戴相龙比她大几十岁,遇到这种情形也只能无奈。于是,在不情愿中说出了心里话。这对于采访者来说,是得还是失,则要从不同的角度去审视,至少要知彼知己,不能把特殊性当作普遍性来应用。

大型会议往往有几百家新闻媒体,几千名记者参加报道,新闻是记者抢出来的。记者记载历史,也见证历史的瞬间,这些瞬间不抢抓、抢拍、抢问、抢发就成不了历史。但是,"抢"要考虑以"礼"为先,以会场公众能接受为"底线",这就要有预见性,"见缝插针"能"插"得"恰到好处",达到抓新闻焦点的目的,而不引起不良反应,甚至反感。采访者在特殊场合赢得采访机会没有成规可循,必须学会处理对立统一关系,把握好时机、口径、力度、密度、深浅等问题,掌握好适时、适量、适度分寸感是基本要求。

总之,"抢"以"礼"为先,"礼"能成全"抢",应当是每位成功采访者的座右铭。

🎥 实例三

《东方早报》：精心入会抓"活鱼"

2007年2月，上海市容环境卫生行业召开便民利民措施发布会。表面看不是一个特别有新闻价值的会议，很多记者虽然赴会，但只是拿走了会议材料。从会议材料上只了解到一些关于政府推行便民利民措施背景、意义的套话，许多媒体根本没有关于这次发布会的报道。然而，上海《东方早报》记者却留在了会场，并从会议上发掘出一个信息，在《东方早报》头版头条刊登了《马路摊点上海不再一律封杀》的消息，并被新浪网等多家知名网站转载：

今年下半年起，市民无须再为修鞋、修伞等琐事而四处寻寻觅觅了。早报记者昨天从市容环境卫生行业2007年便民利民措施发布会了解到，"五一"前，一份《城市设摊导则》将出炉，并于下半年正式开始实施。市区部分路段经市民同意，可设置部分便民类摊点，对马路摊点不再一律封杀。

"上海无证摊贩可能在5万个以上，光靠堵是行不通的。而且有些摊点确实便利了居民生活，因此我们允许城市化区域一部分小摊小贩的存在，给他们颁发临时许可证。"市容局环卫处处长孙芝兴介绍，"目前考虑的基本条件是：申请临时设摊许可证的摊主必须在上海居住至少半年以上,同时要向所在街道提出设摊申请,我们将和有关部门共同听取街道居民的想法,老百姓赞成,我们才会颁发临时许可证。"而影响交通、算命占卦和夜排档等无证摊贩则将被坚决取缔……

对此,上海社科院社会调查中心主任杨雄认为,"导则"的出台是人性化的措施,也是和谐社会的体现。欧美等发达国家对小商小贩的管理上都实现分区域、分场所和分时间管理,使其成为城市一道独特的风景线,上海此举正是借鉴了发达国家的经验。①

分析提示

这个会议报道案例说明,会议采访礼仪不只是按要求到会了,走了程序,其实这还远远不够,必须精心入会,采写出独家有新闻价值的稿件,才算是真正最好的献礼。会场上的"活鱼"有的是,关键是采访者要转变作风,静下心来,以认真负责的态度,聚精会神,扑下身子,扎扎实实抓新闻,就能有所收获。如果浮在面上,礼节性地参会,仅仅依赖会议主办方提供的新闻稿,很难捕捉到有深度、有价值的新闻素材。

大多数会议都会给记者提供一些会议材料,介绍会场设置、会议议程、出席人员、讨论主题等,记者应该浏览这些初始材料,了解会议的一般情况,根据会议议程和议题,初步把握采访重点。如果是事件发布、经验交流、年度总结等会议,一般都有长篇文字材料,应向会议主办方索取,可以大大减轻记者的记录压力,帮助记者在较短的时间里把握会议精神要旨。

会议主办方经常会给记者准备一些关于会议内容报道的所谓新闻稿或背景材料。依赖这些新闻稿,容易重复雷同,平淡无新意,还可能漏

---

① 吴洁瑾:《马路摊点上海不再一律封杀》,《东方早报》2007年2月26日。

报重要新闻。所以,记者采访会议时一定要坚持自己听会,尽量做到专心致志。这是会议采访的基本礼仪,也是做好会议报道工作的基本要求。

会议是新闻资料和来源的"富矿"。记者以"礼"待会,善始善终,认真听会,悉心观察,才有可能捕捉到价值高、信息量大的独家新闻,并做到报全、报深、报透、报活,使会议新闻有声有色。20世纪90年代末,时任湖南省委副书记的郑培民考察武冈市,数十位记者一同参加市党政领导座谈会,郑培民听汇报时插了一句:"农民减负问题如何?"市委书记回答:"近日,财政部派员总结我市试点做法。"这时,坚持一丝不苟听会的邵阳日报副总编辑罗础,敏锐地抓住这一"亮点",散会后随即深入采访了6个乡镇"费改税"试点,以《规范收费行为,减轻农民负担》为题写成消息,很快在邵阳日报头版头条发出,此文获得第十一届中国地市报好新闻作品二等奖。①

礼仪小常识

敬酒:从俗原则与基本顺序

我们在宴会上落座之后往往会想,谁应该先敬第一杯酒?一个基本的原则是,谁坐在1号主位上,就由谁率先敬酒或领酒。有时我们发现主人还没有敬酒,就有客人率先向主人敬酒,表示敬意,其实这都是喧宾夺主的表现。

宴请上级领导或父母师长时,宴请者应坐在主宾的位置,把尊者请到主位就座。在这种情况下,也应该由坐在主位的尊者率先领酒,而不是由坐在宾位的宴请者率先敬酒。如果是接待上级领导,可以由坐在主宾位置的接待方领导率先致祝酒词,然后再请坐在主人位的上级领导率先领酒。只有在上级领导领酒结束后,接待方领导才可以敬酒。这就是所谓的尊卑有序。至于敬酒以几杯为宜,要看具体场合和当地风俗,应以适量为宜。一般来说,应以一至三杯为好。这就是礼仪的从俗性。也就是说,礼仪在一般情况下要遵从当地风俗习惯。

---

① 罗础:《巧写会议报道》,《新闻战线》2010年第10期,第81页。

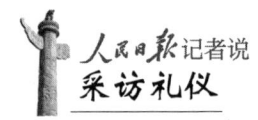

第三章 体验采访礼仪

第一节 体验采访礼仪的含义

体验采访是记者以亲历的形式融入采访对象的工作生活和自然情景中，在获得切身感受的基础上进行深入采访。

亲历，就是亲自经历。说得通俗一点，就是动手干一干，实际体会一番。融入，就是进行角色转换，以采访对象的视角去观察和思考问题。记者大都以"局外人""旁观者"的身份去听、去看，难免出现"不当家不知柴米贵"，即使别人说得再真切，也只能获得"隔靴搔痒"般的感受。从这种意义上说，记者就要创造亲力亲为的机会，尽量多尝一些"荔枝的滋味"。

"亲历"和"融入"，是体验采访的两个基本条件。没有"亲历"，谈不上"融入"。但"亲历"了，未必就能"融入"。"亲历"是指身到现场；"融入"，则是身心并入。按照这个标准衡量，我们常常挂在口头上的"体验"，有些并不是真正的体验，只是和采访对象近距离接触。

体验采访礼仪，是指采访人员在"亲历"和"融入"采集访问过程中，应当遵循的合乎社会道德规范、新闻职业道德规范要求的各种礼仪准则以及规范。

百闻不如一见，百见不如一干。记者以采访对象的身份，亲历采访对象的工作生活，融入采访对象的群体和自然环境，认真遵从他们的礼节，就能挖掘到鲜活的素材，但体验式采访必须在时间充足、政策法律允许、专业技术尚可、体力精力保障等基础上进行，否则难尽如人意。

礼仪小常识

中国古代称呼亲友用语

父母同称高堂、椿萱、双亲、膝下。

父亲单称家父、家严，母亲单称家母、家慈。

父去世称先父、先严、先考。

母去世称先母、先慈、先妣。

兄弟姐妹称家史、家弟、舍姐、舍妹。

兄弟互称昆仲、手足。

夫妻间称伉俪、配偶、伴侣。

别人父母称令尊、令堂。

妻父称丈人、岳父、泰山。

别人住宅称府上、尊府。

自己住宅称寒舍、舍下、草堂。

男统称须眉，女统称巾帼。

学校称寒窗，老师称恩师、夫子。

学生称门生、受业，同学称同窗。

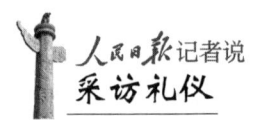

第二节 体验采访礼仪的基本规范

采访者要融入采访对象的工作生活和自然情景中，获得亲身感受，同时要了解对方的思想情感、生产生活，这需要采访者有热爱新闻职业的激情，有参加生产劳动的技能，还需要采访对象的接纳、支持和配合，而采访礼仪则是两者之间的"润滑油"和"催化剂"。体验采访礼仪有其基本的规范。

一、撸起袖子，转换角色

采访者往往是"动笔杆子""捏鼠标"的知识分子，要到火热的生产生活中去劳动去工作，需要多方面适应。要拉开架势，沉下心来，扎扎实实学习所要体验的行业知识；要撸起袖子、甩开膀子一步一动地干起来；真真切切地把自己当作一个普通劳动者，说话、办事、做工都要像个劳动者，真正贴近实际、贴近生活、贴近群众。这样，采访对象才觉得你不是"镀金""做样子"，才能和睦相处。

1890年，美国纽约《世界报》的女记者伊丽莎白·科克伦，为采访疯人院虐待病人的新闻，化名为内利·布莱，扮成精神病人入住精神病院。在经历了惊心动魄的10天后，想方设法逃了出来，写成《疯人院的十天》，在《世界报》上发表。

记录真实的生活细节，必须以辛勤的汗水为代价。伊丽莎白·科克伦以精神病人的身份探访疯人院，既可以看作隐性采访，也可以看作体验采访。如果不转换角色，就不可能了解到疯人院对病人实施的种种虐待和歧视。

二、接受历练，融入生活

体验采访本身就是一种锻炼，一种磨砺。社会实践是最好的老师，在同人民群众同吃、同住、同劳动中解放思想、转变观念，学习人民群众的传统美德、生活修养、能力水平。采访者要喝得下山间的溪水，睡得惯老百姓的土炕，耐得住寂寞、守得住清贫，才能真正体验生产生活的酸甜苦辣，真正理解真善美和假丑恶，真正懂得站在人民群众主体地位观察事物、分析问题，采写出有真知灼见、有社会责任的宣传报道。

劳动最艰苦，劳动最光荣。无论你参加哪里的体验采访，都要带着深厚的淳朴感情，尊重群众、尊重劳动，真正融入劳动生活，而不是近距离"接近"劳动生活。生活中有些情况和问题错综复杂，要"甘当小学生"，在没有完全了解清楚的情况下，不要信口雌黄、乱"放炮"。因为如果你是显性（以记者身份）体验采访，则容易拉大同群众的距离，"显山露水"、高高在上；如果你是隐性（隐含记者身份）体验采访，则容易暴露身份，达不到体验目的。

三、公道正派，预防偏激

杨雄《法言义疏·修身》曰："上交不谄，下交不骄"，就是告诫人们不能以权取人，如果谁位高权重就巴结逢迎谁，谁位卑无权就瞧不起谁，是非常庸俗和失礼的。做到不以貌取人，不以衣着决定自己的态度。客观公正是新闻报道的生命力。体验采访也是为了最大限度获得客观公正的新闻事实，所以，公道正派、预防偏激是体验采访的职业道德底线。人是情感动物。日久生情，而情分更多的是对一个人或集体的礼貌、礼

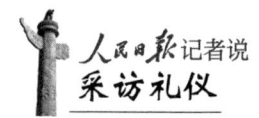

节、礼遇的感受。体验采访者人在其中,评价新闻事实难免带有感情色彩,干扰新闻报道的公正性和客观性。因此,采访者在知礼施礼的同时,要防止被对方的"重"礼或"无"礼表象而迷惑视线,对新闻事实做出误判。

四、低调体验,量力而行

体验采访是一种手段,目的是获得更加真实的新闻事实,增加感性认识和理性认识。况且体验时间、程度有限,毕竟不是为了学习一门技术,必须结合实际、低调进入,有礼、有节、有度。有时,鉴于新闻报道内容的需要,或记者对某一职业以及从事的工作怀有深厚的同情,热衷于这种体验,但体验毕竟是一种艰辛的劳动。一是这种情感投入可能会干扰记者的判断;二是因为身体或技能等方面不支而造成负面影响;三是给采访对象正常工作生活带来不便,甚至干扰生产生活,造成财产人员损失,从而失礼。所以,体验采访必须把握分寸,适可而止,以不影响采访对象正常工作生活为基本原则。能身在其中,超然物外,进得去、出得来。有些媒体、采访者力所不及的事,如高技术、高难度、高体能,涉及国家保密、军事活动等,则不宜尝试体验,因为没有受过专门训练,很可能是添乱,那就无"礼"可言。

第三节 体验采访礼仪应当把握的品质内涵

体验采访是新闻工作者开展"三项学习教育"活动、实现"三贴近"的最好方法之一。体验采访经常与暗访、隐性采访结合使用,其礼仪不仅透视着采访者的道德修养、专业水平、社交技能,而且反映出一个媒体的整体形象、综合实力、产品信誉,要求采访者必须把文明礼仪的内在修养贯穿到每一个采访细节上,实现采访礼仪质的飞跃。

一、眼睛向下,真心实意问计于民

2010年4月21日,《山西日报》刊登的《一个人的邮路》摄影报道中,记者用较长时间跟随主人公翻山越岭,将邮件送往车辆无法到达的偏远山区,在体验中抓拍,在抓拍中体验,吸引着公众的眼球同主人公的邮路一起走,增强了贴近性和互动性,使人感受到了体验采访者的艰辛以及同主人公一样的淳朴美,增强摄影报道的震撼力。

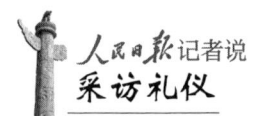

人民群众是真正的英雄,要"放下臭架子,甘当小学生",诚心诚意向人民群众学习,参加社会实践,改造世界观,才能赢得人民群众的支持,发现独特的新闻线索,获取鲜活的新闻素材。

体验式采访不仅是一种深入采访方式,而且是媒体培养记者的手段,有利于丰富记者的生活积累,提高综合素质。

2000年元月起,浙江卫视推出《新闻现场》节目,推行记者下基层蹲点采访制度,即要求记者定期轮流下到全省各地,深入基层、深入群众、深入调查采访。一方面,让记者深感自己肩负的重任,时刻保持清醒的头脑;另一方面,深入社会底层,与百姓打成一片,使记者自觉克服"娇气"与"骄气",自觉改造人生观与世界观,把自己当作一个只是从事特殊职业的普通人,而不是高高在上、妄自尊大的贵族。

二、摆正位置,不凭主观意愿改变事物发展方向

体验采访是为了更加客观真实地报道事物的本来面目。体验者的感受本身就有主观性,加之体验时间有限、深度有限,采访者必须认识到自己是参与劳动实践中的一个普通分子,不能受个人的好恶影响而有失新闻的公正性,更不能以"无冕之王"自居,干扰或改变事物发展进程,造成不必要的损失。

1997年4月2日,人民日报第二版开辟了《体验三百六十行》专栏,12名记者分别体验了长江航道工、铁路列车员、首都机场安检员、保险公司营销员、殡仪馆殡仪员、驯犬员、寻呼台话务员、大凉山马班邮递员、长途贩菜人、列车押猪员等生活,要求记者摆正体验位置,不搞特殊,不干扰对方正常工作生活,保持客观公正性。一时间,记者采写

了大量有贴近性和感染力的体验式报道,许多媒体纷纷效仿,大大推动了新闻改革。

三、以德为先,不以"引诱"违反法规

体验采访是有范围、有条件的。底线是不能触犯法律法规,不能违背社会精神文明和伦理道德。比如,不能为了体验人贩子的生活,就去拐卖妇女儿童;不能为了体验歌厅、舞厅的色情服务,就去当嫖客或者"三陪女",等等。这就要求采访者必须掌握新闻职业道德准则,明确法律法规界线,在道德法律允许内活动,否则就是本末倒置。

以德为先就是倡导新闻工作者自律。《新闻学大辞典》(甘惜分主编)中,对"新闻自律"解释为:"新闻从业人员在道德上所进行的自我约束,其目的是保障新闻自由和防止滥用新闻自由,对社会和国家尽责。"第二次世界大战后,已有50多个国家制定了各种形式的新闻自律。其中著名的有1954年国际新闻记者联合会通过的《记者行为原则宣言》,1954年联合国大会决定颁发各会员国新闻工作者协会参照执行的《国际新闻道德公约》、日本《新闻伦理纲领》等。基本内容包括:强调社会责任,维护国家民族利益和大众利益,保护并限制滥用新闻自由,尊重公民的私人权利如隐私权,失实要更正,保护消息来源,报道真实客观,公正廉洁,不接受影响公正的馈赠,新闻界相互合作等,为新闻工作者自律提出了基本的道德标准。

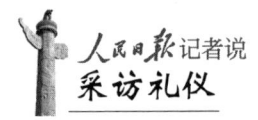

第四节 实例分析提示

实例一

郭超人①：满怀激情踏着英雄的足迹成长

1960年5月25日4时20分，中国登山健儿从珠穆朗玛峰北坡成功登顶，书写了世界登山史上的新纪录。只有26岁的郭超人作为随登山队体验采访的新华社记者，以最快的速度写成长篇通讯《红旗插上珠穆朗玛峰》。下面是节选自《登上地球之巅》中的片段：

现在，他们每前进一步，就不得不停下来休息很长的时间。由于高山严重缺氧，使他们感到眼花、气喘、无力。他们的行动更加艰难了，甚至攀过一米高的岩石，也需要半个多小时。他们忍受着这一切，互相帮助、互相鼓励地前进着。

在越过东面一段雪坡以后，王富洲、屈银华和贡布向右绕到北

---

① 郭超人，中国著名新闻工作者，新闻战线优秀领导者。曾任新华社西藏、陕西、四川分社记者、副社长，新华社秘书长、社长。担任亚洲及太平洋地区通讯社组织主席。主要作品集结在《向顶峰冲刺》《西藏十年间》《万里神州驯水记》《郭超人作品选》等书中。

面的岩石坡继续向上攀登，终于登上了一个岩石和积雪交界的地方。举目四望，朦胧的夜色中，珠穆朗玛峰区的群峰像一座座黑影都匍匐在他们的脚下。现在，在他们三人的头上，只有闪闪发光的星斗，再也找不到任何可以再向上攀登的山岩了。他们终于登上了珠穆朗玛峰的顶峰，完成了人类历史上从北路攀上世界最高峰的创举。

分析提示

上述记者体验采访，符合"撸起袖子，转换角色""接受历练，融入生活"的基本礼仪规范，而且较好地把握了体验采访的品质内涵，经受了考验。

我国登山队员完成了从北坡攀登珠峰的创举，记者的体验式采访也使自己的报道成了创举。当时，摆在郭超人等记者面前的采访方法有两种：一种是坐在大本营，完全依靠材料作报道，这种方法省力，容易办到，但是材料总是间接的、枯燥的；另一种是记者作为登山队的一员积极参加登山实践，尽最大努力与登山队员一起行军，一起宿营，一起去克服前进中的困难。他们满怀激情，选择了亲身体验的方法，爬过岩坡，翻过雪地，与队员们打成一片，爬到6600米的高度，看到了珠穆朗玛峰山中神秘而壮丽的景色，体验了登山队员们的生活，获得了许多仅仅依靠访问无法得到的素材，了解了登山队员们的思想感情和精神世界，为以后的报道打下了良好的基础。

登山队员们在7000米以上的情况，记者没有亲自体验，但有了前两次行军的经历，也能够比较准确地理解和想象出他们的一切，能比较真实生动地把这一切反映出来。同时遵循了"低调体验，量力而行"的礼仪规范，很好地把握了采访礼仪这个"度"。如果记者在体验时一味放纵激情，对自身过高或过低地估计，也会或多或少影响记者的理性思考，造成体验失当。郭超人在登到珠峰6600米后没有再向上攀登，就是一种综合各种情况的理性选择。试想，如果他们坚持继续登高体验，很可能缺氧不适，一旦晕倒，不仅稿件写不成，登山队员还要花精力抢救记者，岂不添乱，自然失礼。采访，归根结底是一种理性行为，记者的情感、情绪也应该是理智的。体验采访中，应当从职业的角度，用理性的思维，对待眼前的情况，并自觉地克服非理性的一面，克制情绪脉冲式的发散。

体验采访中，记者的情感调动与理性控制至关重要。一个记者如果没有激情，就不是一个合格的记者；但放纵自己的激情，也不是一个成熟的记者。正确的途径应该是激情要有保有压、能调能控，善于适时适度适当控制情感。情感的调动是记者深刻体验的前提，也是写作的需要。感人者先感己，动人的新闻作品，总是先要能感动自己，如果自己写作的文章连自己都不能感动，怎能谈得上感动别人。这些至理名言，说明记者在进行体验采访，尤其是对社会的边缘群体、弱势群体生活进行体验时，应该具备人文关怀精神、倾注真挚情感。

善于"移情"也是体验采访中记者成功转换角色，获得丰富、细腻、深刻的感受所不可缺少的手段。记者参与并融入陌生环境，更容易敏感地发现和捕捉到新鲜环境中更真实、更深刻的东西。而越是设身处地进入所扮演的角色之中，就越能获得丰富、细腻的感受。所以，记者在采访时要善于"移情"，设身处地、将心比心地琢磨和感受对方的心理，将自己的感受准确地传达给读者，展示出原始的真实。

实例二

赵拴：同农民打成一片才能采集到精彩细节

2002年9月，《贵州日报》高级记者赵拴带着两名记者对进入贵阳市的农民工进行采访。由于这些生活在城市底层的人们对陌生人存在畏惧与戒备，记者很难走近他们。他们分析认为，农民工不愿说心里话，是因为不相信陌生人，缺乏同等的礼遇和境地感，必须采取隐性的体验采访。

为近距离感受农民工，赵拴与两位记者"乔装打扮"，包里揣上一两块钱一包的劣质香烟，到农民工聚居地，请农民工在地摊上吃烧洋芋，喝一块钱一斤的烧酒。这种行为终于使农民工消除了心理防线，给记者道了许多交心话。《都市里的"村落"》《走出都市村落》两篇报道分

关注百姓身边的事，文明礼仪从小处着手。在北京朝阳北路人行道上，施工时废弃的砖头和水泥散落在地上，挖开的盲道坑洼不平，尤其是晚上一不小心就会绊倒，经常闹纠纷。人民日报记者李舸盯着这些事关群众生活的"小问题"进行采访报道，营造了文明和谐的氛围。图为记者抓拍的过往群众自觉维护朝阳北路盲道场面。李舸 摄

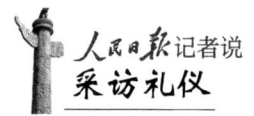

别以整版篇幅见报。《都市里的"村落"》获贵州省新闻奖一等奖。

2006年,赵拴又策划了一个大型系列采访——《聚焦"黔军"——务工农民两地书》。这组报道以赴珠三角和长三角地区打工的贵州农民为报道对象,同样以体验采访为主,对他们在外打工的生存状况及其家乡的情况进行采访,同时对两地进行对应报道。为了搞好采访报道,赵拴带着几名记者辗转数千公里,深入沿海城镇乡村寻访贵州农民工,零距离体验他们的苦乐忧喜。2007年底,赵拴获得"范长江新闻奖"。

分析提示

记者赵拴模范地遵循了"眼睛向下,真心实意问计于民"等采访礼仪规范,取得显著成效。赵拴十多年的记者生涯,总行程6万多公里,跑过上千个乡村,与采访对象睡在一铺炕上,吃在一张桌上,一起干些力所能及的农活。之所以这样做,是为了获得更多鲜活的材料和精彩的细节。这些珍贵的资料信息和亲身感受,是采访对象在炕头上悄悄告诉记者的,是记者在同采访对象一起割草、背土中体验到的。正是他们扑下身子,扎根农村,尊重农民,关注农业,才能得到农民的信任与爱戴,获得真实生动的素材。

体验采访的记者应该有研究问题的精神,才不虚此行。因为研究问题的深度决定采访的深度,采访的深度决定报道的深度。赵拴常说,做一个"在写的记者"容易,做一个"在思想的记者"很难;时代要求我们不仅要有用脚"跑"新闻的精神,还要有用脑"写"新闻的追求,用行动传承精神文明。

体验采访有明访和暗访两种形式。体验采访中明访强调记者的参与性,暗访更强调记者的隐蔽性。采用暗访一般是为了进行揭露性、批评性报道。为隐蔽身份,记者采用暗访时,常进行化装,潜入采访对象的职业中，混同于其中一员，需要智慧和力量。1999年3月，《中国青年报》记者以木匠身份，深入山西大同一个山村"卧底"，终于帮助警方挖出了黑煤窑团伙，为死难的矿工申了冤。当然，暗访并不要求记者去参与和体验某个职业，最终目的是获得新闻事实，为此，必须减少不必要的成本。

实例三

周泓洋：伐木体验悠着点

《人民日报》1997年10月9日，刊登记者周泓洋的文章《大森林的呼唤》，是记者走进大兴安岭原始森林，体验伐木工人工作生活之后写成的报道。其中片段：

> 一位瘦弱的伐木工一脸不信任地递过油锯，我伸手去接，差点砸着脚，好沉！学着工人们，我拔开油门，手拉引擎绳准备发动机器，死拉硬拽，油锯最多就"哼哼"两声。只好"拜托，请帮帮忙"，"不信任"小伙子接过绳子，甩手扭身"呜呜"的油锯就扎进树干，锯末飞处半尺宽的锯身已吃了进去。
>
> 这么简单，我来！可剧烈震动的油锯震得虎口生疼，而且只见油锯转不见锯末出。再看其他工人，哦！原来是自己手劲不够，我用膝盖顶压油锯，于是轰轰的油锯和憋红脸的我僵持了大半天，可

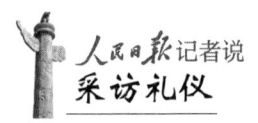

是大树还是纹丝不动。

"躲开！不要命了！"我被一把甩出去。见树有倒的危险，一位大胡子工人手握一根10米长左右细杆，旋风般顶向大树干，"谁教你的，下茬吃这么深？"他喊道。

我有点懵了，低头一看，不禁一身冷汗，油锯光顾得吃进再吃进，没想到大树已经被锯进去3／4。这是伐木大忌。树冠已经偏向一边，再锯进一点，大树一撅，我的小命就没了。

大树已被"胡子"师傅顶正，"不信任"小伙子扯过油锯，错开我的茬口，"呜呜"地锯进去，大树开始左摇右晃。"快跑！""呼－轰隆"大树铺天盖地砸在一根横倒木上，一个"回头棒子"就可能要一条人命，木场有过这样的事！

……

由于不懂伐木技术，整整一个下午只能跟在"J50"履带集材车后边打杂，也曾试着帮捆扎员王金海捆捆钢丝绳，没几下手上就勒出两道血口子。王金海拍拍我的肩膀，"算了。"看看他的手，全是老茧。我一下明白了，为什么森林中那么沉重的木头，在他们手里如此听话……

分析提示

上述例子说明，采访者在体验中要遵循采访基本礼仪，把握采访礼仪的品质，注重行君子之"礼"，讲究科学、讲究文明，感觉力不从心的事，要马上停止，不能逞强，不能蛮干。

周泓洋的报道真实地反映了记者体验采访的不容易，有时甚至很危险。他尝试伐木工作，多了一次艰难的体验，就不敢再蛮干，更多采用了观察式、聊天式采访方法。这也印证了记者体验采访是一种参与性实践，要求记者扮演或充当一个角色，或亲身参加事件过程，或亲身体验某一行业酸甜苦辣,强调的是角色参与,是为了采访报道,不是为了学一门技能,更多的还是采访,要适当地体验,也就是摆位要正。

面对危险性大和技术性强的职业,建议记者做体验采访时,多用观察术,少用实践式,以免节外生枝。麦尔文·曼切尔所著的《新闻报道与写作》一书明确用了"体验式的观察"一说。在体验式的观察中,记者放弃了他们客观的、超然的观察者角色,进入他所扮演的角色。这才是体验采访的真谛。

涉浅水者得鱼虾,涉深水者得蛟龙。任长霞先进事迹的新闻报道由中宣部、公安部和全国妇联组织采访团,35家媒体58名记者做了一次见不到主人公的体验采访,是和平时期新闻采访实践中一次成功的"集团作战"。主要经验是——

"集团作战"体验采访素材繁杂,访问活动多,不能一开始就"直击核心",必须首先"扫清外围",让所有记者对采访对象有个粗略的印象;"集团作战"体验采访题材重大,受访人员多,不能一开始就"单打独斗",必须把"集中采访"和"分散采访"有机结合;"集团作战"体验采访既要实现"信息共享",又要鼓励"各展所长",把强调"团队精神"和保护"独家意识"结合起来;"集团作战"体验采访容易遭遇多次口头传播,导致信息失真,不能对信息"放任自流",必须采取措施确保导向正确和事实准确,确保采访报道文明规范、集中统一,又百花齐放,百家争艳。[①]

体验采访运用广泛,需要进一步开拓创新,可以借助看、做、问、议,包括视觉采访、面对面采访、追踪采访、暗访采访等综合采访方式,把体贴入微的细小礼仪贯穿到采访的全过程,让采访对象舒心,让读者满意,就是好的体验采访。

---

① 常青:《典型报道"集团作战"式采访的特点和规律——记任长霞先进事迹采访团的采访实践》,千龙网,http://medianet.qianlong.com/7692/2004/08/04/33@2200347.htm。

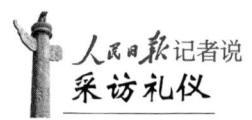

> 实例四

《体验三百六十行》：谨防犯罪式体验

1997年4月，人民日报推出《体验三百六十行》栏目后，媒体记者迅速掀起体验采访热潮。栏目编辑组翻阅来稿，发现有的体验采访出现了偏差，就在选题组织策划中郑重向记者提出警示：谨防犯罪式体验。

例1：某电视台一位记者，为了让观众了解盗墓者究竟是怎样盗墓的，进行了一次体验式采访。他乔装打扮，打入盗墓者内部，与盗墓者一起从西汉古墓中取出13件文物。之后，又将这些文物买下，捐给陕西省文物局，而盗墓的主要嫌疑人逃脱了公安机关的抓捕。该电视台在报道中告诉观众："我们的记者乔装打扮，打入盗墓者内部，历险7天7夜，为您真实记录了盗墓的全过程。"并在网站上以《7天7夜！记者深入虎穴亲历盗墓》为题，进行了报道。

例2：初次帮人取毒品的小郭，拿到毒品后很害怕，就找邻居好朋友、一名都市报年轻的记者出主意。这位记者心想利用这个机会，深入贩毒场所，搞一次"体验"采访，写一篇有说服力的纪实报道，并安慰这样才是合法的。于是，两人配合，三次运送毒品，亲历了贩毒全过程。第四次准备将"证据"送交公安机关时，却被人抢走，结果构成了贩毒罪。

第三章 体验采访礼仪

分析提示

人民日报作为党中央机关报，敏锐地发现了体验采访中存在的一些突出问题，及时作出警示，发挥了"排头兵"作用。

从上述两篇来稿中不难看出，采访者违背了以德为先，不以"导演""引诱"而违反法规的礼仪内涵，两者的动机和初衷是健康的，但揭露犯罪却不能"体验"犯罪，"体验"了犯罪，就是犯罪，与初衷和动机无关。

记者"亲历盗墓"的行为已触犯法律，使自己成了一名真正的盗墓者。《中华人民共和国文物保护法》第六十四条规定，有下列行为之一，构成犯罪的，依法追究刑事责任：

（一）盗掘古文化遗址、古墓葬的；

（二）故意或者过失损毁国家保护的珍贵文物的；

（三）擅自将国有馆藏文物出售或者私自送给非国有单位或者个人的；

（四）将国家禁止出境的珍贵文物私自出售或者送给外国人的；

（五）以牟利为目的倒卖国家禁止经营的文物的；

（六）走私文物的；

（七）盗窃、哄抢、私分或者非法侵占国有文物的；

（八）应当追究刑事责任的其他妨害文物管理行为。

盗墓嫌疑人从古墓中"取出"了13件西汉文物，属于盗掘古墓葬的行为，主观故意明显。记者从头至尾参与其中，最后虽然"买"回文物并"捐"给文物管理部门，却使犯罪嫌疑人逃避打击，事实上已经成为盗墓者的共犯。

记者"深入""亲历"贩毒场所已构成犯罪。我国《刑法》有严厉规定，只要明知是毒品，从甲地运到乙地，就是运输毒品；把毒品放在

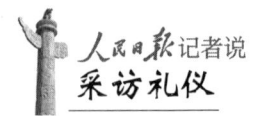

身上，藏在家里，达到一定数量也会构成非法存有毒品罪。

上述两个例子中，记者"误入"盗墓和贩毒，其"体验"的动机均是为了获知真相，写出有震撼力的报道。但又不约而同地成了盗墓者和贩毒者。前者，使盗墓嫌疑人逃避了打击；后者，四次偷运毒品，事实上成为了犯罪嫌疑人。两位记者的"体验"都越过了法律底线，触犯了法律。以此为鉴，体验采访必须做好以下几个坚持。

1. 坚持法规底线，防止误入歧途。体验采访有政策、法规、礼仪界线，不能滥用。警察的"体验"（卧底）是职业行为，目的是侦破犯罪过程，与记者体验采访有天壤之别。确定体验采访对象时，要全面考虑，绝不能触及法律、规范以及有关规章制度，严格区分法与理、法与情、法与礼的关系，头脑清醒，行为合法，一旦误入歧途，将难辞其咎。

2. 坚持正面引导，提高传播能力。坚持社会主义核心价值观，坚持以正面报道为主，围绕党和政府的中心工作，围绕经济建设和改革开放，多做团结、稳定、鼓励的工作，追求正面效应。具体到体验采访的选题时，主要以反映时代先进模范和社会新风尚为主，对一些消极面的采访，要符合文明礼仪基本规范，着眼于警示和借鉴意义，追求负面问题的正面效应。

3. 坚持关注社会焦点问题。我国社会正处在转型期，思想多元化、观点多样化，出现了许多新情况、积累了许多新问题，特别是一些难点、热点、焦点问题，媒体不报道，没有主流声音，谣传就会四起；记者体验采访了，就有了主流声音，就能抓住关键节点，引起有关部门及社会重视，人们的怒气和怨气就会逐步化解，甚至消除，还体现出记者一种良好的社会责任感。

4. 坚持采写老百姓身边的新鲜事。体验采访要坚持"接受历练、融入生活""眼睛向下，真心实意问计于民"的采访礼仪，多体验一些平凡人物、普通群众，把他们鲜为人知的工作、生活状况告诉人们，有利于人们对基层普通人物精神境界的关注和了解，有利于增进全社会公民之间的沟通，创造团结、和谐、稳定的局面。

5. 坚持量力而行，尽力而为原则。体验采访需要具备一定的条件和机会，遵循约定俗成的礼仪规范与准则，需要专业训练，不能不顾客观现实，凭意气用事；否则，可能事与愿违。

> 礼仪小常识
>
> ## 工作餐三大原则：简单快捷、适度交流、吃相优雅
>
> 最常见的用餐应属工作餐，主要是在本单位食堂或者附近餐馆安排简单快捷的用餐。接待领导或贵宾，固然应该做到热情周到、无微不至，尽显地主之谊，但也应该结合实际情况灵活处理。在工作安排紧凑、用餐条件有限时，工作餐接待也是一种妥当的方式。工作餐应注意以下三大原则。
>
> 一是简单快捷。工作餐往往都安排在工作间隙进行，因此不必讲究排场，菜品数量可以适当少些，进餐速度应适当快些，最好四菜一汤，以不饮酒为好。中国正致力于构建节约型社会，采访人员应该是倡导者和实践者。过度铺张、过长时间，都不适宜。
>
> 二是吃相优雅。这是用餐的永恒主题，尤其面对领导或贵宾，公务人员一定要注意吃相，不可以只顾自己，不可以狼吞虎咽，不可以杯盘狼藉。
>
> 三是适度交流。工作餐是公务活动的延伸，是上下级和主宾之间进行交流的机会，因此在用餐时应进行适当的交流和沟通，而不是把重点放在用餐本身上。还有，不管是工作早餐，还是工作午餐，都离不开工作，因此用餐环境要适当安静一些，人数适当少一些。

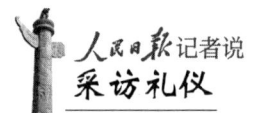

第四章 电话采访礼仪

第一节 电话采访礼仪的含义

电话采访就是通过电话了解情况、采集新闻。

电话采访是一种现代化高科技采访手段。电话采访对平面媒体记者和广播、电视、网络媒体记者来说,都是很方便的采访方式,最大优势是快捷、方便、时效性强,缺陷是不全面、不深入、不直观。

电话采访礼仪,就是采访人员通过电话这种访谈、沟通方式,在采访过程中应当遵循的社会道德规范和新闻职业规范要求的各种礼仪准则以及规范。

电话采访从新闻报道和礼仪角度讲,一般比较适用于跨越空间的突发事件采访、核实事实采访、专家咨询采访、社会调查采访以及所有采访的补充、辅助采访。了解电话交流与面对面交流的区别,就能有的放矢,展示优势和特点,回避不利和缺陷。

电话与面对面交流的区别:

项 目	电话沟通	面对面沟通
语 言	电信声音	真人声音
非语言	声调 语速 语气	表情 体态 眼神 声调 语速 语气

如图

第二节　电话采访礼仪的基本规范

电话采访这种不见面的沟通，看似只闻其声不见其人，其实你的声音、态度和语气等信息已通过电话线源源不断地传递给对方，给人留下比较深刻的印象，甚至有如见其人的感觉。电话采访不仅能够真实地体现采访者个人的素质，还能间接反映所在媒体的形象，因此，电话采访礼仪在实践中形成了自身的基本规范，为人们所遵守和创新。

一、主动介绍简洁实在

电话采访往往通过对方的声音来揣摩对方的情绪、心境以及形体等特征，因此，一定要主动热情，讲究语言、语音、语调美。用词谦和礼貌，谈吐清晰准确，声音高低适中。语调平缓柔和，句子简短，语速平稳适中，语气亲切自然。对陌生采访对象，首先要做好自我介绍。介绍一般按照采访者在何媒体供职、姓名、职务、采访主题、采访目的等次序介绍。

一些重要的采访活动，通常通过采访对象熟悉的人或单位"搭桥"介绍，找一个中间"桥梁"帮助，加深对方了解和认同，效果会更好。大报、大台、大网的记者，要注意谦虚谨慎，充分尊重对方的话语权，讲话不要盛气凌人，不要说自己一长串让人记不住的头衔，说一大堆自己的成果，有吹嘘、自夸、卖弄之嫌，难免让对方敬而远之。

如果对方正忙，可以恳请对方再约时间，不可只顾自己、不顾别人，以"无冕之王"凌驾于人。除紧急情况外，最好第一次通电话不超过5分钟，只说明采访目的、希望提供的素材，给对方充分考虑时间，再协商下次采访时间，以示礼貌。

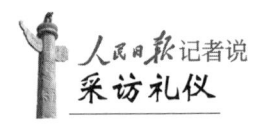

二、充分准备列出提纲

电话采访要注意节约对方时间,不要出现长时间冷场现象。所以采访者必须做好充分准备,列出采访内容,有条不紊地访谈,使跨时空的采访活动舒缓有度、配合默契、气氛热情、礼尚往来。也可以事先将采访提纲利用传真、电子邮件发送给对方,使采访对象有足够的准备,从而提高效率。

电话采访还要注意选时。要了解采访对象生活工作习惯,除了突发事件、急需发稿外,电话采访一般不要在午休、用餐、晚上9点以后、早上8点以前等时间进行,一般用手机短信等方式提前预约,尊重采访对象的意见。

三、认真倾听做好记录

采访中,要集中精力仔细倾听对方的讲话,为表示自己在专心倾听并理解对方的意思,需要用一些简单的词语作出礼貌的反馈。要做好记录,包括采访人姓名、单位、来电时间、回答主要问题以及联系方式,对一些关键性内容,要重复给对方听,一则是确认核准,二则以示正视、重视。

生理学认为,一般来说,耳朵传播给大脑的速度成倍于嘴巴说出的速度。据统计,一般一个人一分钟讲240个字比较清楚,

2010年3月5日,湖北省宜昌供电公司客户服务夷陵分中心营业部的13名姐妹,以真诚文明规范的服务,积极创建"巾帼文明岗"。图为她们在练习接听电话礼仪。张国荣 陈昌松 摄

但一个人一分钟能听清 600 个字。所以，在听对方讲话时，即便听清楚了对方的意思，也要耐心听对方把话说完，尊重对方的话语权，或许更关键的信息在后面。

电话采访期间的时间要适度。时间太短，对方话还没尽兴，显得仓促，不礼貌；时间太长，影响对方工作生活，显得啰唆。通常情况下，电话采访在 20 分钟到 1 小时之间效果最佳。如果对方兴趣正浓或话题没有谈完，可与采访对象协商，放松几分钟，或再约时间。总之，电话采访要体谅采访对象，讲究礼数。

四、保持联络及时反馈

保持与采访对象的友好联络不可忽视，一旦采访报道播出，要及时设法传送给采访对象。一是请采访对象指正，尊重对方的受访劳动；二是对方可能提供新的新闻线索，扩大报道深度。采访者的电话要保持畅通无阻，即便开会、会客等场所不宜接电话，也要开启办公室固定电话、随身移动电话的语音信箱、录音、传真等功能，设置开通两个以上网络电子邮箱，随时查看，而后立即回复，以示记者良好的信用。

随着高科技发展，争夺新闻报道首发权更加激烈。要注重联络一些通讯员、线索人，培养他们学会使用编发短信、现场拍照等方法，提供一线新闻素材，发挥电话快捷、便利、实用功能。这需要采访人员平时有良好的信誉、广泛的人缘、光彩的形象，否则没有人愿意为你免费服务。

五、接听电话文雅有礼

言为心声，形为心表。当今时代接听电话司空见惯，掌握接听电话的礼仪，通过电话自我推广，使对方产生良好印象，对采访活动很有帮助。不要因为对方看不见自己的形体就无所顾忌，要知道电信传递着你的全部信息，再说你身边的同事就是见证，所以必须保持"内外一致，人前背后一致"，方能体现礼仪基本规范。具体应做好以下几点：

- 电话铃声响过两声之后，就应及时接听，不要等到第五声后再接。
- 一手持听筒，一手拿笔准备随时记录有关信息。
- 主动报出媒体、部门名称和本人姓名。通话注意自己的语气和表情。
- 了解来电目的，采取恰当的处理方式。
- 复述来电要点，确保信息准确，尽可能避免差错。
- 通话结束时，主动向对方道谢，礼貌地请对方先挂机。
- 为他人代接、代转电话时，要注意以礼相待，尊重隐私，记忆准确，及时传达。

礼仪小常识

手机短信有讲究

1. 短信一定要前有称呼，后有署名。亲切称呼对方和落上自己的姓名，既是对对方的尊重，也是发送短信的基本格式。

2. 短信祝福不宜冗长。慰问祝贺之类最好用简短语。节日期间，接到对方短信并回复后，一般不要再发致谢之类的短信，因为对方一看，又得回过来，很是不便。

3. 有些重要电话或活动可以先用短信沟通预约，省时省力。

4. 短信的内容选择和编辑要健康，及时删除不希望别人看到的短信。

5. 发短信不宜太早或太晚。一般早上在八点以后，晚上不超过十点半。

6. 将常用手机号码用对方姓名储存，防止发短信时出错或重复发送，以免误事或干扰他人。

第三节　电话采访礼仪应当把握的品质内涵

电话采访在新闻报道中应用越来越广泛，随着移动电话的普及和发展，手机采访空间无限广阔，无论是在办公室还是在行驶的汽车上，都可以通过手机随时随地进行采访。特别是可视电话和卫星传送技术的发展，记者采用电话采访的空间甚至超出地球，伸向宇宙。

新华社2001年3月17日消息称，3月10日美国"发现号"航天飞机与国际空间站成功对接后，16日中午，国际空间站上的10名宇航员与位于莫斯科郊区的俄罗斯地面飞行控制中心通电话传回同步画面，并接受记者的采访，实现人类首次通过电话向远在地球外的宇航员采访，从而为电话采访礼仪拓宽了更为广阔的运用空间。

一、及时掌握相关技术，广泛搜集电话号码

俗话说"有备无患"。采访中经常遇到明知某个地方发生了重要事件，但高科技电信产品不会用，或者了解哪些人知情，就是不知其联络方式，甚至查电话都无从下手。为此，要达到电话采访的快捷便利，首先，要充分认识4G、5G时代和三网融合给新闻报道带来的机遇和挑战，善于运用现代通信手段为新闻采访服务，舍得平时投入人力物力，占领电信时代先机，为我所用。其次，尽可能多地搜集保存方方面面的电话号码，建立记者电话网络，扩大社会交往圈。对于一些老熟人、老朋友等，还要经常打电话聊天问候、了解新闻线索，这样急需时才能在最

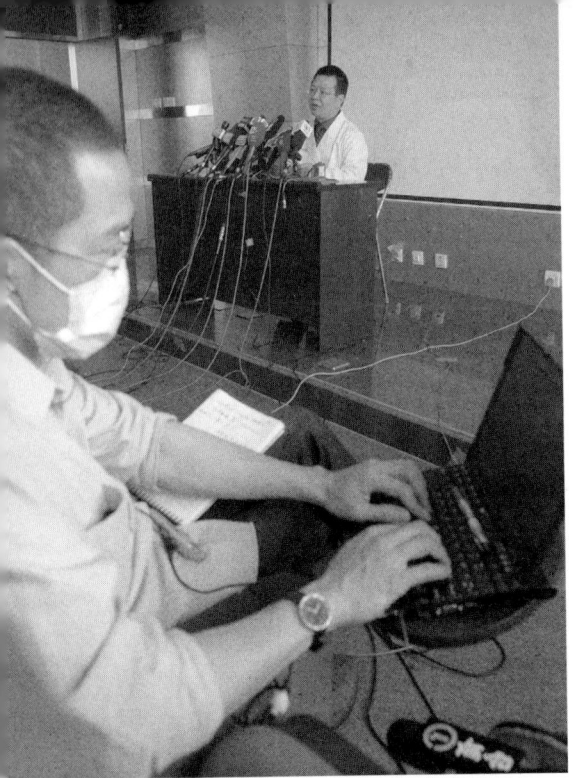

2009年5月2日，北京地坛医院副院长、新闻发言人成军在新闻发布会上介绍，17名乘客搭乘东方航空公司航班，1名乘客被确诊为甲型H1N1，北京地坛医院接收15名与甲型H1N1流感患者同机的乘客。发布会现场采取了电话连线、视频会议等形式，严格按照卫生防护要求，会场采访秩序健康文明。来源：《人民日报》

短时间内找到最佳采访人选，避免"临时抱佛脚"。

二、提问简单易答，呼应彬彬有礼

电话采访的关键是记者提问。由于记者与采访对象彼此看不见，只能单纯用对话进行采访，提问显得尤其重要。记者提问尽可能简单易答，热情互动，以示尊重。

● 电话采访不要提太大的问题，或者叫开放式问题。一个较大的问题对方原本就有顾虑不知道从哪里讲起，又看不见你的点头或摇头，不知道自己说的你是否能听明白，自然影响采访对象的情绪和思路。

● 电话采访不要提暗示性的问题。在缺乏现场交流的情况下，暗示性问题很容易造成误会，让对方误解或怀疑记者的采访动机。

● 电话采访不要提过于轻率的问题。电话采访也是一次采集访问活动，也要让对方加以重视，轻率的问题容易让对方减少对这次采访的重视程度，以为这只是一次随意性的电话聊天，从而降低采访的效果。

● 电话采访不要提很外行的问题。很外行的提问，需要采访对象用许多口头术语来解释，电话传达，谈话会变得断断续续，对方可能很快就想结束谈话，不妨先看他的专著，或弄懂基本专业知识再来电话采访。当然，一点外行话都不说也不现实，记者又不是全能，什么都懂，只是要适度，以达到尊重对方、进入平等交流的状态。

三、注重核实内容，杜绝错误漏洞

电话采访中，不排除信号有干扰或对方有口音，这都可能造成记者的听觉障碍，统计数字和地址也很容易听错，一定要精力集中，格外谨慎，特别是不能遗漏重要的新闻要素。中国字同音异义的很多，主要的人名、地名要让采访对象用拼写式的说明讲述清楚。数字、时间不能确定的也要追问，不能想当然。为了不打断采访对象回答问题，记者在听电话时即使有录音设备，也要适当做记录，等采访结束前再按笔记一一追问核实新闻要素。

经验不足的记者电话采访时，往往将注意力集中在怎么能延长谈话时间上，担心出现冷场，担心没有回答完自己的全部问题就结束谈话。匆忙中往往会忽略一些新闻元素，事后整理材料动笔写作时，才发现姓名、地名、时间、数字以及相关人物的职务、职称不是拼写有误，就是含糊不清。

核实材料可以在采访中进行，也可以在采访后查找资料。有些采访对象讲述的故事很久远，时间、地点、人物都不一定记忆准确，核实不能完全依赖采访对象。如果采访对象的讲述与史料记载不一致，可通过多种途径核实。报道刊发后，传真给对方，也是一种再次确认核准的好方法。

四、电话采访有禁忌，使用过滥遭人嫌

目前的电话采访大都限于电声互动，人物场景、情感交流、内心世界等很难体现，采访对象的状态也难以把握，真实程度很难完全确认，如果过多过滥使用电话采访，可能在一定程度上会有碍礼法，达不到预期效果。

- 人物特写不宜电话采访。一般人物特写需要展现富有生机的现场

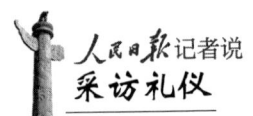

感,除非常熟识的采访对象外,电话采访不太了解或根本不认识的人,现场的信息只能通过声音、语气感受、猜测,不仅让对方感到很茫然,而且难免夹杂记者的诸多主观想象,与新闻最基本的真实原则不符,也不符合传统习俗"人到情到,人未到情难至"的礼遇。

● 深度报道不宜电话采访。记者不到现场,不亲眼看见,不亲身感受现场的环境和气氛,就不能全面地、综合地、立体地思考问题,自然谈不上能发掘出深邃、细腻、独家的报道。

● 批评报道不宜电话采访。监督批评报道非常严肃,必须到现场采集素材。电话采访很难核准信息的真与假、程度的轻与重。许多时候采访对象为了逃避罪责说假话,或为保护自己的利益不说对自己不利的话,记者又看不见对方表情,很难判断虚实,如果以此为依据写报道,很容易出现失真现象。批评报道失真,记者很容易成为被告。

● 搜集证据慎用电话采访。新闻以客观真实为生命,法律以事实为依据。崇尚真实是新闻与法律的相通之处。但在新闻纠纷中,法律意义上的事实与新闻意义上的事实又不尽相同。在新闻意义上,凡客观存在的或曾发生过的情况都是事实;而在法律上,对缺乏证据的事实将持怀疑甚至否定的态度。换言之,有物证才是事实。《关于民事诉讼证据的若干规定》出台后,突破了以往未经对方允许的录音、录像不在法庭作证据的限制,但也严格限制拍录场合,对非法索取的证明材料,法庭不作为证据采用,当事人还应承担相应的民事侵权责任。所以,记者在采访中,利用录音、录像作为证据时,一定要搞清楚法礼边际,善于保护自己。

第四节　实例分析提示

实例一

张亮：布什很乐意接受人民日报电话采访

1997年2月19日，邓小平同志因病在北京逝世。1997年2月20日上午10时许，人民日报记者张亮电话采访了美国前总统布什。张亮回忆当时的情景说：

  我与布什先生通话后，他首先表示："当我获悉邓小平先生逝世的消息时，我为中国人民失去这样一位伟大领袖而深感悲痛。我非常敬佩他，也敬佩他为中国创建的丰功伟绩。""我想强调的是，他的逝世不仅使中国失去了一位伟大领袖，而且世界也失去了一位真正伟大的领导人。"

  布什说："邓小平先生为中国人民作出了巨大贡献。他所倡导的改革开放政策，使中国发生了翻天覆地的变化，经济迅速发展，人民生活水平显著提高。在今天的中国，人民享受着比以前更加广泛的人权和个人自由。这些成就应当归功于邓小平先生的政策。"

布什告诉记者,邓小平逝世后,他已发表了一项书面声明。他说,"邓小平在建立牢固的美中关系过程中发挥了关键作用。尽管我们并非总是意见一致,但他无疑为亚太地区的持久和平与繁荣作出了重大贡献……"

采访结束时,布什说:"我现在一般不接受采访,但很乐意接受人民日报记者的这次特别电话采访。"他还希望记者通过人民日报,向全体中国人民转达他和他的夫人的沉痛哀悼,并向邓小平先生的家属表示慰问。①

分析提示

邓小平同志去世后,举国哀悼,世界为之动容。驻美国华盛顿的人民日报首席记者张亮密切关注美国政府的表态。记者通过外交途径联系前总统布什。众所周知,布什一般不接受记者采访,但在这个特定的时间,在中国第一大权威媒体面前,在记者庄重而诚恳的邀请下,布什不失礼节,欣然答应第二天上午接受电话采访。

为了做好电话采访,记者首先从电话采访的礼仪设计上着手,分析中美文化的差异,既要表达中国人民的友好与和善,又要表现中华民族的坚强与自信;既要礼仪规范,又要恰到好处。而后,记者针对布什的谈话习惯和当时收集到的美国高层对邓小平同志的评价,拟定了电话采访提纲,即:

1. 制定电话、外交采访礼仪方案,包括对对方称呼、自我介绍等细节;
2. 提出世界公众关注的几个敏感话题;
3. 列出需要从侧面验证和核实的新闻素材;
4. 对中美关系前景的展望;

---

① 张亮:《十一年前的一次电话采访》,《福建支部生活》2008年第4期。

5. 对方可能问及的相关问题以及应答方式。

第二天约定的时间到了，记者拿起电话，以党报记者的自信与谦逊，用英语同布什亲切交谈，布什由衷地表达了自己对邓小平同志的沉痛悼念和对中国人民的无限深情。半个多小时的电话采访取得圆满成功。

电话采访在新闻界被喻为"麦当劳式采访"。[①]麦当劳是快餐食品，是一种方便、简单、程式化的食品，将电话采访比拟为快餐式采访，形象地说明了这种采访方式的优劣：虽然方便快捷，但也存在采访不细致、不深入、流程化等缺陷。一般主张记者要亲身到现场采访，特定情况下才使用电话采访。电话采访善于把握采访礼仪，以崇高的礼遇弥补电信传播的缺陷，以文明的素养提升访谈的品位；同时，辅以其他采访方式，使电话采访尽可能真实、客观、深入。

实例二

亚洲媒体：提问设计要细斟酌

2003年，中国篮球运动员姚明加盟美国NBA职业篮球队并表现出色，一时成为NBA接受采访最多的运动员，他几乎每天要接受十几家媒体采访，实在应接不暇，中国媒体经过努力终于让姚明接受了亚洲媒体的一次联合电话采访。以下是《深圳特区报》2003年1月30日刊登

[①]［美］约翰·布雷迪：《采访技巧》，新华出版社1983年版，第238页。

2005年8月26日,中国男篮在北京国家体育总局训练馆举行公开训练课,将于9月飞赴卡塔尔参加第二十三届亚洲男子篮球锦标赛。姚明接受记者热情洋溢的采访。为争取采访机会,有的记者席地而坐等了4个多小时。李岳 摄

姚明接受此次电话采访的内容节选:

记者:你认为在NBA打球和国内有什么区别?你的最大感受是什么?

姚明:我感觉最大的是NBA的挑战更大一些,这是由水平来决定的。如果在国内,我利用我的身高和技术,并不需要用我在NBA里用到的一些技术就可以轻松得分。而在NBA比赛时,我觉得除了在身体上对抗以外,在智力上也需要激烈的对抗。每时每刻都要分析场上的情况、分析对手的情况,合理使用自己的技术和身体。这些在国内或在亚洲好像都考虑得少一些。

记者:听说这两天包括汤帅等其他教练都对你进行比较深入谈话,谈话内容是关于"新秀墙"的问题,是这样吗?

姚明:他确实说了一些,史迪夫(弗朗西斯)也跟我说过一些,他跟我说他在新秀赛季一年里打过4次架,我说我在CBA里打了5年才打过一次架。他问我有没有被停赛,我说没有(大笑)。鲁迪(汤帅)也跟我说,他们那时候必须大清早起来赶飞机,和普通的乘客一样等座位、买经济舱的机票,天气很冷,但他们仍然在打球。

记者:能简单谈一下你现在的生活吗?

姚明:每天就是训练馆和家,中间用一辆吉普车连接。

记者:自从你当选NBA状元秀之后,并有1800万美元的合同在身,我想问你是否计划好如何使用这笔钱,还有你个人对经济收入是怎么看的?

姚明:我曾经幻想过很多东西,但最终得到的不是金钱,而是

实实在在的东西。我很喜欢各种各样新兴的东西，比如说电脑，我还很喜欢那些音乐CD，它们最终带给我的是一些精神上的愉快，并不是一些数字。

记者：听说你在美国买了很多电动游戏，是吗？

姚明：是的，大概一个也就20美金吧。

记者：众所周知，你在国内篮坛是电动高手，我想知道凭你的电玩技术，你能不能也进入NBA电玩全明星队？

姚明：我玩了很多的游戏，但是在NBA里很多球员玩的游戏不太一样，火箭队里有些球员也玩游戏，我见过，和我玩的属于不同风格。

分析提示

从上述节选的电话采访中可以看出，记者采访的问题设置采取开放式和封闭式相结合，但提问比较具体、单一，对方容易回答。有一些开放式的问题，从效果看，也不如封闭式提问好，因为对方的回答多不愿意展开或展开不充分。所以，电话采访的问题设计还是要注意简单易答。这样比较符合电话采访礼仪的基本规范与内涵。

电话采访问题的设计和提出是有学问、有艺术的。你的问题是不是采访对象感兴趣的，是不是三言两语能说清楚的，是不是既有挑战性又不会引起对方误解等，诸如此类都需要记者事先细致研究。因为电话采访时间宜短，有效的时间里记者要获得更多的信息，就要多用封闭式提问，将问题化小，让对方易回答。但也不能全用封闭式提问，问题设计得小，对方虽然回答相对简短，但也会使得记者提问的频率加快，几个问题过后，对方会有逼迫感。

有时电话采访让采访对象有被动回答问题之嫌，如果提问的节奏掌握不好，就很容易加强这种被动感，进而产生不平等感，采访对象从感情上不易接受。一旦让对方感觉你的问题有逼迫色彩,就有碍礼遇,特别是对搜集事件背景、故事情节、矛盾焦点等问题相当不利。

电话采访不宜轻易使用,拨打电话前要精心准备,最好把采访时要问些什么、了解些什么,事先列好提纲。有可能的话,在正式采访前先去个电话或发个传真,让采访对象了解记者的采访意图、主要提问,提前做些准备,然后双方约定时间,再拨通电话,正式采访,效果更佳。

实例三

范敬宜:富于联想出华章

人民日报资深记者范敬宜的电话采访报道《"银发"依旧一丝不乱——电话采访十五大代表任仲夷》[①],是一篇情与理、形式与内容巧妙融合的佳作。节选如下:

我在上一届代表大会上采访过任仲夷,说起来,这里还有个小插曲。五年前,党的十四大期间,我在一篇报道中提到任仲夷在辽宁省委、广东省委第一书记任内的政绩。当时他已78岁,我便想当然地把他正式代表的身份写成了"特邀代表"。这事被任仲夷"幽了一默"。我发现错误后,不得不拐着弯儿作了补正。谁能想到,

---

① 范敬宜:《"银发"依旧一丝不乱——电话采访十五大代表任仲夷》,《人民日报》1997年9月1日第1版。

第四章 电话采访礼仪

在他退下领导岗位12年之后,我又差点发生5年前的那种失误。我向广东省委的一位朋友说了自己的想法,他深情地说了八个字:"德高望重,众望所归!"这个评价,引起我通过电话采访任仲夷的念头。不料对方电话里的回答还是那么幽默:"我现在快从'银发'变成'没发'了,真的没法接受你的采访……"

说到"银发",其中也有一段故事。我最初认识任仲夷,是1979年,正是改革的初期。当时他是辽宁省委第一书记,我是省报的普通记者。他给我的第一印象是:一头乌发,相貌清奇,思想解放,谈吐风趣。在以他为首的省委领导下,辽宁省的改革一时搞得有声有色,全国闻名。

不久,他就奉调广东。广东也很快打开了改革开放的新局面。我再次见到他,是在1987年党的十三大。在人民大会堂里,我坐在远处,发现他满头乌发已变成灰白。想起一位画家为他写的诗句:"万户安居乐业日,谁知多少不眠时",不禁潸然泪下。我想,他的一头乌发是在为广东的改革开放事业操劳的一个个不眠之夜熬白的。

待到十四大又一次见到任仲夷时,他已满头银发。令人吃惊的是,他精神焕发,谈锋特健,对于党中央明确提出建立社会主义市场经济体制,拥护和欣喜之情溢于言表。他用了很长时间,以他特有的通俗语言,谈了社会主义初级阶段必须重视价值规律的作用,谈了治理整顿和深化改革也必须按经济规律办事,等等。他说,这是他退下来以后一直在研究的问题,因为这些问题解决得如何,关系到社会主义市场经济体制能否顺利建立和发展。在他谈话的过程中,我一直注意着他梳得一丝不乱的银发。他的思路同样是一丝不乱。那次,我写了一篇《一丝不乱的银发》,以记其事。不料他至今还对"银发"一词"耿耿于怀"。

人民日报记者说
采访礼仪

尽管任仲夷在电话里婉谢正式采访，最后他还是向记者透露一点信息：党的十四大以来，他始终在密切关注和研究实行社会主义市场经济过程中出现的新经验、新问题，结论是"发展市场经济必须正确处理和认识'两只手'的关系"。

……

看来"银发"依旧一丝不乱。难怪有人说，这些年任仲夷一直在用邓小平建设的中国特色社会主义理论，总结十多年来改革的实践经验。他在改革理论研究上花的精力和作的贡献，并不亚于他在位时领导改革的实践。他的一些理论观点和指导思想，对广东省改革发展所起的作用，历时愈久，看得愈清。这恐怕就是他为什么受到广大党员、群众如此拥戴的主要原因。

谈完正题，我才想起问候："仲夷同志，您现在身体好吗？"

电话里传来他富有幽默感的声音："非常好。1983年，我动手术摘掉了胆，成了'浑身是胆'；1993年，我又动手术切除了胃，成了'无所胃（畏）惧'。哈哈……"

棒极了！这是改革者特有的乐观和旷达。

革命人永远是年轻，改革者也永远是年轻！

分析提示

上述报道，记者选取电话采访中人物的鲜活语言，应用大量的背景资料，诠释了任仲夷其人，构思巧妙，寓意深刻，清新流畅。记者通过生动活泼、富有个性的电话语言，烘托人物的内心世界。可以看出，电话采访必定只是一种形式，因而作者没有过多地说明电话采访的过程，只抓住了采访的主题，善于联想，巧妙链接，从而彰显人物的精神风貌，突出了电话采访的精华，说明电话采访也可以融合其他采访报道的优势，精巧构思，挖掘独特的深度报道。

作为中国著名记者,范敬宜深谙采访礼仪之道,在电话采访前,做了许多案头功课,进行了精心的思考布局。记者以自己从前采写的报道《一丝不乱的银发》,引出采访对象回答"银发"变"没发",成为没法接受采访的"理由",再指出"两只手"关系,由问"身体好吗",引出摘掉胆成"浑身是胆",切除胃成"无所胃(畏)惧",在风趣幽默的谈话中,渲染了主题——银发一丝"不乱"、改革创新精神一点不减的风貌。

当今时代,新技术革命飞速发展,电话采访司空见惯,电信、计算机、电视三网融合日益发展,我们必须紧跟时代潮流,转变思维观念,充分利用电信传播技术,最大限度开发利用现代采访方式方法,使采访写作艺术与现代科技文明、人类精神文明相互促进,共同发展。为此,电话采访不能只停留在一问一答、搜集材料、沟通交流等简单形式上,必须善于综合运用各种采访手法,善于联想,顺势引导,巧妙嫁接,把电话采访的桥梁和纽带作用发挥到极致,使新闻采访更加节能、环保、高效、文明。

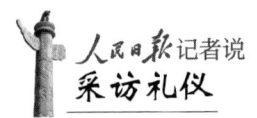

第五章 网络采访礼仪

第一节 网络采访礼仪的含义

互联网诞生于1969年,如今互联网已成为继报纸、广播、电视之后公认的"第四媒体"。

网络采访是借用网络进行的采集访问。广义的网络采访是指采访者为了获取新闻素材,运用网络技术和网络手段,获取相关信息的活动和过程。狭义的网络采访是指新闻记者在无法亲临现场,也不能或不宜用电话采访时,借助互联网络,通过电子邮件、聊天室、电子公告牌、新闻组、网络调查等工具,与采访对象进行数字化交流,以获取相关信息,弥补传统采访方式的不足所进行的活动,从而强调网络采访的条件性和辅助性功能。①

网络采访大致分为两种基本形式,一种是实地采访,一种是在线采访。实地采访就是网络记者在现实空间深入现场所进行的采访。目前我国只有少数网站才有采访权,如人民日报社的人民网、新华社的新华网、光明日报社的光明网等。商业网站一般都没有采访权,但有的网站进行变通,如将采访对象邀请到网站与网友聊天,回答网友的问题。这意味

---

① 薛志泉:《试析网络采访之利弊》,《新闻传播》2002年第7期。

着运用网络技术和网络手段,在虚拟空间进行采访的不一定都是记者。清华大学李希光教授认为:

"互联网降低了进入记者行业的深门高槛,人们不用在政治上有什么特殊的要求,不用在经济上有什么特别的投资,也不需要专业文凭和记者证;只要接入了互联网,就与成千上万的受众连接起来了,就可以当上记者。"[1]

网络采访要求网络记者必须是一个多面手,不仅要具备文字记者、摄影记者的采访能力,而且要具备广播记者、电视记者的采访能力,在任何情况下都能独立完成采访任务。除此之外,网络记者的实地采访与传统媒体记者外出采访的职业要求大致相同。它要求记者亲临现场,与被采访者进行面对面的谈话或者亲眼看到新闻事件发生、发展整个过程。通过记者深入采访、现场目击和认真核对,保证新闻报道的真实性、准确性和客观公正性。事实上,目前在网络上播出的大量新闻特别是原创性新闻,仍是记者包括网络记者通过实地访问、观察、调查研究的结果。

互联网络是一个全开放交互式的传播工具,记者可以通过电子邮件、文件传输、在线聊天、网上论坛等实现坐在电脑前采访,也可以通过网上浏览、远程登录、邮件列表、信息自动索引等搜集新闻材料,大大提高采访效率。这种在虚拟空间利用网络所进行的采集活动,就是在线采访。

本章所述的网络采访,主要是指在线采访。
- 网络采访技术特点:运用多媒体采集新闻,工具全部数字化。
- 网络采访内容特点:采集速度快、覆盖广,资源共享便利。

---

[1] 李希光:《网络记者》,中国三峡出版社2000年版,第77页。

- 网络采访范围特点：具有全球化、公开化、扩散化。
- 网络采访文明特点：表现出书面性、隐私性、习惯性、持久性。

网络采访礼仪，是指采访人员在借用网络进行采集访问的过程中，应当遵循的社会道德规范、互联网道德规范以及符合新闻道德规范要求的各种礼仪准则以及规范。

网络采访融合了三大传统新闻媒介采访方式，既有静态文字和图片的萃取，又有动态声音和视频的采集，是一种多媒体全方位搜寻新闻素材的活动。在这种新的采访模式下，传统记者的明确分工将逐渐走向模糊乃至消失，要求每个记者必须集文字、摄影和录音、录像等技能于一身。为此，采访在遵守传统记者文明礼仪的基础上，必须适应网络采访数字化、全球化、公开化等特点，积极探索网络记者文明准则与规范。

人民日报社原总编辑吴恒权说，报网融合既是现在也是未来，人民日报社中层干部连续在北戴河培训中心进行培训，其中一个重要内容就是如何加快报网融合、一体化发展趋势。在一些本来都是靠一支笔或一台电脑吃饭的记者编辑中，就如何在网络视频上"出镜"、如何主持访谈，甚至如何着装、化妆等业务进行研讨，并指出——

我们生活的时代，是"人人都有麦克风"的时代。互联网的突飞猛进拓展了社会舆论的空间。在中央重点新闻网站中有"排头兵"之称的人民网，具有主流媒体与新兴媒体的双重身份，要把人民网建设成一个"多语种、全媒体、全球化、全覆盖"的国际知名网站，成为汇集民意、反映民生的话语渠道，成为传播主流舆论的信息平台，成为凝聚时代精神、打造社会共识的舆论阵地。我们"一定要以积极态度面向转型，如果我们今天停一步，明天就会慢百步"。[①]

---

① 吴恒权：《报网融合：既是现在也是未来》，人民网，http://media.people.com.cn/GB/192301/192359/192370/12705106.html。

第二节 网络采访礼仪的基本规范

2022年8月31日,中国互联网络信息中心在京发布第50次《中国互联网络发展状况统计报告》。《报告》显示,截至2022年6月,我国网民规模为10.51亿,互联网普及率达74.4%。网民人均每周上网时长为29.5小时,网民使用手机上网的比例达99.6%。可以预言,随着5G、大数据、人工智能快速发展,新一轮网络"拥堵"即将到来,网络媒体飞速发展,网络采访礼仪的重要性和迫切性日益显现,敦促新闻从业者必须掌握基本规范。

一、事先沟通,取得认同

在互联网上采访,针对陌生人起初很难实现像面对面那样交流互动,如果随意发电子邮件、进聊天室等,对方有时很难了解其真正意图。在当今信息多如牛毛的现代社会,要想请采访对象敲键盘回复采访者的问题是有难度的。为此,从礼仪上讲,除电子公告牌、网络调查

2009年3月2日,全国政协十一届二次会议新闻发布会在人民大会堂新闻发布厅举行,发言人介绍会议情况,并回答记者提问。图为人民网记者争先举手申请提问。翁奇羽 摄

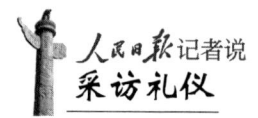

等外，其他网上采访最好事先与其通过电话或邮件联系，介绍媒体和记者本人的情况，主动出示记者证、媒体资质等相关证明资料，也可通过网上视频等传给对方，还可传真给对方，让对方打消顾虑、产生兴趣，建立信任基础，这样方能配合采访。

新华社记者熊蕾想采访美国、加拿大、澳大利亚、英国、日本和瑞士等国的10位科学家，但无法远渡重洋，怎么办？她就利用多种形式充分沟通，取得他们的信任。而后，记者利用电子邮件逐一采访他们，科学家们认真回复，还将自己写的文章和研究报告甚至书稿，都通过网络邮递给记者，比传统的面对面采访更便利。熊蕾采写的多篇报道很快发表在美国《科学》杂志上，在新闻界传为佳话。

这说明网络采访的关键要素是，记者要以"礼"服人，让采访对象心甘情愿地为你的问题作答。

二、文书礼貌规范，言简情真意切

时间就是生命，节省别人的时间就是最好的礼遇。网络采访的工具多为书面电子邮件、实时QQ在线等，比传统的面对面采访手续要多些，会给采访对象或多或少带来负担。所以，书写电子邮件一定要谦虚、恭敬，礼貌待人，言辞简洁，通俗易懂，让对方回答问题轻松自如、富有激情。切不可像法拉奇那样"咄咄逼人"地提问，也不能像王志那样见缝插针似的追问；否则，对方很可能放弃合作而"离线"。

电子文书的书写格式、内容要规范、严谨、简洁、有礼。虽然目前网络采访的电子文书没有统一的规格，但大致同机关公文相一致，要清晰说明采访的意图、目的、事件、主题、请求回答的问题等要点。切记是恳请采访对象支持配合，多用"请您""方便时""尽量早些""恳请再详细一点""下次再叨扰您"等礼貌用语，忌用"快些""你给我回复""我等着""要细些"等生硬失礼之词。

采访中使用较多的当属电子邮件，电子邮件礼仪必须做好以下几点：

● 恰当地称呼对方，拿捏尺度。邮件的开头结尾一定要有亲切问候语，尊称收件人，既显得礼貌，又赋予责任和义务。最简单常用的开头都写"××您好""尊敬的××"，结尾经常写"祝您健康""工作顺利""再会"之类。盛情之下有利于敦促对方进行必要的回应。

● 标题一定不能空白。没有标题很失礼。标题要简短，不宜冗长，要能明快地反映采访的内容和重要性，切忌使用含义不清的题目。

● 内容要注意措辞。简单明了的邮件可以使你节省打电话发传真澄清邮件意义的时间。一般对采访的问题列出一、二、三来，便于回答。

● 提前通知收件人。尽量在发邮件之前得到对方的允许或者让他知道有邮件发过来，说服你的邮件对他有价值。

● 小心使用附件功能。附件越大，下载时间就越长，占用收件人电脑空间就越多。有时可能下载不成功，多费周折。

● 小心使用抄送功能。除了调查、问卷采访之外，最好专送，不要滥用抄送功能，否则收件人会以处理垃圾邮件的方式一删了之。

● 尽量不用字符图释。因为网络传输、电脑处理系统不同，字符图释有时会变异。

三、反馈迅速准确，推崇礼尚往来

网络采访每天都要收集处理大量信息，特别是对发出去的采访回馈信息、网民提供的新闻线索等，一定要第一时间回应，并附上简短的评价语或意见。一则是对对方的尊重正视，体现网络快捷性；二则是一种

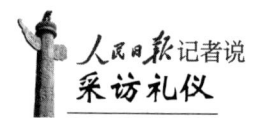

礼貌，体现网络互动性，而且要养成一种良好的习惯。对网民每一条跟帖、来信等，都要一一认真阅读，对于建设性的意见建议要吸收借鉴、心存感激，对于指责批评性的意见要有则改之、无则加勉，同时尽量抽时间给予及时答复，推崇尊重网民、礼尚往来的工作作风和品质。

四、强化精品意识，恪守新闻道德

网络新闻竞争异常激烈，不能因为抢发布而粗制滥造；不能为提高效率而只"链接"新闻，成了其他网络、报纸、杂志的"翻版""电子版"；不能因为网络能容纳海量信息而长篇累牍，让人读而无味，不得要领；更不能为了"快、独、奇"而"抄"新闻，丧失起码的新闻职业道德。要坚持原创信息原则，树立网络新闻精品意识，反复筛选，去粗取精、去伪存真，养成一丝不苟、精益求精的采编作风，尽可能减少和杜绝差错，一旦出错，要及时更正，并向公众道歉，说明缘由，求得谅解，以示礼貌。

五、严格程序，加强审核

网络的生命力在于传播速度快、覆盖面积广，不能为了"抢"新闻而违反审稿原则。网络上采集来的新闻素材必须设法核实，养成一种严谨细致的工作作风。因为一旦失实，会迅速给采访对象、记者本人、社会舆论等造成信誉危机、道德缺失，甚至引起官司。审核办法多种多样，关键是要履行程序，严格到位。比如，对于时间紧迫的重大事件，有条件的可以进行网签，发传真请对象收签，也可以请两个以上熟人进行电话作证等。如果涉及法律事项，则要按照法律程序而非新闻审稿的方式，进行法律意义上的"取证"，这样才能"礼多人不怪"。

第三节 网络采访礼仪应当把握的品质内涵

网络采访大都是在跨越时空的虚拟现实空间进行，缺乏实时有效的互动交流和难以显现的言行举止，网络采访的文明礼仪关键在于采访者自警、自律，加强职业道德修养，培养高尚情操，不断提高网络时代文明礼仪素质，方能有效增强网络舆论引导能力和国内国际传播能力。

一、强化责任，拒绝低俗炒作

行业责任由职业责任、法律责任、道德责任组成。同样，新闻责任由新闻职业责任、法律责任、道德责任的交叉与重叠共同构成。新闻传媒的特点，决定了新闻责任具有社会性、政治性、广泛性、渗透性。[①]新闻从业人员使命光荣，责任重大，必须勇于担当，积极进取。

互联网是一个全世界公共信息平台，鱼龙混杂、良莠并存，网络采访者要始终坚持马克思主义新闻观，强化责任意识、忧患意识，唱响主旋律、打好主动仗，积极引导网上热点、疏导公众情绪、化解社会矛盾，促进舆论和谐，拒绝低俗、炒作之风，做网络文明的传播者。

2010年6月7日起，人民日报以《谁在左右公众的眼球》为题，连续报道揭露网络幕后推手"网络红人"出炉底牌，曝光了有些媒体为了提高收视率、点击率、广告收入等，不顾职业道德，迎合低俗拜金主

[①] 董岩：《新闻责任论》，人民日报出版社2010年版，第43页。

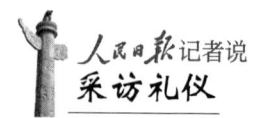

义价值观、人生观，甚至联合"网络推手"，引导、诱导"相亲"节目，误导公众，引起公众不满，为记者网络采访的职业道德考量提出了警示，应当引以为戒。

二、胸怀开阔，大肚"容网"

网络是一个虚拟世界。网上采访，不容易把握对方的真实情况，况且互联网将人类社会几千年形成的许多道德标准与规范一点点模糊起来。需要强调的是，记者在采访中，对采访对象要以礼相待，不要计较对方是否以礼回报，甚至误解、谩骂、搞恶作剧。记者始终要做谦谦君子，包容多样，尊重差异，多元共存，大度"容网"，以德报怨。在任何情况下都不能发脾气、迁怒网络，甚至打击报复，维护网络和谐、稳定的局面，彰显人民记者风度。

三、注重全能训练，提高综合能力

魅力来自智慧，实力要靠本领。网络新闻传播的物理基础是高新科技，功能的开发运用也依靠高新科技。网络新闻的表现形式已逐步由静态"图文"转向动态"视频"，越来越多的网络将新闻信息编写由简单的"文字加图片"形式发展成为集视频、音频、文字以及大量相关信息链接于一体的立体报道。今后网络采访将更多地运用视频采访等手段，实现远距离"面对面采访"，要求网络采访者是复合型多媒体记者，不仅要熟练地作文、摄影、摄像、录音，而且要学会美术编辑、制作网页等。如果没有一定的网络科技知识，网络采访很难有立足之地，这就要求采访人员必须认清形势，努力掌握数字化网络采访工具，做到高效采集、快速发布、创新应用，树立网络采访人新形象、新品质、新内涵。

四、加强互动,广交网友

实现新闻记者与网友及时有效互动,鼓励网友参与新闻报道舆论监督,就要主动搭建平台,开辟交流渠道,让网友有地方说话、有机会发表意见。记者要及时关注网民讨论并对热点问题分析研究,将公众论坛上反映的对新闻报道有争议的问题、社会关注的民生问题,及时发布报道,使网民反映的问题有呼应、有探讨、有解决、能落地。只有取之于民,回归于民,记者才能从中挖掘新闻资源,形成良性互动。

网上在线访谈突出的特点是:公众参与性、多方限时切换、多媒体视频互动。采访者尤其要考虑公众的心理,照顾公众的情绪,尊重公众的尊严。

网上访谈如果在聊天室、公共论坛上进行,就有其公开性,在线网友都可以插入对话、提问,使采访活动富有生机。采访对象回答网友提问时,记者可从中观察采访对象,了解网友关心话题,随机调整采访策略,提高报道的可读性。传统采访中,采访对象以单一的信息供应者身份出现,而使用聊天室、电子邮件、电子公告牌等网络工具时,你问我答、多方互动、观点碰撞具有更强烈的互激色彩。采访对象也承担了"采访者"的角色,并对采访者进行访问,同时采访者也须以"采访对象"的身份作出回答。在这种角色的不断切换中,采访者就要考虑多重角色的文明礼遇,揣摩多方的心理态势,把握平等、公正、从俗、适度的礼仪基本原则,维护场面气氛,引导采访有序、深入进行。

五、树立全球化理念,维护绿色生态

互联网是全球化发展的重要标志之一。中国新闻记者要重塑大国国民健康心态,网络采访过程中的一切活动,都要用国际化的标准审视自我,尊重多元,诚实守信,文明礼貌,和谐共处,倡导绿色环保、维护网络生态，赢得信誉。目前网络安全的主要威胁是淫秽色情信息、黑客攻击、网络欺诈等，记者在采访过程中要以身作则，自觉倡导网络环保理念，不看、不传、不信网络有害信息，自觉抵制不实报道、欺诈、不良信息传播，积极维护全球网络安全系统，认真执行《互联网新闻信息服务管理规定》，信守《建设安全互联网宣言》承诺，把新闻采集与职业自律结合起来，推动网络诚信体系建设，把营造诚信为本、守信光荣的良好风尚作为一个记者应尽的责任。

第四节　实例分析提示

🎤 实例一

王军：电子邮件采访亦精彩

2009年30集谍战剧《潜伏》热播后，4月17日，《三峡晚报》记者王军利用网上发电子邮件的方法采访了该电视剧女一号翠平的扮演者姚晨。发送的电子邮件节选如下：

1. 首先祝贺你和孙红雷的《潜伏》最近在卫视热播！最近在忙些什么？谈一谈你接拍的新戏？还希望挑战哪类角色？

2. 在《潜伏》中你扮演的翠平给观众留下了深刻印象，此前在接受媒体采访时说"对不起翠平这个角色"，为什么这么说？如果给自己打分，你打多少分？

3. 你说过在拍摄时你和孙红雷互相折磨对方，是因为角色更具挑战性还是孙红雷的要求太高还是另有原因？怎么评价他演的余则成？听说你在拍摄时因为压力大曾打点滴？

4. 和《武林外传》的郭芙蓉等相比，有人说你扮演的翠平除了

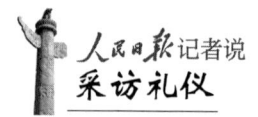

延续一贯的喜剧风格，还因为人物身份的特殊性在塑造人物如刻画心理等方面有突破，你认同这种观点吗？故事的悲惨结局让不少观众遗憾，你怎么看？

5.有网友评论，你在《潜伏》中的表演有些夸张，特别是在一些搞笑的场景，你怎么看？

分析提示

上述网络采访节选是记者在连续观看《潜伏》，在网上收集、深度分析了姚晨访谈后列出的提问，言辞温文尔雅，有情况核实，有细节追问，有热点问题的评判，比较适应网络采访对象的回答，符合网络采访有关礼仪基本规范与行为准则。通过这次采访，王军感到网络电子邮件采访亦能精彩纷呈。

记者站在采访对象角度考虑问题，邮件中所提问题比面对面交流浅显，适合对方三言两语回答，不会占其太多时间。但如果全是不假思索就能答上来的问题，那报道就索然无味，而记者正是在提问中把握了这个"度"。如上述提问中第三个问题，让采访对象评价其他演员，富有挑战性，用电子邮件的方式提问，对方一般都会认真对待。姚晨说："剧中的翠平大大咧咧是个急脾气，其实现实中的我脾气好，而且是个慢性子。我说的相互折磨其实就是演员相互之间的一种磨合。在拍戏时，如果他觉得你没有做到位，会马上提出来，不管你是否接受，这个在一般人看来似乎很难理解，但他最终的目的是把戏演好。事实上，我从开始找不到感觉到后来入戏，也与他这种快人快语分不开。孙红雷的确是一个非常好的演员，他对角色的把握很到位，细节方面也处理得很完美、很细腻。"这样回答真诚实在，富有情趣。

第五个问题有矛盾冲突，同时探求对方的自我评价。姚晨说："任何角色观众有喜欢的有不喜欢的，我不可能要求所有观众都认可喜我。其实这部剧里没有搞笑的成分,而我真的不敢这样演,所有的台词都是原来剧本上的,其实我们在演的时候都非常严肃,只是导演姜伟太擅长高级幽默了。"演员说出了心里话,记者也达到了为观众解疑释惑的目的。

利用电子邮件采访要设身处地为对方着想,换位思考,尚礼简约。

进入信息时代,有的人越来越疏于写作,能劝服对方用笔回答问题,除了让其对问题感兴趣、话题设计得轻松活泼、问题不易被误解外,还要注意信件的形式美。传统的书面采访要求记者书写字体工整,选择媒体制式信纸信封,用词规范言辞礼貌,所有这些形式都以示对采访对象的尊重。采用电子邮件采访,因为输入机选文字,不必担心字迹工整的问题,也不必选择信纸的纸质颜色,但是不等于可忽略书面形式。诸如页面设计是否新颖美观、格式是否规范大方、称呼署名是否礼貌得体等,都是采用电子邮件采访必须考究的问题。为了提高采访对象的兴趣,还可以设计插图、音响效果、幽默提示,增强直观性和趣味性。问题设计要简要清楚、积极健康、明了易答,才能调动采访人的热情,积极配合采访。当然,电子邮件方式采访并不是只能设计肤浅的问题,也同样适宜一些深度采访,如可以启示他通过邮寄附件的形式,将自己以前储备的资料发送给记者,说不定还能意外淘宝。

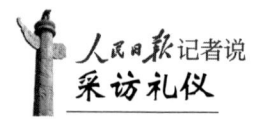

实例二

范正伟：反思网络时代的媒体责任

2010年2月12日，人民日报记者范正伟在《人民时评》栏目，发表了题为《反思网络时代媒体责任》的评论，引起读者热议。摘要如下：

重庆姑娘小罗，近日掀起一阵不小的舆论风波。这名身高1.46米、大专学历的超市员工，自称智力非凡，曾在上海发放征婚宣传单千余份，誓言非北大、清华高个儿才子不嫁，并做客数家省级电视台，人气很旺……

"炒作，或者神经病，鉴定完毕。"这是小罗在网上得到的典型评价。面对此情此景，我们不禁要问：假如她确实是在炒作，那么，究竟是谁为她提供了炒作的舞台？假设真像有人所推测的，她的确在性格和心理上存在某种障碍或缺陷，我们又为何要如此恶语相向？

网络时代，表达空间日益拓展，言论更加宽松自由，人们登上公共话语平台的机会越来越多。这是历史的进步，也带来新的问题与困惑。少数媒体或者由于猎奇心理，或者出于利益考量，常常将一些风格怪异、品位不高的新闻人物和新闻事件推上前台，大加炒作。在"消费"着这些人物和事件带来的注意力、阅读率和相伴而生的商机时，这些媒体却将自己肩负的社会责任忘得干干净净。

很多人恐怕已经记不大清杨丽娟这个名字了。这个少女疯狂地迷恋着偶像刘德华，倾家荡产也要赶到香港面见天王巨星，甚至在生身父亲羞忿投海后也依然执迷不悟。当年疯狂的报道和议论，如今已经归于沉寂。杨丽娟怎么样了？她的家人怎么样了？在那场媒体狂欢的盛宴中各取所需的人们，将杨丽娟推向公共舆论漩涡中的媒体，对那场舆论风波的受害者——杨丽娟及其家庭，承担了怎样的道义责任？

大众传媒必须承担社会责任，是全世界传媒行业的基本准则。客观报道和传播新闻事实，是媒体的重要责任之一，即使是在标榜"新闻高度自由"的西方社会，暴力、色情等内容，也是受到严格限制的。从媒体商业利益出发，炒作甚至制造媒体事件，同样为这个行业所唾弃。

有人说，报道什么、不报道什么，应该一切从受众的需求出发。这种认识是片面的。在一个多元社会里，读者的需求是多方面的。媒体的社会责任，恰恰体现在坚持正义公平的价值判断，维护大多数人的根本利益，而不是随波逐流。在众声喧哗中激浊扬清，在利益诱惑下允中守直，是包括互联网站在内的任何有责任感的媒体应尽的本分，也是它受人尊重的根本保证。否则，小心受众也会对你说一声："炒作，或者神经病，鉴定完毕"。

分析提示

上述时评在社会上引起广泛共鸣的重要原因之一，就是为媒体记者提出了网络时代要勇于担当社会道德责任，培育精神文明品质。

互联网是当今社会综合利用信息技术、数字技术、通信技术等现代技术和人类现代化服务手段最集中的领域，是最现代化和大众化的信息

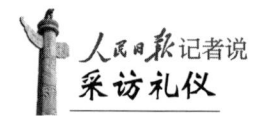

载体和传播工具，传播的范围广、速度快、影响大，有扩散性、交互性、隐秘性等特点，存在发挥两种相反作用的可能：一种是其他载体无法起到的建设性作用，发挥巨大推动力；另一种是不可小视的破坏力。网络记者社会责任心和事业心则起着至关重要的作用。

曾一度，一些电视台开办的婚恋交友、情感故事类节目，盲目追求收视率，大肆造假炒作，"拜金女""炫富男"纷纷出场，"宁在宝马里哭泣，不在自行车后笑"等拜金主义口号甚嚣尘上，种种低俗之风，一时搅得荧屏乌烟瘴气，引起了社会各界强烈批评，也损害了媒体记者形象。国家广电总局为此连发文件，严加整顿。社会责任是媒体记者永恒的担当。在全球化时代，在市场经济环境中，在全媒体时代即将来临的今天，媒体如何适应时代要求，切实履行好社会责任，也是一个需要时刻面对、常做常新的课题。纵观近年来一些媒体发展的兴衰荣辱，一个负责任、有品质、谋发展的媒体记者，必须认真把握好以下几点。

1. 牢记经济效益服从社会效益。从根本上说，社会效益和经济效益是媒体立身的"一母同胞"，二者相互依存，缺一不可；但在重要性排序上，社会效益是主导地位，经济效益是从属地位。有些媒体割裂了社会效益和经济效益的骨肉联系，偏爱甚至溺爱经济效益，对社会效益要么视而不见，要么有意忽视，造成了媒体价值选择的失衡、媒体行为的失范，其结果是少数媒体或个人攫取自身的蝇头小利，对广大受众毫无正面意义，反而制造了大量的价值负资产，对整个社会造成负面影响。从长远看，只顾经济效益不顾社会效益的行为，违背市场规律和媒体发展规律，势必受到受众和市场的双重淘汰。

创新不是刻意出新，不是忽悠炒作，更不是跳出社会伦理底线随意出牌。如果说创新是天马行空、自由飞舞的风筝，那么社会责任就是牵引它的坚韧细线。媒体记者的创新，不是为了创新而创新，而是为了更好地履行社会责任，倡导精神文明。一个高举精神文明旗帜的记者，一个在光影声色、图片文字等细节中为社会文明进步而努力的媒体，必然会赢得市场，取得人民青睐，受到世界尊重。

2. 倡导"网言网语"文明规范。网民常常运用谐音、英文缩写和符号等进行网络语言创新。如中国网民常用的"886"，借助数字谐音表示"拜拜了"，提高了输入速度。形容计算机高手的"大虾"一词，则指那些长期沉迷于电脑的人，弯腰驼背，形似大虾，并与"大侠"谐音、通义。这种独特、诙谐的语言风格，很快在网上流行开来。英文缩写词简洁便利，网民们因此创造出很多特定的网络缩写词。如 LOL 为 Laugh out loud（大笑）的缩写，BRB 为 Be right back（马上回来）的缩写。符号语言是具有独创性的网络语言，它用符号模拟出人的表情甚至动作，使其含义"图像化"。如最早的笑脸符号"：)"和新的笑脸符号"o(∩_∩)o"，已被人们广泛使用。如奥巴马成为美国首位黑人总统后，美国网民将他的名字"Obama"当作"cool"（"酷"）的同义词来使用。

值得注意的是，一些网络语言流于口语化、粗俗化等倾向，对传统语言规范和使用也产生了负面影响，其中最突出的就是语法混乱和拼写错误。网络用语会"溢出"网络环境，开始影响到部分人在现实生活中的语言使用习惯，影响和冲击传统语言。网络采访报道中，记者要以身作则，有必要对网络"新语言"加以倡导，取其精华，去其糟粕。意大利的秕糠学会、法国的法兰西学院、西班牙的皇家学院等都提出维护本国语言规范的倡议，在努力保留有价值的创新词汇的同时，也提供了规范语言的标准，以保证本国语言与时俱进、健康发展。美国密歇根州一所大学则每年选出"误用、滥用和无用"词汇，列入下年度的"禁用英语名单"。网络语言为现有的语言系统注入了新鲜血液。网络媒体采访者要结合自身特点，在继承传统文明语言的基础上，呵护和规范"网言网语"，营造简洁、规范、文明的语言环境。

3. 遵守网络"红绿灯"。"网"字在中文里是象形词义，就像一个个

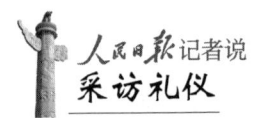

交叉连接的网格。网络里如果没有红绿灯和交通规则，谁也无法正常行走。网络刚刚兴起时，我国就有6位著名作家起诉一个未经授权使用了他们作品的网站。当时很多网站认为网络为作家们做了宣传，这样做有点不近人情。经过十多年的发展，网络已经成为全民共享的便捷工具。然而，网络侵权不仅没有得到有效遏制，侵权范围还越来越大，新问题越来越多。原创作品被复制、克隆、抄袭，就像瘟疫一样难以控制。主要体现在：一是网络未经授权使用他人作品，对著作权人构成侵权；二是由网站"巨头"即搜索引擎构成的侵权，未经网站许可即无偿链接，或用"贴吧"的形式转载原创性网络作品；三是网站和网站之间未经许可的转发和盗用，形成网站之间互相侵权。国际版权协议《伯尔尼公约》的基准是"原创权利是最高权利"。一个国家如果不能保护好原创作品的著作权，就难以建立创新机制，更无法使创新"可持续发展"。

目前，追究侵权盗版的维权行动，大体通过中国作家协会作家权益保障委员会、中国文字著作权协会、各个律师事务所以及出版社等机构，集体管理和集体维权。现在已经步入"全媒"维权时代，作品出版、网上传播、手机阅读、电台、影视改编的版权转让，都可能遭遇侵权。网络反盗版是一项长期的系统性工作。网络媒体采访者应当处处以身作则，时时谨言慎行，自觉遵守"红绿灯"规则。

4. 承担和谐社会建设历史责任。采访者要争当正确舆论引导的骨干力量，承担起媒体社会道德责任。重视时代精神的弘扬、重视先进文化的渲染、重视社会进步的推动，突出主流舆论、突出主流声音、突出主流民意，起到引导舆论、推动发展的作用，创建良好的舆论和传播氛围。

● 采访者要成为化解社会矛盾和冲突的助推器。社会矛盾甚至冲突，常常在社会突发事件和热点问题上表现出来，而互联网往往是对突发事件和热点问题反应最敏感的传播体。一有风吹草动，互联网当即就有反应。这种反应一旦失去理性的引导和控制，就会成为盲目情绪的发泄地，矛盾和冲突不但不能消除，相反会扩大事态。网络采编人员必须增强政治意识、大局意识、核心意识、看齐意识，在第一时间、在萌芽状态发现和处理问题，担当网络文明守护神。

● 网络媒体要搭建表达理性民意的平台。社会转型加剧和社会多样化的到来，社会不和谐因素增加，矛盾冲突增多，网络媒体记者要努力把互动平台，如论坛、BBS、内容跟帖、即时短信等，办成社会沟通的桥梁、不满情绪的消解器、理性探讨问题的场所。防止打着民主自由的幌子，成为错误思想和言论的传播地。中国人民大学彭兰教授说："个体参与网络意见表达的动机是多样的，虽然大多数网民参与公共事务的交流是出于积极的、良好的愿望，但是也不排除一些人恶意和非理性的动机。""作为公共话语空间，网络给予网民足够的话语权，但是这并没有顺理成章地带来理性和建设性的交流。有些时候，非理性观点和情绪会占上风，而它们在网络中的传播也可能如同病毒一样势不可当。"这很值得网络媒体采访者深思。

● 网络媒体记者要成为健康文化的弘扬者。网络媒体记者要以对党和国家、民族、社会高度负责的精神，生产健康向上的精神产品，建设健康的文化产业，做一个名副其实的精神文明的传播者。如果每一个媒体记者都能负起责任，切实按照《构建和谐社会，营造和谐环境网络媒体倡议书》要求，做好信息采集、新闻报道和互动引导，就能营造和谐、文明、健康的舆论环境。

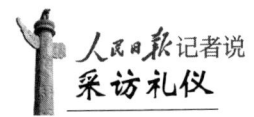

实例三

网民：记者别"忽悠"公众

2010年1月，互联网出现了数以万计的网民跟帖，频率最高的词属记者忽悠、上当受骗、网络推手等，那么为什么说"记者忽悠"公众？我们来看一个具体事例。

2009年12月初，济南一家媒体率先报道了72岁的孙法菊靠捡废品养活95岁老母董宝英的事迹，一时间，网站转载，报纸跟进，电视追踪。《感天动地——72岁老太拾荒赡养九旬老母亲》等类似报道铺天盖地，媒体不吝溢美之词，对老人大加褒扬，一时真的感天动地。

还是社会主义好。古稀老人拾荒养母，孙法菊的举动让众多市民为之动容。孙法菊和她居住的小屋里，先后来了几百位市民，捐赠的物品堆满了老人的小屋；一家社会养老机构干脆把老人接了过去，为两位老人免费提供吃住。

天有不测风云，几天后网上曝出新消息：母女俩的众多邻居和街道居委会说，孙法菊不但有几个女儿，常年做海鲜生意的女儿还经常与她们同住。随即，记者们有了新的调查结果：孙法菊拾荒是事实，但并非无依无靠、鳏寡孤独，相反，她有一儿四女。孙法菊在济南卖海鲜的大女儿郁仁霞也公开承认,他们兄妹几人一直赡养老人,哥哥和妹妹虽不在济南,但都往这边寄钱,也来看过老人。孙法菊捡垃圾是因为在农村生活习惯了,看见有用的东西被扔了心疼。大女儿表示,今后不会再让老娘去捡垃圾了。①

弥天大谎,世人震惊。人们不禁要问,媒体翻手为云,覆手为雨,爆炒拾荒老人,到底谁之过?

分析提示

媒体有舆论监督的权利,同样有接受监督的义务。互联网给人们提供了互通信息的平台,网络面前人人都是记者,人人都是"麦霸"。上述媒体记者失实报道暂不论其中缘由,就媒体和记者的这种轻率行为、这种对待职业的态度的确有损记者整体形象、有失道德礼仪。

在经典讽刺小品里,赵本山和范伟扮演的角色愣是把"一双好腿给他忽悠瘸了!"如今,小品里的故事变成了现实。记者忽悠了自己供职的媒体;媒体忽悠了大众,也损害了自身形象,亵渎了社会爱心!

一位网友说,当今社会,只有媒体记者轻而易举地把一个"一儿四女"的七旬老太,"炒"成了无依无靠、靠拾荒艰难养活九旬老母,记者要自尊,想想你"键盘"上的权利是谁给的,要珍惜啊!

一位网民评论说,记者采访不深入细致,道听途说,东拼西凑,一会儿抛一篇假报道,一会儿撒一篇改错消息,反说正说,良知在哪里?起码的职业道德和文明礼节都没有,谁来管?

一位网友发帖说,现在的记者是越来越大胆了,因为人家说对说错都是新闻,说错了可以连续报道,等于给自己做广告,可怜那些被忽悠

---

① 李忠远:《记者别玩大忽悠》,《新闻战线》2010年第2期,第67页。

了的读者、观众和网友。跟着他捐完款,还得跟着他生气,跟着他声讨,跟着他把忽悠进行到底。

我们说记者是一种"高危"职业,不仅是指采访阴暗面报道受打击报复,而且是指"导向正确,是人民之福;导向错误,则是人民之祸"。这就是新闻宣传的"福祸论"。没有扎实的作风和科学的态度,采访浮漂,一叶障目,看见一些表面现象就感动得不知所措,明知拿捏不准,但为了争彩头、争点击率、争轰动效益,一冲动就乱报一气,蒙蔽公众、欺骗读者,污染视听。

人民日报社原副总编辑梁衡说:"有四种人做不得新闻。一是有私心、好忌妒,遇事不肯说人之好;二是少理性,缺思路,选材析理抓不住要害;三是爱偷懒,不吃苦,不深入采访,不认真剪裁,抓不到最本质最典型的材料;四是好卖弄,喜粉饰,为文总要喧宾夺主。"

新闻界前辈的话,从不同的角度、不同的侧面论述了新闻记者应该具备的素质,就是不断学习的习惯,追求真理的执着,客观公正的态度,准确朴实的文风,甘于吃苦的精神,丰富广博的学识,宽容善良的情怀,尚俭守德的品格。

一个成功的记者所必备的素质,除了悟性有遗传因素外,大都是通过后天的培养和训练获得的。文明道德素质是一个人的基本素质。社会赋予记者这一职业太多的责任,新闻记者必须有崇高的职业文明道德,才能肩负起神圣的使命。记者职业文明道德要从"五种精神"来体现。

2009年度媒体高峰论坛期间,解放日报报业集团党委书记、社长尹明华讲述记者应当具备的素质。来源:《新闻战线》

一是热爱新闻、矢志不渝的敬业精神。敬业，是记者有理想、有信仰的具体体现，是记者充满活力、不断创新的思想内核，是好作品经常问世的内在动力，是新闻事业不断发展和进步的源泉。

二是敢说真话、报实情的求是精神。真实，是新闻的灵魂与生命。实事求是，是记者优秀品质所在，也是新闻的力量所在。作为记者，必须心中无私，做到"三心"，即公心、良心、诚心，力戒以稿营私，以稿谋利，只有把公众利益放在高于一切的位置，才有胆量坚持实事求是。

三是不求索取、淡化名利的奉献精神。记者要保持清正廉洁的作风，抵制拜金主义、享乐主义、个人主义思想的侵蚀。不计个人得失，淡化金钱名利，自觉无私奉献。

四是善于学习、锐意进取的创新精神。新闻事业发展日新月异，传播手段现代化的进程不断加快，知识更新步伐令人稍有懈怠便追之不及，必须加强学习、善于学习，勇于创新。

五是以诚待人、虚怀若谷的合作精神。新时期新阶段，全媒体发展日新月异，激烈竞争日益加剧，不仅要有高文凭、高水平，还要有好人品、好人缘。不可居高临下，摆出"无冕之王"派头，稍有怠慢，便以"曝光"相要挟；同事之间要以诚相待，团结合作，荣辱与共，不可独来独往，表现个人英雄主义。

一个人的知识、能力、经验即便再丰富，对新闻工作来说，也是有限的。只有善于发现别人的长处，学习、借鉴别人的经验，不断检查自己的采访行为、审视自己的言行举止，虚心接受公众的监督，谨言慎行，维护媒体声誉，才能完成好党和人民交给的任务。

媒体是党和国家舆论导向的"耳目""喉舌"。如果不吸取教训，仍然像"网络推红人"跟风炒作，一而再再而三地忽悠公众，公众的善心和善举被一而再再而三地欺骗，长此以往，这些记者难免成为人人喊打的"过街老鼠"。

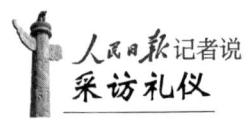

第六章 隐性采访礼仪

第一节 隐性采访礼仪的含义

采访应该是公开的。公开,意味着透明。但公开采访也有令人始料不及的负效应:当采访对象明确知道对方是记者,特别是面对着记者的采访本、话筒、摄像机时,有些人会一反常态,做出与平时不完全相同的举动。尤其有些阴暗面的事情是见不得阳光的,又怎能让记者曝光呢?

既然阴暗惧怕阳光,公开采访不能奏效,就只有采取变通方法,用隐秘的采访去获取真相。简单讲,隐性采访是以秘密对秘密,以"暗"对"暗"的采访方式。

由此可见,隐性采访,是在公开采访无法顺利进行或不能获得真实情况的前提下,出于无奈或被迫采取的一种采访方式。

画面中人物带着自己的家当,冒着风雪,在行进中依然苦读。拍摄者"潜伏"在路边,按下快门,轻轻离开,唯恐打扰"读书人",不失为尊重人的基本礼节。陈永平 摄 来源:《中国摄影报》

第六章 隐性采访礼仪

隐性采访是一种有利亦有弊，既备受欢迎又有争议的采访方法。隐性采访，主要用于揭露或批评性报道。

隐性采访的基本特征是不公开记者身份，不公开采访意图，以最大限度获取事实真相。

隐性采访礼仪，是指采访人员在隐秘采集访问过程中，应当遵循的合乎社会道德规范、政治法律规范和新闻职业道德规范要求的各种礼仪准则以及规范。隐性采访的礼仪具有戏剧性和挑战性，当慎之又慎。

礼仪小常识

探望病人注意选择赠送礼品

探望病人是人之常情常礼，赠送的礼品是传递思念、敬重，期盼康复的纽带。选择礼品要征求医护人员意见，因人、因病、因地而定。一般以食品为佳，数量适中，表达礼轻情义重的礼规。

1. 探望高血压、冠心病、胆囊炎、肾炎或高烧病人，宜送含有维生素的清淡食品，如新鲜水果、果汁等。

2. 探望气管炎、肺气肿等咳嗽、咳血病人，可送有补养、润肺、止咳功效的核桃、蜂蜜、银耳和梨等。

3. 探望妇科病、贫血、孕产妇等病人，宜送营养、补血的红糖、鸡蛋、鲜虾、奶制品和豆制品等。

4. 探望肝炎、低血糖等病人，可带糖类、蜂乳、大枣等。

5. 探望患胃、十二指肠溃疡的病人，可送些奶制品。

6. 探望糖尿病人，可送含有蛋白质的食品，如豆奶制品、蛋类、肉松等。探望肿瘤病人，宜送香菇、人参、水果等。

7. 探望患胆囊炎、胆结石症病人，不宜送蹄髈、老母鸡、油炸和含油量较多的食品。探望急性胰腺炎病人，因为病人必须禁食，不送任何食品，则要选择其他礼物。

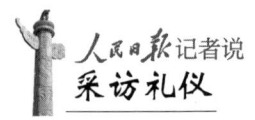

第二节 隐性采访礼仪的基本规范

隐性采访主要用于揭露问题或者批评性报道，当事人一般不情愿或者反对采访，属于情绪对立的矛盾的两个方面，采访中既要"斗争"，又要"和谐"，还要坚持原则，在做好一般礼仪的基础上，必须遵守隐性采访基本礼仪。

一、争取公开方式，先"礼"后"兵"

发现新闻事件，需要采访时，应先通过相关途径说明采访意图，消除采访对象顾虑，请求配合。因为这是对人性最基本的尊重，是职业道德所赋予的基本职责。确有抵制采访的意向时，方可考虑使用隐性采访。因为当前暗访、偷拍似乎有过滥之嫌，只有在无法或不能文明公开采访，或者在正常采访无法实现预期目的的特定情况下，再使用隐性采访。隐性采访有它不可克服的缺陷，采访本身所带有的"不坦诚"甚至"撒谎"和"欺骗"行为，就是一种"失礼"，容易引起人们的反感，产生负面效果，所以，应当限定为"不得已而为之"。

二、领导认可，组织配合

隐性采访的新闻线索一般是政治性、思想性、原则性、利害性比较突出的问题，一定要按组织程序办事，不可个人意气用事，擅自做主，以防后患。

隐性采访最好以书面形式请示上级领导，说明原因、新闻价值、社会作用，以及可能遇到的问题和需要组织的配合帮助等情况。一则请示是必需的程序，缜密思考隐性采访的过程。二则请示是尊重组织领导的基本礼节。三则会使隐性采访上升到集体组织层面，形成一套全面系统的应对方案和措施。

有了"尚方宝剑"，还要力争新闻事件发源地上级主管部门的支持和配合，特别是涉及违法犯罪的暗访中，为避免犯罪分子打击报复，应尽可能做到与执法机关的密切配合，做到"里应外合"。在条件允许的情况下，采取两人以上的集体行动，以便收集证据，相互照应。

三、"礼"直气壮，坦然应对

隐性采访要隐蔽采访者的真实身份、真实目的，必然要说一些"假话""伪心话"，对于一些正直的采访者可能很不习惯，"装得不像"。为此，要加强心理素质训练，"心底无私天地宽"，要认识到隐性采访是新闻职业的一种需要，是不得已而为之的办法，是为了挖掘事实真相，真正目的是向大众传播，失"小礼"，为的是得"真理"。所以，隐性采访必须落落大方，"礼"直气壮，积极应对。如果扮得不像被"识破"，不仅完不成采访任务，而且尴尬"失礼"。隐性采访越有难度，越说明此新闻有价值，正因为采访难，一般人不能成功，而有耐心、坦然应对的人成功了，采写的新闻就是难得的好新闻。

四、不设"陷阱"，以仁取义

"假扮"与"诱导"往往是一对孪生兄弟，两者很难分开。然而，为达到采访目的，故意设置"圈套""陷阱"，从而"诱导"对方"上当受骗"，甚至犯罪，是不人道的行为，也是违反新闻职业道德的，必须引以为戒，创新思路和方法，彰显文明礼仪。例如，有的记者采访卖假发票、"三陪"现象，一进场就问"有假发票吗""有小姐吗"，这属于

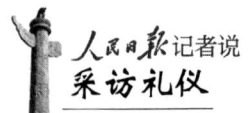

典型的记者"诱导"。如果对方问"要假发票吗""要小姐吗",则属于寻租,在此情况下,一般不会有"设陷""诱导"违法犯罪之嫌,还采访者正义之本、仁义之实。

五、防患未然,确保安全

隐性采访从某些程度上说,是一种冒险性行为,一定要有理、有礼、有节、有度,确保采访者人身的安全和采访设备的安全。同时,还要注意保护提供线索人、当事人、举报人的生命财产安全,一旦发现有报复倾向,要立即寻求有效保护,否则就失去了隐性采访的意义。

第三节　隐性采访礼仪应当把握的品质内涵

隐性采访的特殊性和复杂性，要求采访者准确把握目的与手段、过程与结果、诚信与善诱、守信与失信等关系，恰如其分地把握好采访礼仪的品质内涵。

一、实事求是防止感情用事

隐性采访不论是"旁观式"还是"介入式"，扮演的都是参与者角色，而且大都是初来乍到，容易产生偏颇。心理学认为，对一个人或者事物，初始印象往往看重其待人接物的礼节、礼貌、处事态度等，但也容易掩盖事实真相。如果不注意挖掘事实本来面目，保持客观公正立场，就容易带有主观偏见、个人感情色彩，甚至可能干扰新闻事件的发展过程，改变事件的状态，严重影响采访者的公正形象。所以，必须坚持解放思想、实事求是的思想路线，不以物喜，不以己悲，透过现象抓本质，善于分析发现事物发展的本来面目。

二、善意"谎言"用大爱编织

记者不能说谎话，可有时就需要说些"谎言"。隐性采访在恰当的时候撒点小谎既是采访技巧，也是一种礼仪表现。比如，遇到一位熟人，对方礼节性地问候你："又准备曝光什么？"也许你就是正在调查揭露某方面的问题报道，但多数人都是会说："没有，正常报道。"而不是"我正在调查某

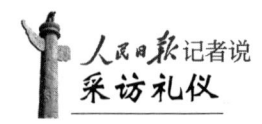

某事……"正因为这类不伤及别人的撒谎没什么害处,即使别人知道了也会理解和认同,而且为自己采访赢得一个安静的环境,所以这种善意谎言会被看作成熟的表现。如果一个记者只说实话,那有两种情况:是个新记者,或者是个不太成熟的记者。

● 善意的谎言是出于善良的动机,以维护社会公众利益为目的和出发点。直言不讳可以逞一时口舌之快,却非常容易泄露"天机"或做无用功。留点空间是一种美德,更是一种智慧。与采访报道无关时说点顺口的"谎言",既爱护他人,又节约时间,这就要求我们把诚信作为处世的根本准则,同时在言行上圆滑一点,满足人们心中的渴望,保持相对的沉默,以外圆内方的方式进行交际。在大是大非面前,在原则性问题上,必须说真话、办实事,一点都不能马虎。但在非原则性问题上,当环境和场合需要时,不妨说两句"违心"话。

● 善意"谎言"的标准是"利人"并且"为公众"。为使探访调查过程不受人为干扰,有意回避、沉默或在隐性采访中"不得已"而"撒谎"是职业行为,不是社会中的"假、大、空"恶习,有时还要主动自我"揭穿",还原真相,说明本意,求得谅解与认同。但采访者不能以此为借口,捞取个人名利,否则有失职业道德。

三、遵守法规防止侵权

涉及部门、行业规章制度,法律边缘的隐性采访,一定要认真研究,制订计划,循序渐进。如果发现违法犯罪行为,应当首先协助执法人员破案,抓获罪犯。

关于隐性采访所使用的器材问题,《中华人民共和国反间谍法》第二十五条规定:"任何个人和组织都不得非法持有、使用间谍活动特殊需要的专用间谍器材。专用间谍器材由国务院国家安全主管部门依照国家有关规定确认。"说明隐性采访只能使用专用的新闻摄像设备,而不能使用专用的间谍器材。

关于隐性采访中的录音、录像资料能否作为证据使用问题，1995年最高人民法院在《关于未经对方当事人同意私自录制其谈话取得的资料不能作为证据使用的批复》中规定：未经对方同意私自录制的谈话录音资料，不具有合法性，不能作为证据使用。2002年4月1日开始实施的最高人民法院《关于民事诉讼证据的若干规定》则规定：有其他证据佐证并以合法手段取得的，无疑点的视听资料或者与视听资料核对无误的复制件，对方当事人提出异议但没有足以反驳的相反证据，人民法院应当确认其证明力。在一定程度上使偷拍偷录有条件的合法化，让新闻工作者在舆论监督的阻力中看到一线曙光。但这并非为隐性采访提供了"尚方宝剑"，不能因为司法解释认可偷拍偷录具有证据的效力，就可以滥用这种采访方式。

由此可见，记者使用"偷拍"应该在公共场所，而非被摄人的私宅，偷拍不是从事间谍活动或窃探个人隐私，是以新闻报道为目的。"偷拍"应基于"公共利益"，这一点也是隐性暗访获得合法性的根据，获得"理"与"礼"的前提。

四、采写翔实报道回报公众

隐性采访的目的，是最大限度获得新闻现象的真实素材，写出内容充实、材料翔实、观点鲜明的精品佳作，反映事物内在本质，引导社会舆论导向。因为采访过程是隐秘的，不为人知，必须在采访后认真分析、归纳梳理，写出精品力作。让政府部门从中受到启示，为决策提供参考，才能回馈社会，向广大公众献礼。

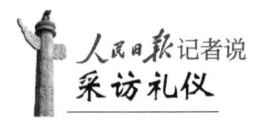

第四节 实例分析提示

实例一

卡特：为何在拍摄照片获奖后自杀

饥饿的女孩 卡特 摄

获得美国普利策特写性新闻照片摄影奖的《饥饿的女孩》，备受人们争议。

照片上，一个被饥饿折磨得皮包骨头的孩子，痛苦地蜷缩着身体。在她的身后，有一只老鹰双眼放出冷酷的光芒，正等孩子死去，好啄食她的身体。这张照片，以无与伦比的震撼力，向世人展示了1993年非洲苏丹大饥荒的惨痛景象。然而，拍摄照片的凯文·卡特却遭到社会舆论的谴责：惨剧即将发生，记者为何不伸出援救之手赶跑那只鹰（事实是凯文·卡特拍完那张照片后已将鹰赶跑）？为此凯文·卡特备感苦恼，长时间陷入自责。获奖后不久，年仅33岁的凯文·卡特在家中自杀。

分析提示

上述例子说明，记者在现场旁观采访时，有一定风险。旁观式隐性采访，也面临着道德与伦理的考量，一个无法回避的诘难：既然记者已经发现了问题，为什么不及时向有关部门报告，以遏制事态的发展，而是一味地作壁上观，任事态进一步恶化或蔓延？这不是严重不负责任吗？不是有违社会或职业道德吗？文明礼仪从何谈起？

当时低头奄奄一息的小女孩，正需要社会的援助，迫切向往路人伸出扶救之手。此情此景，记者就应该毫不犹豫地施以救助之手，而不是为抓拍照片冷眼旁观。可拍摄者也心有不平：作为一名记者，就是要记录生活的真实生动场面，即便是他不按快门，其事实也是存在的，小孩瞬间也不会受到老鹰致命的伤害。尽管拍摄者拍完照片后赶走了老鹰，但公众仍不能接受这种对生命的漠视与冷淡，不能接受记者这样对待底层受害者。

记者进行旁观式采访时，确实有一种为抢抓好新闻"不顾一切"的心理，畅想获得惊世力作的"轰动效益"。但这是在事物的发展和性质无害、无损于社会的情况下，如果旁观的对象急需救助、援助，旁观者则不能为抢抓所谓的好新闻而袖手旁观，必须放弃有可能抢抓的新闻而先行实施救助或援助，坚决对正在进行的破坏性活动予以制止，也可以一边报道，一边报告有关部门，这才是一个理性、正直的采访者。

2005年7月《厦门日报》刊发的一组行人在雨中摔倒的照片就引起人们的广泛议论。照片传达的信息是：路面上有一个大坑，一骑车行人在雨中路过此坑时，连人带车摔倒。记者和编辑拍摄、刊发照片的意图是提请有关部门赶紧填上这个坑。

骑车人在雨中摔倒　来源：《厦门日报》

然而，人们感到不解的是，记者为什么不告诉行人这里有个坑，而是在旁边等着抓拍行人摔倒的场面？明知有不良后果，却侥幸等待这种"事实"出现，就是一种冷漠和不负责。

记者也很委屈，我有我的职业，我拍摄照片，为的是公开报道后，敦促有关部门尽快处理，以保证所有的人不再摔倒，类似事件不再发生。我总不能站在坑边一个个提醒过路的人吧？

对于这个问题，多数人倾向于记者应在坑边设个标志，或通知有关部门前来处理。眼睁睁地看着行人一个个摔倒，总是不道德的，有违文明礼规。这告诫人们，采访者最起码的礼仪就是无论任何时候都要把对人性的尊重和对社会的责任放在第一位。

实例二

《焦点访谈》：介入暗访揭开"路霸"面纱

1996年4月29日，中央电视台《焦点访谈》节目播出《咸宁工商取财有"道"》的新闻，讲述湖北省咸宁市工商局以查扣走私车为由，扣押车辆并处以高额罚款的事。采访中记者先没有公开身份，只是跟随车主到咸宁市工商局，要求取回以查处私车为名而被扣押的车辆。记者用包中的微型摄像机，记录下咸宁市工商局领导蛮不讲理的霸道行径。

第六章 隐性采访礼仪

片段 1：

车主：我们是梅州市的，我们的车能放吗？

领导：还要等待。

车主：我们的手续全部是全的啊！

领导：你们什么全的？我们搞得不对，你可以去告我们嘛！

车主：我们把所有的东西让市长传过来了。

领导：市长传过来，哪个说的也不行，你们越是这么做，那我们查得越严厉，我跟你讲清楚。

车主：我们没有问题你有什么好查？你有什么证据讲给我们听？我全拿给你了，驾驶证你们都扣了。

领导：我们搞得不对你们可以告，你别来找我！

车主：不找你？是你扣的！

领导：我扣了你的证件你能把我怎么样？我还要继续扣！我还要扣，当然扣了！（恼羞成怒的样子）

车主：我去告你！

领导：你去告！你去告！我叫你去告！（气势汹汹的样子）

车主：走到哪儿我也要告你！

领导：你去呀，你去呀，你马上去！你去晚了不行！

车主：我现在已经告了！

领导：我不吃你这一套！我告诉你，我不吃你这一套！我不吃你这一套！你胆子这么大，我把你抓起来！

片段 2：

当记者公开身份，在咸宁工商局局长办公室采访这位领导时，那位领导身着工商制服，瞬间收敛了蛮不讲理的路霸气。

记者：你们的罚款标准是怎么定的？

领导：这个标准我们是开会的时候，按照国家局和省局口头上的规定，具体的规定我们还没有接触到，还不太清楚。（态度变得和蔼可亲）

记者：那你们在工作的时候，怎么定这个标准呢？怎么知道该罚多少呢？

领导：这个车的总价值、总造价，有比例的。

记者：这个比例是哪儿定的？

领导：这个比例可能是不是开会的时候，我们原来有个文件定的。估计还是有精神的，没有精神是不能乱来的……

记者：你现在这儿有吗？

领导：现在我还不清楚有没有。（庄重有礼）

当记者把工商局领导面对被扣车主专横跋扈（偷拍）、面对记者采访温柔有礼的两副面孔播放给观众时，判若两人的表演，使观众对其"权力观""服务观"一览无余。

分析提示

1994年4月1日，开播的《焦点访谈》将中国的电视评论性节目推向一个新阶段。一种集新闻报道与新闻评论于一身，融画面、音响、屏幕文字与解释、论述性语言于一体的电视评论形式风靡全国，虽然这类栏目名称各异，人们却不约而同地称它们为"《焦点访谈》式节目"。《焦点访谈》这个在中宣部全国优秀新闻栏目评选中两次榜上有名的栏目，几乎成为一类新的电视评论式的代名词。但我们注意到，其中许多节目就是利用隐性采访，正反对比，让公众在"理"的正与误、"礼"的得与失中得到答案。

上述采访事例中，记者试图公开采访不能取得效果后，才先"礼"

后"兵",并且严格遵守各项制度法规,遵循采访礼仪的基本规范与内在品质,在隐性采访与显性采访的截然对比中,把那位领导的理亏与失礼,淋漓尽致地揭露出来。《咸宁工商取财有"道"》新闻节目荣获1996年度中国广播电视一等奖。

上述隐性采访经历了两个阶段:一是记者以乘客的身份和车主一起与工商局领导面对面,现场暗访记录了工商局领导的霸道行径。对于记者来说,是以一种普通人的生活状态出现。假若记者扛着摄像机采访,那位领导无论如何都不会有上述表现。二是记者由隐性采访转入公开采访,那位领导则马上收敛了原来那种盛气凌人、蛮横无理、滥用职权的真面目。这段直观形象化的表现,大大增强了电视节目的可视性,任何精彩的描写与评论,恐怕都难以抵上这组对比镜头"说话"的力量。从这里可以再次印证:隐性采访确实是获得真实情况的重要途径和手段,记者应当理直气壮,大胆使用。

应当注意的是,隐性采访因记者要"扮演"某个"角色",总要设置"途径"(圈套),有诱人上当之嫌。这也正是隐性采访容易引起争议的地方。因此,记者隐性采访时需要注意:有问题的人总是心里有"鬼",早晚会跳出来的,不能主动"引诱",可以用"形体"语言,让对方主动暴露不轨行为。记者主动会促使事物朝着记者希望的方向转化,但一旦打起新闻官司时,采访者将处于不利地位。当前新闻媒介"偷拍偷录"隐性采访不断引发争议,并引起诸多诉讼,要防止出现"新闻官司热""监督止于官司"等现象。

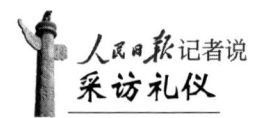

实例三

《新闻调查》：不能以目的的正当而不择手段

隐性采访必须掌握一定的尺度，不能滥用。这个尺度是什么？中央电视台《新闻调查》节目备受观众喜爱，最重要的是栏目采访把握了手段与目的、过程与结果、礼仪与法规这个度。该节目规定：

1. 有明显的证据表明，栏目正在调查的是严重侵犯公众利益的行为。
2. 没有其他途径收集资料。
3. 暴露记者身份就难以了解到真实情况。
4. 经制作人同意。

《新闻调查》栏目要求以上4项原则同时具备时，才能采用偷拍手段。明确指出："无论如何，秘密调查都是一种欺骗。新闻不是欺骗的通行证，我们不能以目的正当为由而不择手段。""秘密调查不能用做一种常规的做法。"①

分析提示

中央电视台为《新闻调查》节目制定的原则，是经过大量的社会实

---

① 徐迅：《暗访与偷拍，记者就在你身边》，中国广播电视出版社2003年版，第266页。

践后总结出来的成功经验和智慧结晶,说明隐性采访必须掌握一定的尺度,不能滥用,对暗访偷拍要严格控制,十分慎重,防止失礼又失理。该栏目确定的采访原则为隐性采访提供了有益的学习借鉴。

1. **确定采访对象坚持"四公"原则**。"四公"即损害公众利益,公共场合,公众人物,公众瞩目。损害公众利益,是确定隐性采访对象最重要的一个原则。无论什么人,只要他的行为损害了社会公平,破坏了社会正常的秩序,侵犯了国家和公众的利益,就可以通过隐性采访报道进行披露。公共场合,是指家庭以外的集体活动场所,除非家庭活动有损公众利益,如制假贩假的家庭作坊,在家庭里发生的走私贩毒、拐卖人口等,一般不要进入个人家庭进行隐性采访。公众人物,一般指有关行业、部门负责人,比普通人承担更多社会责任的人或群体。公众瞩目,是指社会、大众一致关注,而长期难以解决的问题或事件。

2. **灵活运用多种采访方式**。隐性采访是一种不得已而为之的采访方式,为了实现新闻报道的真实性、目的性原则,可以采取电话、网络、调查等明察与暗访相结合的方式,多方面多角度收集证据,用事实揭露真相,提炼主题,而不拘泥于某一种采访形式,所以,要开动脑筋,解放思想,勇于创新,探索具体、实用、易操作的采访方式方法。

3. **确保自身及采访设备安全**。隐性采访承担着很大风险,对此要有充分的精神和物质准备。隐性采访一旦身份被发现,轻者可能被打,采访设备被损、被扣,重者可能被残害致死。因此要提前做好防范,多做几手准备。特别强调,记者进行隐性采访必须是组织行为,即媒体领导要知情并同意或受媒体指派。有些记者私下串通不同媒体,搞"走穴"式的隐性采访,借此达到个人目的,这是绝不允许的。一旦出现意外,媒体领导或者不知情,或者不同意,记者将无法得到任何保护,处于孤立的地位,丧失起码的信誉和礼仪,必须切记。

下篇

媒体采访交往礼仪实践

中国古代礼仪形成于"三皇五帝"时期,到尧舜时期已有成文的礼仪制度,也就是古代的"五礼"之说。采访礼仪是一门综合实用学科,与采访专业以及许多学科相互依托,相辅相成,相得益彰,你中有我,我中有你。世界经济走向一体化新格局,真正成了"地球村",由此产生了现代交往礼仪,成为人类的一种世界性交流语言,并且不断推陈出新。

采访礼仪是从现代礼仪中细分出来的一种行业新型实用学科。采访礼仪不能简单理解为礼节和仪式,采访礼仪是采访者综合文化素养的外在表现,是外在美与内在美的和谐统一,有其深刻的内涵,其养成是一个涉及教养、学养、素养、涵养和修养的系统工程,不可能一蹴而就,需要长期的培育和不懈的努力。

本篇依据毛泽东"政治家办报"党报理论要点,重点对把握说话艺术、当好新闻发言人、做好视频直播、善于调查研究、学会涉外礼仪等进行广泛探索实践,透视经典案例,列举礼仪小常识,希望对大家有所帮助。

第一章　学会说话营造真诚和谐氛围

第一节　学会说话与营造和谐氛围

有人会提出疑问：难道我不会说话？我们这里所说的学会说话，就是指说话前要仔细琢磨，善于把握学会说话的艺术，营造和谐喜悦的氛围。前面讲过，采访者在日常采访中提问、发言、回应等的语言非常重要，而采访者及其供职的媒体，不仅要在采访中善于说话，还要在采访前后了解情况、交流互动，方能有利于搭建连心桥，营造真诚和谐氛围，有助于实现采访工作目标。所以采访者学会说话的重要性和必要性尤为突出。

日常生活中我们感受到，如果说话时表情自然，语气和气、亲切，表达得体，人们就愿意听；说话讲究技巧、善于打破僵局就能将人与人之间的关系拉近，使尴尬的场面得以化解。采访者"索取性"的特点以及"平等合作"的关系注定了，如果说话生硬直白，口气粗俗，手舞足蹈，唾沫四溅，很可能就僵持、冷场，甚至惹人反感，不欢而散。为此，采访者必须把握说话的逻辑性、思辨性和系统性，学会说话的技能技巧，提升说话的艺术性和语言美。

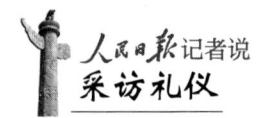

第二节 学会说话基本礼仪

说话礼仪从不同的角度可以总结出许多条,从采访者角度,说话的基本礼仪可以归纳如下:

一、尊重他人

说话是一门艺术,说话者的态度和语气很重要。有人谈起话来滔滔不绝,容不得其他人插嘴,把别人都当成自己的学生;有人为显示自己伶牙俐齿,总是喜欢用夸张的语气来说话,甚至不惜危言耸听;有人以自己为中心,完全不顾他人喜怒哀乐,只顾自己一时畅快。这些人给人的印象就是傲慢、放肆、自私,所以在交谈中尊重别人、关注他人是首要礼仪。

二、谈吐文明

说话中一些细小地方,应当体现出文明礼貌。说话中使用外语和方言,要顾及说话的对象以及在场的其他人。假如有人听不懂,就最好别说,不然会使人感到是故意卖弄学问或有意不让他听懂。与许多人一起说话,不要突然对其中的某一个人窃窃私语,凑到耳边小声说话更不雅观。如果确有必要提醒他注意脸上的饭粒或松开的裤扣,那就应该请他到一边去谈。当说话者超过三人时,应不时同其他所有人都谈上几句话。不要搞"酒逢知己千杯少,话不投机半句多"而冷落某个人。尤其同女士们说话要礼貌而谨慎,不要在许多人交谈时,同其中的某位女士一见如故,谈个不休。

三、温文尔雅

有人说话得理不让人，天生喜欢抬杠；有人则专好打破砂锅问到底，没有什么是不敢谈、不敢问的。这都是失礼的。在说话时要温文尔雅，不要恶语伤人，讽刺谩骂，高声辩论，纠缠不休，即使占了上风，也是得不偿失。

四、宽容和谐

说话时要注意自己的气量，宽以待人，严以律己，积极营造宽容与和谐氛围。当选择的话题过于专业，或不被众人感兴趣，或对自己的宠物阿猫、阿狗介绍得过多时，听者如面露厌倦之意，应立即止住，不宜我行我素；当有人出面反驳自己时，不要恼羞成怒，应心平气和地与之讨论。发现对方有意寻衅滋事时，则可不予理睬。不论生人熟人，如一起相聚，都要尽可能谈上几句话。遇到有人想同自己说话，可主动与之交谈。因故急需退场，应说明原因，并表示歉意，不要一走了之。说话时目光应保持平视，仰视显得谦卑，俯视显得傲慢。说话中应用眼睛轻松柔和地注视对方的眼睛，不要眼睛瞪得老大，会使人感到压力，傲慢无礼。

五、耐心聆听

说话时不可能总处在"说"的位置上，只有耐心聆听，才能真正以诚相待，礼尚往来，有效双向交流。听别人说话要全神贯注，不可东张西望，或显出不耐烦的表情。应当表现出对他人说话内容的兴趣，不必介意其他无关大局的地方，例如对方浓重的乡音或读错的某字。听别人说话就要让别人把话讲完，不要在别人讲得正起劲的时候，突然去打断。假如打算对别人的发言加以补充或发表意见，也要等到最后，不抢白和挑剔对方。

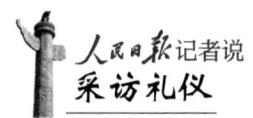

第三节　把握日常交往中说话艺术

学会说话不仅要遵循基本礼仪，而且要善于表达叙事；不仅要学会处事中的技能技巧，更要把握日常交流中的服务艺术。作为媒体采访交流者必须从以下几个方面学习说话艺术。

一、讲究说话的角度

站在他人的角度去想、去说，是媒体采访交往中的基本要求。

怎样做才是站在他人的角度呢？在媒体采访交流、拜访过程中，如果是第一次与对方见面，要在见面时做自我介绍："您好！我是××单位的×××。"如果对方正在忙，不妨说："对不起！您先忙着，我在外面等一会儿。"

我们之所以改变了话题，是因为发现对方在忙其他事情。如果这时只考虑自己，生硬地打断对方，会给人留下不懂得尊重的印象。

所以，站在他人角度说话，指的是根据对方当时的情况，以及需求讲话。

1. 讲话要考虑他人心理需求

媒体采访交往中的语言交流，大都存在从自己角度说话，还是从他人角度说话的问题。比如，媒体机关传达室的工作人员，在要求来访者进行登记时，如果能用"麻烦您，请您登记""耽误您一点时间好吧，请您登记"等礼貌的语言与对方交流，就比较容易得到他人的配合。又如，在媒体办公楼里，我们看到东张西望的来访者时，如果能主动地询问:"您好!需要帮忙吗?"会使对方感到非常快乐。再如,在与他人交谈中,如果自己想插话,并在插话之前首先说"对不起",就容易得到他人的理解。又如,在服务大厅窗口岗位的工作人员,在拒绝群众不合理的要求时,如果能耐心地讲一讲原因,将会使对方乐于接受。因为,了解被拒绝的原因往往是对方的需求。为了提高媒体办公的质量和效率,我们要自觉地转变观念,从他人的角度出发,满足他人的心理需求,将事情做好,将话说到位。

2. 讲话要考虑他人实际需求

作为媒体及采访者在交流之前,一定要通过事件分析、外围调查等方式,熟知对方的诉求、存在问题、焦点难点以及薄弱环节,真心实意地从实际出发,站在对方角度、站在对方的处境上说话办事,方能赢得对方的理解与信任。如果只理直气壮地站在自己的立场或者媒体的角度,单方面陈述自己的观点,就会引起对方的不悦甚至反感,造成沟通交流障碍。

当然,站在他人的角度说话,前提是不要违反原则。尽量满足他人的心理需求和实际需求,这是媒体采访交流中说话的礼仪要素。

二、讲究赞扬的技巧

使一个人发挥最大潜能的最好方法之一,就是给予赞扬和鼓励。人们大都希望自己是不平凡的,希望自己能行,而且能引起他人的重视。赞扬,面对个人,可以起到增强信心、积极向上的作用;面对集体,可以起到促进团队建设的作用;对于社会,可以起到获得群众的支持,乐于配合媒体开展工作的作用。所以,赞美也是公务交往中调节情绪、改善人际关系、加强友好合作的重要交往手段。但媒体采访交流赞扬他人时要注意以下三个问题。

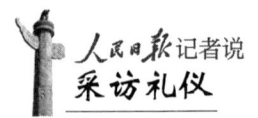

1. 赞扬他人要实事求是

实事求是指不要浮夸，不要吹捧。像"最著名的歌唱家""最受欢迎的明星""伟大的历史性贡献"等，这些言辞是赞扬中忌用的。明明不是那种情况，却要夸大事实，让被夸赞者感到难堪，还会让周围的人听了不以为然。另外，赞扬他人时，措辞要适当。一位采访者在赞扬一位村支书时说道："刘书记，你是一个很有潜力的人，相信你能很好地完成工作。"这种赞扬能够激发人的进取心，是有分寸的。如果这位采访者换一种说法："刘书记，你是一个天才，村里没有人能超过你。"这种赞扬会使对方不知所措，也会使周围的人心里不舒服。

2. 赞扬他人要发自内心

真诚的赞扬，应该是发自内心的欣赏和喜欢。所以，要满腔热情、发自内心地赞美对方。那种虚伪的奉承，为讨好说过头话，为促成某件事戴高帽子，甚至是吹吹拍拍等做法，都是媒体采访者必须杜绝的。只有正大光明、心底无私地赞美他人，才能发挥赞扬在媒体采访交往中的积极作用。

3. 赞扬他人要因人而异

赞扬他人要因人而异，是指针对不同的对象，选择不同的内容和语气。在采访交往中，面对德高望重的年长者，要用尊重的口气；面对年轻人，语气上可以稍带些宽松随意；对有疑虑心理的人，要尽量将话讲得很明确；对思维敏捷的人，则要直截了当。

赞扬的内容要因人而异。面对女士，要针对女士的心理需求，赞扬对方年轻、漂亮、有气质等。面对男士，要将对方比较风趣、幽默以及事业有成作为重要内容。老年人乐于接受肯定自己经验丰富、有所成就等方面的赞扬。

由于每个人的追求不同、爱好不同、兴趣不同等，赞扬他人时也要注意因人而异。比如，同样是老年人，有的老人喜欢听到身体很健康的赞扬，有的老人则喜欢听到德高望重的赞扬。如果能了解不同人的心理需求，给出对方期待得到的赞扬，势必会收到更好的效果。

三、讲究对话的语气语调

关注交往中的语气、语调，是因为我们的办事态度，不但体现在语言内容的选择方面，更体现在语气、语调以及语速方面。

比如，语气生硬地指出对方的问题，就会产生态度不好的结果；语速过快，容易让对方感到我们不耐烦；语速太慢，会给人比较懈怠的印象；语调低沉，会给人命令和质问的感觉。由此可见，讲话时的语气、语调相比语言内容本身，更能反映我们的内心世界，以及与他人交流时的态度。

1. 语气的把握

怎样做才能使语气柔和？通常情况下，讲话是在呼气而不是在吸气时完成的，吸气是在讲话停顿时进行的。讲话时正确的呼吸方法，是采用由胸腹式联合呼吸法（也称丹田呼吸法），即运用小腹收缩、丹田的力量控制呼吸。歌唱家郭兰英在谈到运用这种呼吸方法时说："唱歌时小肚子常是硬的，唱得越高就越硬。"

胸腹式联合呼吸介于胸式呼吸和腹式呼吸之间，是两者的结合。其具体方法如下：

（1）吸气。小腹向内，即向丹田收缩，大腹、胸、腰部同时向外扩展。前腹和后腰要有分别向前、后、左、右撑开的力量。用鼻吸气，做到快、静、深。此时，我们可以感觉到腰带有变紧的感觉。

（2）呼气。要使小腹保持收紧，使胸、腹部在控制下，将肺部气体慢慢放出，呼气要用嘴，要做到匀、缓、稳。在呼气过程中，语音一个接一个地发出后，组成有节奏的有声语言。

这种呼吸方法可以使腹部和丹田充满气息，为发音提供充足的

"气"。同时，由于小腹向内收缩，胸前向外扩张，以小腹、后腰和后胸为支点，为发音提供了充足的"力"。"气"与"力"的融合，为优美的声音奠定了坚实的基础。

我们可以借助以下方法进行呼吸的练习：

（1）闻花香。仿佛面前有一盆散发着香味的花儿，让自己深深地吸进香气，控制一会儿后再缓缓吐出。

（2）吹蜡烛。就是模拟吹灭生日蜡烛的动作。让自己深吸一口气后均匀缓慢地吹，尽可能时间长一些，能达到25～30秒为合格。

（3）咬住牙。做法是深吸一口气后，让气从牙缝中通过发出"咝——"的声音吐出，要做到力求平稳均匀持久。

（4）数数。从一数到十，往复循环，一口气能数多少遍就数多少遍，要做到数得清晰和响亮。

（5）绕口令。比如："出东门，过大桥，大桥底下一树枣儿，拿着杆子去打枣，青的多，红的少。一个枣儿，两个枣儿，三个枣儿，四个枣儿，五个枣儿，六个枣儿，七个枣儿，八个枣儿，九个枣儿，十个枣儿……"

在开始做绕口令练习时，中间可以适当换气，练到气息有了控制能力时，逐渐减少换气次数，最后要争取一口气说完，甚至多说几个枣儿。

在讲话过程中，要处理好讲话与呼吸的关系，让我们进行如下尝试：

（1）尽可能轻松自如，吸气要迅速，呼气要缓慢、均匀，吸入的气量要适中。

（2）尽可能在讲话中的自然停顿处换气，不要等讲完一个长句才大呼大吸，这样会显得讲话很吃力。

（3）尽可能让讲话时的姿势有利于呼吸。不论是选择站立还是落座，都要抬头、舒肩、展背，胸部要稍向前倾，小腹自然内收。这样做才能使我们的语言产生甜美、柔和的感觉。

第一章 学会说话营造真诚和谐氛围

2. 语调的把握

在媒体采访交往中，要根据对象的不同、事情的不同、场合的不同合理把握语调。

（1）使用文明语，要讲究声调。交往中常用的"十一字"文明用语，在使用时存在降调和升调两种情况。比如，用升调的方法完成"您好""再见"中的"好"和"见"，会给人带来真诚、热情的感觉。相反，如果使用降调的方法，就会给人带来敷衍、冷淡的感觉。用升调的方法完成"对不起"中的"起"字，会给人带来讽刺的感觉。相反，使用降调的方法则比较恰当。

在"十一字"文明用语中，除"对不起"以外，"请、您、您好、谢谢、再见"一般情况下都需要使用升调法完成。

（2）处于不同场合，要讲究语调语速。公务人员在执法中，使用降调、恰当语速，能较好地强化语言的权威性。媒体采访人员在与他人的交谈中，当谈到不愉快的事情时，语调降低、放慢语速，会使对方产生好感。因为，这是理解他人的表现。当然，在对方谈到愉快的事情时，我们选择升调的方法、很快的反应、较快的语速进行肯定或应答，会使对方受到鼓舞。比如，采访人员在接待群众过程中，对来访知情人反映的问题要积极对待。尤其是接听群众拨打进来的反映有关问题的电话时，要注意自己的通话态度，要表现出高度的责任心与为群众服务的热情，做到来者不拒，有问必答，热情相待。此时，采访者的语调要根据来访者的情绪进行合理的调整，以适应对方，赢得好感，从而搭建连心桥。

当然，询问年事已高的老人，了解专业性比较强的事项，则要区别对待，降低语调、放慢语速；面对年轻人，面对比较简单问题的交流，语速则可以快一些。

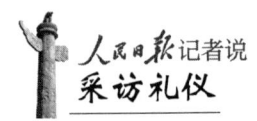

四、改善命令式和否定式方法

在媒体采访交往中,往往有被访者主动提出结束交谈,让我们感到交流带来的不愉快、不和谐。有时甚至对采访者给脸色、撂狠话。我们发现除了一些客观原因外,采访者说话的方式存在缺陷,表现在:一是使用命令式语言;二是使用否定式语言。

命令式语言给人带来高高在上、不平等的感觉。否定式语言给人带来被训斥、高压的感觉。在媒体采访交往中,这两类语言很容易使群众产生排斥心理,必须杜绝。

当然,在媒体采访交往中,要向群众宣传党的政策,对于有人提出的一些不合理要求必须拒绝。在这一过程中,让对方感到比较愉快和乐于接受的方法,就是尝试将命令式、否定式语言进行优化。

1. 改善命令式语言

可以尝试用增加附加语的方式,降低或是消除命令式语言的对抗性。具体做法是,在命令式语言的前面加上"对不起!""抱歉!"等致歉式用语。在命令式语言的后面加上"可以吗?""好吗?"等商量式的用语。比如,将"这事你要找别人!"这句话加上附加语后,就可以说:"对不起!这个问题有专人负责,请等一会儿可以吗?"又如,将"你就在这儿等着吧!"这句话加上附加语后,可以说:"抱歉!您在这儿等着好吗?"

我们会发现,命令式语言加上协商式语言后,会给他人带来比较愉快的心情。这种愉快心情的营造使命令式语言降低了相互之间的对抗性,甚至敌意。

实践证明,命令式语言加上商量式用语后,会给对方带来比较温馨的情绪体验,这种体验能使对方乐于接受我们的采访和建议。

2. 改善否定式语言

采访者可以尝试将否定式语言转变为肯定式语言,以消除对方出现被训斥的感觉。比如,将"他刚才来过,你没看见呀!"转变为"他刚才来过,我提醒他一下就好了"。又如,将"你真行,知道这不让抽烟你还在抽!"转变为"你可能忘了,这里不许抽烟!"

否定式语言的转化过程,实质上是采访人员主动承担责任的过程。所以,转化之后的语言让对方更乐于接受。将否定式语言转化为肯定式语言,还有直接给出正确做法的方式。比如,将"他说是和你一起去的,你不记得了!"转变为"你再细回忆一下,他说你和他一起去的"。又如,将"您签的字我都认不出来"转变为"您签字写慢一点,好一眼能认出来"。

3. 改善语言要转变素养

语言习惯来自人的思想意识、作风修养。当将自己置于与对方平等的位置时,语言一定是平等式、商量式、肯定式的语言。当我们具备崇高的思想修养,期待自己的语言能给他人带来愉悦感时,我们的语言就会变得温馨美好。

(1)平等对待他人

在与他人进行交往时,采访人员既不要忘记自己的身份,也不要过分地强调自己的身份。既要有为人民服务的意识,也不要将自己定义为施舍者。要杜绝对他人冷言冷语、漠不关心、缺乏耐心,做到待人真诚、热情服务、不厌其烦。

(2)关注他人体验

热情的语言给他人带来满足和快乐的情绪体验,命令式、否定式语言给他人带来不愉快或很气愤的情绪体验。关注"对方体验",一是在采访中让受访者的情绪是满足的、快乐的、愉悦的甚至是惊喜的;二是在采访中让受访者的良好体验是从始至终、不间断,以及充满期待的。让我们为建立和谐的媒体采访交往氛围而努力,从热情待人、平等待人

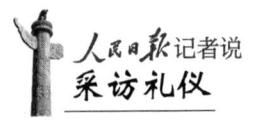

做起,从优化否定式、命令式语言做起。

五、讲究拒绝的技巧

在媒体采访交往中,有时会遇到一些尴尬,甚至伤自尊的事情。现实中人都有力不从心,或者没有授权,有不能答应、不能做的事,就不得不拒绝他人。讲究拒绝的技巧,就是在拒绝他人时,要寻找和表达比较科学的、合情合理的、合规合法的方式方法。

1. 说明拒绝原因,取得对方谅解

任何我们要拒绝的事物,肯定有其缘由,所以我们一定要耐心细致地说明事实,讲清道理,说明后果,取得对方的谅解和宽容,让对方心服口服地接受这种谢绝,以便与对方达成共识,消除误解,取得他人谅解。特别要注意的是,不能简单地认为这个道理大家都懂,你怎么不懂呢,而放弃说服的过程,使对方误以为是你的不努力而不能接受。

2. 首先肯定对方,而后劝说对方

在拒绝对方之前,首先要找出对方优点和长处,肯定对方提出建议的善意和建设性,让对方获得解决问题的好心情,减少对方的负面情绪,让理性占据上方,然后真心实意地劝说对方,放弃不合现实的想法。

3. 提出合理建议,寻求解决办法

在媒体采访交往中,我们在维护国家和集体利益时,不但要坚持原则,还要以真诚的态度,尽可能给出一些建议,帮助对方解决困难。

当然,我们在采访中遇到一些不便直接表态的难题,还可以采用这样避实就虚、答非所问的方法,这样既能维护媒体的利益,也能让对方比较乐于接受,不失礼仪。

六、讲究闲谈的方式

在媒体采访交往中,切入正题之前难免有闲谈,把握闲谈技巧,有

助于为正式交谈营造一个较好的互信、融洽氛围。

1. 选择恰当闲谈内容

既然是闲谈就要随意,但随意不是随心所欲,一般可以将大家都熟悉的话题作为闲谈的内容。比如,天气、交通、体育、文艺、无争议的新闻、旅游、环境问题、共同的经历、书籍、文学等。

"今天早上交通很堵,您是怎么过来的?"

"昨天晚上,您看'3·15晚会'了吧?您最喜欢哪个节目?"

"听说您对摄影很在行,最近去什么地方拍了?"

以上内容属于比较中性的话题,对营造交谈氛围可以起到很好的作用。

2. 做好闲谈准备

我们无法预料什么时候会有什么样的受访者到来,但我们可以事先为这些交谈做一些准备。例如:

(1)注意最近新闻事件。争取每天观看《新闻联播》,它会告诉我们,今天的中国与世界都发生了什么,像文化动态、天气情况、新建筑的落成、什么地方要召开何种重要会议、国际上发生了什么事等,这些都是很好的闲谈内容。

(2)每天读一种报纸,每月读几本杂志。杂志可以给我们提供五花八门的信息,报纸是迅速了解各种信息很好的渠道。

(3)上网浏览。网上的信息往往是比较及时、比较全面的。

(4)对有趣的资料、故事做笔录,剪贴资料等。一位有摘抄各种名人名言爱好的工作人员,在不同的场合,面对不同的对象,能将适合的名人名言随口讲来,对名人名言的恰当引用,会给交流双方带来美好的体验。

我们还可以因人而异,根据对方的身份和职业,将对方感兴趣的话题作为闲谈的内容。当面对一位男士时,一般要围绕体育、时事政治作

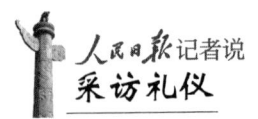

为话题，这样更容易使对方产生共鸣。当面对一位女士时，可以选择时尚、文艺作为话题，这是多数女士较为关心的内容。当面对一位长者时，我们要清楚他们多数人比较怀旧，也非常关心自己的身体状况。当面对一位年轻人时，要考虑到年轻人多数对前途有美好的憧憬。

在采访座谈者中，可以根据与交往对象的亲疏程度选择闲谈的内容。比如，对与自己关系密切的人，可不必设防，推心置腹，无话不说。对关系一般的人，要慎选话题，一般选择中性话题更为安全一些。对关系较为生疏的人，可以从问候、寒暄等话题谈起。在进行涉外谈判时，则要注意入乡随俗，尊重对方的习俗，选择恰当的内容。

3. 闲谈要把握禁忌

为了避免闲谈给对方带来不愉快的心情，我们要杜绝以下话题。

（1）有关自己与他人的健康情况。经常讲自己身体欠佳，容易给人需要帮助，使人产生有某种负担的感觉。而经常问对方身体可好，会使他人产生是不是在我们的心中，对方连最起码的能力都不具备的印象。

（2）单位、个人收支。单位、个人收支属于隐私，是一个人社会价值的体现，如果在闲谈中直接或间接地谈论单位或他人的经营收入，会使对方产生不愉快的情绪。

（3）有争议、有矛盾的问题。对一些有矛盾、有争议的问题尽量回避。每个人都有不同的兴趣爱好，我们认为滑冰、游泳很洒脱，对方或许觉得垂钓更能陶冶情操，不要将自己的喜好强加于人。与其劝导别人改变，不如回避这些有争议的话题，以免双方争论得脸红脖子粗。

（4）低级趣味笑话。人们都承认，一个人关注什么，就会将什么话题挂在嘴边。所以尽管是闲谈，也要注意品位和思想性，不要给人留下低级无聊的感觉。

（5）小道消息。传播小道消息，是一种不负责任的表现，任何人都不愿意与这种人打交道。所以，要杜绝这种话题。

（6）有关私生活。自己和他人的私生活都属于隐私。隐私要得到尊重，所谓尊重，就是不问、不讲。

（7）单向性话题。在三人以上交谈时，要选择大家都比较感兴趣的闲谈内容，如果选择的话题致使某人插不上嘴，这是不太礼貌的。不论我们选择的是体育、文艺或是天气，要争取让每个人都能参与。

（8）注意时间和场合。在闲谈中要审时度势，把握闲谈的时间。因为再好的话题，也是为引入正题所做的铺垫。一般闲谈的时间掌握在3~10分钟较为适宜。闲谈的场合可以在会谈进行前、聚会时，注意不要影响周围的人，不要只与某个人交谈，而忽视其他人。

如果我们想要将话题转移到正题上来，有人还在滔滔不绝时，可以选择礼貌地转移话题："与您的交谈让我感到很愉快，都忘了今天的正题了"，以结束闲谈。

七、灵活运用礼貌用语

媒体采访交往中，运用文明礼貌用语是非常重要的。常用的文明大致可分为以下八类。

1. 迎送用语

一是欢迎用语。常用欢迎用语有："欢迎！""欢迎光临！""欢迎您的到来！""见到您很高兴！""恭候光临！"与他人再次见面时，如果能表现出认识对方，会使其产生被重视的感觉，如"张先生，欢迎您！""刘经理，我们又见面了！""欢迎再次光临！"等。因为这种表达具有个性特征，效果会比较好。

二是送别用语。常用的送别用语有"再见！""慢走！""欢迎再来！""请多多保重！"

2. 问候用语

常用的问候用语有两种。

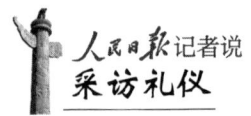

一是标准式用语。比如:"您好!""各位好!""大家好!""同志们好!""张先生好!""齐主任好!"

二是时效式用语。比如:"早上好!""中午好!""下午好!""晚安!"

3. 赞赏用语

当发现他人的优点和长处时,将其说给对方听的做法是积极的行为。

一是评价式赞赏用语。比如:"太好了!""真不错!""很美!""非常出色!""十分漂亮!""您真有眼光!"

二是认可式赞赏用语。如果群众或同事的见解是正确的,一定要给予认可。比如:"还是您懂行。""您的观点非常正确。""真是您说的那么一回事。"

4. 请托用语

常用的请托用语有两种形式。

一是准确式请托语。比如:"请稍候。""请等一下好吗?"

二是求助式请托语。比如:"劳驾。""打扰。""请多关照。""请说出您的想法。"

5. 致谢用语

在获得他人帮助、得到他人支持、赢得他人理解、感到他人善意、受到他人赞美时,不要忘记答谢对方。

一是选择标准式致谢用语。就是在"谢谢"前面或后面加上人称代词或尊称。比如:"金先生,谢谢!""谢谢郑小姐!""谢谢您!"

二是选择加强式致谢用语。比如:"多谢!""十分感谢!""万分感谢!""非常感谢!"

6. 应答用语

应答用语一般用于回应他人的召唤,或是倾听时表示赞同他人以及自己很关注对方的话题。

一是肯定式应答用语。比如："是的。""好的。""听候您的盼咐！""我知道了。""我明白您的意思。""一定照办。"

二是谦恭式应答用语。比如："请不必客气。""这是我应该做的。""这是我的荣幸。""过奖了。"

7. 道歉用语

常用道歉用语有"抱歉！""对不起！""请原谅！""失敬了！""恕罪！""不好意思！""多多包涵！""真过意不去！"等。

这样使用文明用语之所以有效，是因为它能很好地让对方感受到歉意。

8. 祝贺用语

祝贺用语应是发自内心的祝福。比如："祝您成功！""祝您心想事成！""祝您身体健康！""祝事业成功！""向您道喜！""祝新年好！"等。

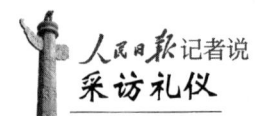

第二章 当好新闻发言人角色展示媒体形象

第一节 新闻发言人在信息传播中地位与作用

新闻发言人（Press Spokesman）是国家、政党、社会团体任命或指定的专职（比较小的部门为兼职）新闻发布人员，其职责是在一定时间内就某一重大事件或时事，约见记者或举办新闻发布会、记者招待会，针对有关问题阐述本部门的观点立场，并代表有关部门回答记者的提问。新闻发言人的背后有一个强大的工作团队，共同收集材料、分析信息、深入了解情况，而且，新闻发言人也需要与其他相关部门保持沟通和合作，以保证所提供信息的全面性、准确性和权威性。新闻发言人是负责和从事媒体公关、信息公开、新闻发布和对外传播的专业人士，从本质上讲不只是一个具体的人，还是一个完整的传播制度体系，是一个组织的形象代表，代表组织与媒体和公众直接沟通。

实际工作中，采访者往往承担新闻发言人的角色。信息化技术的高速发展以及移动智能终端的普及，在一定程度上改变了人们获取信息的方式，越来越多的人开始通过微信公众号、微博、快手、抖音等新兴媒体平台获取信息。这在一定程度上提升了人们的交流与沟通效率，更符合新时期快节奏的生活需求,与此同时我们必须看到,新媒体时代的到来给传统媒体工作模式带来巨大影响,采访者作为传播党的理论和路线、方针、政策的执行者,必须知晓新媒体时代工作的新特征。

一方面,在新媒体时代,信息采访及呈现形式更加多样化,新闻具有较高的时效性。人们通过互联网获得信息的渠道越来越多,传统媒体传播话语的空间也面临着挤压,记者必须做好新闻发言人的角色,让采访形式和报道形式多样化,利用好文字、图片、视频、音频,以及动漫、H5等多种信息传播方法,提升媒体的传播力。另一方面,随着网络技术的快速发展,新闻信息量大大提升,虽然丰富了人们的信息来源,但是一定程度上也造成了内容同质化问题,一些媒体在网络平台上大量传播重复、毫无意义甚至是虚假的信息。在这种情况下,记者必须花更多的时间和精力,在深入基层和新闻事件第一现场实地采访的同时,对网络平台上传播的信息进行甄别,对新闻发言人的角色定位进行细致研究,做好新闻发言人的角色。

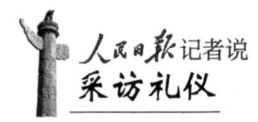

第二节　新闻发言人应遵守基本职业操守

新闻发言人的内涵素养包括心理调控、文化修养、公关素质及科技素养。

新闻发言人是国家或某个社会组织的组织风范的展示，其表达要与新闻内容客观一致，真实自然，庄重大方；其体态应该透露出一种坚毅、高大而亲和的气质，给公众一种敬服和遵从感。新闻发言人要通过表情、语言表现出诚实、可信；要举止高雅、从容不迫，表现出真理在握的坚定性。用中国传统道德的"诚、信、礼"来概括，诚就是坦诚，坦诚的含义包括诚意、诚恳和诚实。信就是信用和自信。古人云，"不学礼，无以立"。新闻发言人作为公众人物，要时时处处按礼节行事。礼节能够表现出一个人的内涵。

新闻发言人在媒体上出现，公众的接受度是检验其成功与否的唯一标准。从心理学角度看，人与人见面时所产生的好感，是由见面的前七秒钟决定的，而新闻发言人的着装对此就起很重要的作用。新闻发言人要符合自己的气质和身份，给人一种稳重和可信赖的感觉。同时，新闻发言人在台上的行为举止，无不表现出一个人的内在修养和文化素养。新闻发言人的行为举止就是副语言，涉及站姿、坐姿、手势、眼神、表情、声音等多个方面。

在新闻发布会问答博弈中，新闻发言人的应对原则包括：坦率原则、主动原则、准确原则、简洁原则。新闻发言人的应对策略包括针锋相对、毫不含糊、委婉应答、刚柔并济、用语模糊、回避有术、幽默风趣、意在言外。

在新媒体时代,新闻发言人还需要对新媒体平台及技术有所了解,并能够灵活应用,能以互联网平台为基础,获得新鲜的热点信息,并将高质量的、真实准确的、具有舆论引导价值的信息快速准确地传播出去,成为人民群众信息的最佳提供者。

> **礼仪小常识**
>
> ### 不要随意打断别人问话
>
> 一次比较正式的官方新闻发布会,是官方通过媒体发布信息的重要方式。新闻发布完毕后,应适当安排记者提问。如果发布会的性质不适合记者提问,应事先向其说明。如果安排了记者提问,发言人回答记者提问时必须保证信息充分和准确,对于需要保密和不适合现场回答的问题,应委婉解释或者删繁就简。
>
> 发言人对同行记者要予以充分尊重,不要轻易打断记者提问。即使记者所提的问题不是特别友好,发言人也要以睿智的语言避其锋芒。对于发言人来说,最重要的是表达自己想说的,回答记者的提问也应以这一目标为中心。从这个角度来讲,回答提问应该是手段,而不应该是目的。新闻发布会快要结束时,主持人应提醒还有多少个问题可以回答,以给记者充分的思想准备。对于某些比较重要的新闻,为避免记者报道失实或者不完整,组织者可以事先向记者印发新闻稿,以保证全面、准确地进行重要新闻报道。

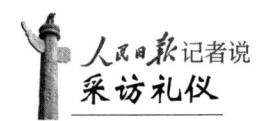

第三节　怎样当好新闻发言人角色

怎样理顺新闻发言人角色定位，并塑造出新闻发言人的良好形象是媒体探索的重要课题之一。新媒体时代是信息爆炸的时代，媒体的职能不再仅限于传播信息，还具有一定的社会职能，除要将党和政府的决策等传播给人民群众之外，还需要在正确舆论引导、媒体监督等方面扮演应有的角色，真正发挥党的喉舌作用，为人民谋福利。新闻发言人需要不断提升自身的政治素养和道德素养，坚持正确的价值观和思想理念，更加紧密地团结在党中央周围，以党的精神为工作思想指导，尽一切可能为提升我党在舆论阵地的战斗力而积极努力。

一、仪表得体，塑良好之形

新闻发言人的形象，是指社会公众、社会舆论对发言人的基本印象与总体评价。塑造自我良好的形象，就是争取公众良好的印象。外在形象是直观的、可感的。英国哲学家罗素说："一个人的脸，就是一个人价值的外观。它不仅藏着你自律的生活，还藏着你正在追求着的人生。"五官显审美，发型表个性。新闻发言人在走向发布台前，有必要对自己的颜面、发型进行整理，不能容忍自己有一丝一毫的怠慢，力求以最佳的颜值、焕发的容光出现在媒体的镜头里，展现在公众的视野中，实现态度、尺度、风度的完美一致。

新闻发言人的着装，是其展示外在形象的一个重要视点。合适的着装更容易被赋予某种好的特质，面对镜头，发言人的着装应庄重、大方、朴素、自然、得体，符合自己的气质和身份，给人一种稳重和可信赖的感觉。一般情况下，政府发言人在正规场所应该选择着正装，避免穿着式样奇异、颜色花哨、图案夸张、质地反光的衣服。

举止行为是新闻发言人修养的折射、文明的表现和态度的展示。要注意肢体语言的运用，肢体会表达情感，肢体会传递信息，肢体会强调立场，新闻发言人在发布台上，轻松与紧张、高兴与忧虑、坚定与动摇等都会在下意识的肢体动作中折射出来。没有肢体动作显得刻板，夸张肢体动作显得做作。新闻发言人在肢体语言的运用上，终归要自然得体，恰到好处，才能塑造良好的新闻发言人形象。

二、收集舆情，尽担当之责

在出席发布会和见记者前，发言人要尽可能全方位了解情况，需要了解发布信息的报道引发了民众什么情绪和评价，媒体现在正在关注什么，还可能报道什么，网民正在猜测什么，对什么质疑最多，可能对什么进行深挖或人肉搜索。了解清楚了，将舆论关注的问题按照严重程度排列出来，列出公众关心的问题范围。每一个事件必须了解与之相关、延伸到各个方面的情况，并尽可能多地掌握，每一个关注点都要列出若干问题。

预测问题要注意四点。其一，宁多勿少。一般要准备六至八倍于实际回答的问题，甚至更多。其二，宁难勿易。要预测出艰难和刁钻的问题是哪些，最难回答的问题是什么。其三，宁细勿粗。记者可能会对某个关注的问题不断追问，甚至已经掌握一些情况，尤其是数字、细节，必须有充分准备。其四，宁疑勿信。记者经常会以写正面报道为由找到发言人，其实关注的通常是正在被公众质疑的热点，或是政府与舆论不一致的说法，并追问原因和背景。如果预测不到这些问题，一旦被问到，就会处于被动的局面，在对真实信息了解不充分的情况下回答公众提问的问题，就会面临发言失实的风险。

担任新闻发言人的过程，就是承担责任和风险的过程。媒体和社会关注的任何问题，发言人都必须直面，没有回避的余地，没有放弃的理由。敢于担当是新闻发言人的价值体现。发言人只有做到敢担当、能担当、善担当，在线而不失声，在行而不失误，才能对得起自己发言人的称呼。

发言人的责任担当是在良好、宽松的土壤中培育、升华和强化起来的，同时也需要各界为发言人营造良好的担当氛围，使其自觉担当、能够担当和敢于担当。

三、引导舆论，立大局之位

突发事件的舆论引导是新闻发言人的工作难点。突发事件发生后，舆论环境有三个特点：网民关注度高、媒体采访率高、网上网下传播率高。没有及时引导舆论可能出现谣言四起、民心不安的情况。突发事件的舆论引导，考验新闻发言人的综合能力。

发生突发事件，准确性是第一要务，否则无法制定口径、对外说话。把事件严重程度说准确，尽可能寻找到相关知情者把真实情况准确地描述出来，再通过专家对事件的严重程度给出意见。知情者情况清楚，专家分析准确，领导依据可靠，就可以果断定性了。

依据定性马上制定出口径，就可以第一时间对外发布了。国务院办公厅 2016 年 11 月 15 日下发的《〈关于全面推进政务公开工作的意见〉实施细则》中明确规定，重大突发事件发生，责任单位要在 5 小时之内对外发布信息。如果新闻发言人不及时占据第一时间，谣言就会占据，第一时间的重要性在于和谣言争夺舆论的引导权。如果出现谣言，则在利用公众高度关注的机会辟谣的同时，把相关事件的核心信息传播出去，将舆论引向正面与真实的方向。

新闻发言人在引导舆论时应站在政府的位置上考虑问题、处理问题。发言人被授权回答一个提问，就是授权回答政府的一种态度。由此决定了发言人的站位要高，面对公众舆论的关注，发言人的应对必须立足大局、关注大局、了解大局、胸怀全局。不仅要知其然，还要知其所以然，照应事业的系统性、整体性、协同性，充分考虑不同部门、不同行业、不同群体的利益诉求，准确把握各方利益的交汇点和结合点。不能顾此失彼、言表失里，突出部门利益而淡忘国家利益，强调自我声誉而损伤他人声誉。要在权衡利弊中趋利避害，做出最佳的抉择和回应，从容面对各种复杂问题，胸有成竹、灵活自如，在发布台上扛起事业的大局。

四、与时俱进，领传播之先

1. 新媒体新语境，需要新表达

在新媒体高度发展的今天，新闻发言人必须持续创新宣传方式，将正能量传递给广大人民群众，发挥媒体的应有作用。新闻发言人想要把握住自身的角色定位，就必须从改变心态入手，秉持开放接纳的心态看待新媒体时代的信息传播渠道等，真正参与新媒体时代的发展。

新闻发言人要主动对新媒体时代下的信息传播理念、新闻传播特性及全新的传播手段等进行学习，以便在后续的工作中更好发挥发言人的角色功能，熟练运用新媒体传播工具来扩大自己的言论传播力与影响力。新闻发言人必须做好工作重点的转变，从简单地提供信息、整理信息，变成解答问题、探究热点事实。新闻发言人接受过专业化的理论教育且拥有丰富的知识储备，合理利用这种优势去适应新媒体时代，发挥党媒本身独有的公信力优势，对新闻事件背后的规律、问题进行分析和挖掘，是避免陷入竞争泥淖的必然选择。

新闻发言人需要对新媒体时代背景下自身工作模式存在的不足之处

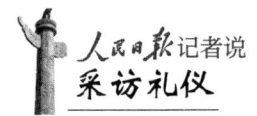

进行分析,在采访、编辑新闻内容的时候,要秉持简明扼要、清晰明快的原则,将新闻事件中有价值的信息提取出来,让受众一目了然。持续发挥好互联网、移动端等平台的优势作用,积极丰富和完善传播机制,提升自身的良好形象。

2. 提高和增强职业道德素养和责任感

在新媒体环境下,新闻发言人的工作难度比过去更高,需要面临的挑战更多,要想提升自身工作的质量,就必须认识到互联网环境下信息的特点,以推动党媒和新媒体相融合为工作重点,始终不忘初心,将党和国家赋予的责任放在第一位,在处理繁杂新闻信息的过程中保持严谨的态度,在众说纷纭的新闻事件中保持党媒的立场,在新闻发言中保证新闻信息的真实性和准确性,并通过话语引导发挥出舆论方面的积极作用。党政媒体单位也需要在这个过程中付出一定的努力,对新闻发言人的道德水平和职业素养进行考察,确认其是否能够在新闻报道中做到深入浅出,是否能够在复杂的媒体条件下牢记使命并客观地进行报道。

想要在新媒体时代找准自身的角色定位,新闻发言人还需要尽最大可能保证自身能够与信息受众建立广泛而紧密的联系,从而确保自身在人民群众心中的影响力,打造符合人民群众喜好的、符合发言人身份的形象,通过更加亲切的方式,在人民群众心中建立固有形象。

3. 关注年轻受众,强化对新媒体认知

新闻发言人还需在现有的认知基础上,进一步丰富和完善对互联网传播新理论、新技术的再认识,不断进行学习与探索,对短视频、微博、微信等信息传播渠道进行了解与学习,重新认识大数据、流媒体、VR等新型互联网技术,从根本上解决新媒体时代新闻发言人工作中存在的一系列问题。一定要了解新闻受众的心理特点,对传统媒体的传播形式与新时期受众心理预期上的冲突进行比对,寻找更加行之有效的、贴合受众信息需求的新闻信息传播方法。新闻发言人需要打破固有思维的影

响，认识到年轻群体在新媒体平台上的活跃度，将年轻受众作为开拓和影响的新对象，考虑年轻受众对信息内容的需求及偏好，不断更新信息表达方式，使新闻发言人的角色更加贴近年轻受众。

信息化技术与数字化技术的发展推动新媒体时代的到来，有效地优化了受众接收信息的渠道。在新的时代背景下，新闻发言人必须认识到自身承担的历史责任，了解传统媒体形式在今天的不足之处，调整自身的工作态度、重塑自身的工作观念，不断学习与探索新媒体时代下新闻传播的理论知识，更好地塑造新闻发言人的角色，完善新闻发言人的职能。

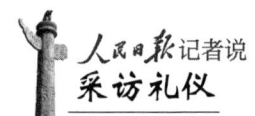

第三章 把握视频直播彰显职业风范

第一节 视频直播在媒体融合发展中重要意义

随着网络媒体的迅速发展，视频直播的优势日益凸显。目前，新闻正朝着缩小事件发生和报道时间差的方向发展，已经从过去的"TNT"（Today's News Today，今天的新闻今天发）变为现在的"NNN"（Now News Now，即时的新闻即时发）。新闻最迷人的魅力就是现场视频直播。这种集现场性与时效性为一体的传播方式是实现新闻节目主导性的有力保证。新闻的现场同步直播是一种技术进步的标志，也是一种社会认识的标志。

新闻视频直播是在一个完整的时空里同步展现事件的发生过程，从信息传播的角度看，直播有两个功能：一是展现情景，二是信息发布。首先，视频直播的解说能够增强新闻的现场感，观众可以伴随出镜记者走进新闻现场，再通过记者对现场的描述，使观众对新闻事件有更加深入的了解。其次，视频直播这种采访方式的出现，拉近了媒体与电视、手机观众、户外大屏的距离，增进了互动，使观众产生亲切感。这符合当今新闻走进老百姓的生活、深入民心的发展趋势。

视频直播所做的新闻报道我们称为现场报道。现场报道是指记者置身于新闻事件发生现场，面对摄像机镜头，以采访者、目击者或参与者的身份向观众介绍、评论新闻事件,并同时伴以图像报道的一种报道方式。不可否认,现场同步直播在提供大量心理参与空间的同时,也降低了采播人员对信息传播的控制,但现场性和时效性的高度结合使视频直播新闻的传播优势最大化。新闻直播是节目"直接播出"的简称,是指不经过预先录音或者录像将事件现场情况、演播室播讲或表演同步播出的新闻传播形式。直播节目不仅考验记者的表达能力,更考验记者的发现能力和感受能力。有位记者在总结直播报道经验时说:"在直播现场,你不是出镜的脸,你是观察细节变化的眼睛,是判断分析新闻的脑子。"

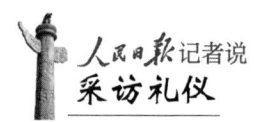

第二节　视频直播者就是媒体形象代言人

媒体对视频直播者大都要进行精挑细选、严格培训。有较高综合素质、品貌俱佳的人才有可能担当重任，因为其素质直接代表媒体的整体形象，是媒体公信力、传播力的直接代言人。

一、关于站姿

现在很多采访者都是从普通记者转为直播记者，没有经过专门的训练，因此，一些人在站姿上不是太注意，出镜后效果不佳。在进行视频直播时，如采用站立方式出镜的话，站姿分为正姿和侧姿。正姿是记者以正面方向出现在镜头上的姿势，侧姿是记者以侧面方向出现在镜头上的姿势。在以正姿出镜的时候，双脚可以呈小八字站立，收腹挺胸，头部与镜头保持在同一水平线上，不能抬得过高或过低，这样都会影响出镜效果。少数脸型较宽大的记者可以选择以侧姿出镜，因为侧面出镜的话脸型会略显消瘦。侧姿出镜通常双脚可以站成"丁"字形，收腹挺胸，头部与镜头保持在同一水平线上。

二、关于眼神

出镜前要先调整好眼神，一般眼神与镜头平视，与观众打招呼致意，既要目视镜头与镜头前的观众呼应，又要注意与现场当事人进行互动；开口说话前三秒钟和结束报道后的三秒钟，记者的眼睛都要注视镜头，这样方便后期新闻的剪辑。记者在面对镜头进行报道时眼神不能闪烁不定，要注视镜头，找到与观众说话的镜头感。

三、关于表情

应当说新闻报道是客观的,所以采访者不宜过多地加入个人表情,这样容易误导观众。因此视频直播在展现真实客观新闻事件的同时,要保持亲切自然、从容淡定、真诚分享,同时也要结合时间、地点、场景、事件等实际情况,展示媒体平台及个人对此次采访工作的一些态度,传递或喜悦,或悲伤,或焦急,或探秘的表情,以达到与观众相呼应的情绪,引起共鸣。

四、关于服装

有些出镜采访者认为自己不是播音员、主持人,所以不是特别注意自己镜头前的形象,影响视频报道的效果。因为出镜记者在某些程度上与播音员、主持人效果是相通的,都是直接面对观众、为公众服务,所以礼数非常重要。但出镜记者的服装与播音员又有区别,播音员、主持人一般在"后方",可以穿着大方端庄的套装出镜,而出镜记者大都在"前线",穿着要与现场的环境相协调。有的女记者到四川地震的现场采访,却打扮得花枝招展,浓妆艳抹,这样的形象与现场的环境非常不协调,出镜后马上引来网友的非议。

在常规的采访中,出镜记者可以穿着大方端庄的套装、衬衫、西裤,而在某些特殊的场合,例如灾难新闻的采访,可以穿着素色的衣服;而采访一些庆典类的新闻,可以穿暖色调的衣服,衬衫如果颜色过于单调,也可以搭配一条丝巾;在下乡采访时,最好穿平跟鞋和朴素大方的衣服,这样才会让采访对象有亲切感,有利于采访的顺利进行。

五、关于化妆

大家都知道,直播出镜一般要化妆,那么化妆要注意哪些问题?首

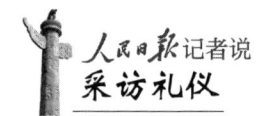

先，每一位出镜采访者要找到适合自己肤色的粉底。肤色较白的记者可以选择象牙色的粉底；肤色偏黄、暗沉的记者可以选择紫色粉底，它对遮盖黑眼圈也很有效果；如果肤色苍白，那么粉红色粉底可以让你面色红润健康；如果你的肤色偏红、偏黑，或者脸上有小雀斑、青春痘留下的小疤痕，那么可以选择绿色粉底，因为绿色粉底可以遮盖小斑点。其次是眼影与唇膏，眼影的颜色与唇膏的颜色要与衣服同一色系，这样搭配起来会更加协调。眼影与唇膏不宜化得太浓，淡淡地着色就可以。最后，谈谈男记者的妆容，男记者出镜通常只要涂抹一层跟自己肤色相协调的粉底，眼影可以用大地色系，不需要涂抹胭脂，唇膏的颜色也要以淡为主。这样的妆容出镜后基本跟裸妆差不多，但是脸色会明亮许多。

礼仪小常识

"三庭五眼"规律

一般脸的长度与宽度的标准比例是"三庭五眼"（如右图），就是"三庭五眼"规律。比较符合"三庭五眼"规律的椭圆形脸，化妆时可侧重于皮肤的美化以及强调自然美。如不符合此比例，我们可以通过化妆手段来弥补。

比如圆脸，面部给人比较平静、和气，缺少俏丽的感觉。化妆时可将亮色涂于额骨的额结节、颧骨的

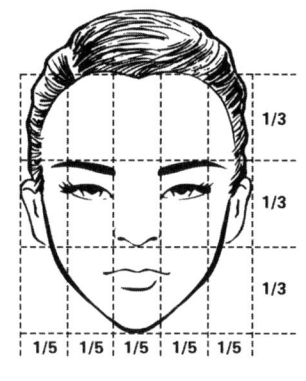

"三庭五眼"示意图

颧结节和下颌部位，这样做能使这些部位显得比较突出。还可以使鼻梁的亮色晕染得比较细长，上延长至额骨，下延长至鼻尖等。

比如正三角形脸，化妆时要将阴影色涂于下颌骨突出部位，这样做能使面孔的下部宽度收敛。还可以将亮色涂于两额角的下颌部位，使额角展宽。用于鼻梁两侧的阴影色面积要窄，亮色在鼻梁上晕染得要宽一些等。

当然，也可以通过发型的合理选择，让自己的脸型趋近于符合"三庭五眼"规律。

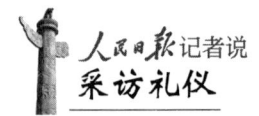

第三节　着力培养视频直播礼仪素养

针对网络新闻传播的实时性、互动性等特点,出镜采访者需要更新新闻传播理念,以积极的姿态拥抱互联网,从多角度提升自身的职业素养,不断提高对网络新闻传播的驾驭能力。

一、提升角色转化能力

"大屏"和"小屏"互动、联动正在成为新闻报道的新常态,出镜记者也随时面临电视直播与新媒体移动直播两种不同传播形态间的状态切换。要更好地在两种直播方式中切换自如,采访者必须转换角色,及时从传统的新闻介绍者、报道者向新闻分享者和体验者转化,这对出镜记者的语言表达、形象气质等方面提出新要求。传统的新闻介绍者注重新闻播报的严肃性,更多是露"笔"、露"名",现在出镜者要露"脸"、露"身",应给人端庄、大方的感觉。充当新闻分享者和体验者,更多关注与受众的互动性,更能增加新闻视频直播的受众黏性。出镜记者只有善于及时切换角色,才能更好地发挥不同传播平台的优势,出色完成新闻报道任务。

二、提升语言表达能力

传统的电视直播要求出镜记者在语言上更加正式,与受众之间的心理距离较远。移动直播是一种与受众不存在"社交隔离"的传播形态,同时出镜记者在长时间的直播过程中对信息的了解与用户处在同一起跑线上，其话语垄断也被消解。移动新闻直播的出镜记者既要成为符合网络传播规律的个性"网红"，又要将个性表达与新闻信息结合起来，产生更强的表达张力。出镜记者要善于根据网络传播的特点，采取受众喜爱的生动、活泼、有趣的语言表达方式，如适时加入时下流行的网络用语与受众产生情感共鸣，把互动元素融入视频直播中，拉近彼此的心理距离，还可以根据实际情况增加手势、表情等非语言符号，增加互动性，提升新闻传播的效果。当然，在与受众互动时，出镜记者应时刻注意新闻播发的整体舆论导向，对于网友千奇百怪的提问要有辨别和筛选能力，把握好新闻话题的走向。

三、提升专业技术运用能力

网络新闻直播的实时性要求采访者在现场能迅速把控全场，控制新闻播报的节奏和方向，及时从纷繁复杂的新闻事实中厘清重点，提高信息整合能力和逻辑思维能力，以通俗易懂的语言及时传递给受众。此外，由于网络新闻直播强调新闻事实的全貌，增加了现场播报的不确定性，在遇到突发状况时要及时化解，让直播顺利进行，这要求出镜采访者有出色的临场反应能力。对于习惯了单向传播的传统新闻记者来说，面对网络传播的交互性特点，要及时与受众互动，必须提升互动能力。例如，武汉教育电视台《教视新闻》栏目在进行高考直播时，前方出镜记者就通过网友的弹幕留言，实时与在线收看的学生及家长互动，增强了受众黏度。当看到有的家长留言问到孩子的志愿填报时，在演播厅与相关嘉宾访谈的出镜记者就马上将这一问题抛给嘉宾进行解答，这可以让收看新闻直播的考生和家长进行参考。出镜记者在与学生及家长的一问一答中，将零散的信息进行了整合，让受众更加有代入感，使整个新闻直播报道更加完整、顺畅。

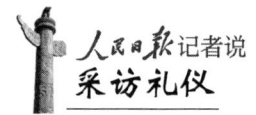

四、提升政策法规执行能力

在人人都是自媒体的时代，要求出镜采访者必须具备思想政治觉悟、政策理论水平、法律法规基础知识，还要及时了解最新的地方规章制度，以服务的姿态发布信息，传递正能量，不随意发表个人观点和看法，以中立、客观的态度报道新闻、评论事件，防止说外行话、说错话，甚至说出违规违法的话，失态失礼，情况严重者还可能惹官司。

五、提升全局把控能力

融媒体时代，每个人都能随时随地接收新信息，一个新闻事件可能涉及面广、情况复杂，一点小事可能引起一个村、一个镇、一个地区，甚至全国的围观，所以采访记者一定要有把控全局的能力。采访者必须时刻保持旺盛的学习力，在平时工作和生活中做一个有心人，要随时关注媒体优秀直播报道，分析主流媒体的语言表达方法和处事方式方法，吸收有益经验，提升个人全局意识，积累丰富实战经验。

在媒体融合时代，人人都是信息的传播者，受众对新闻报道的质量要求不断提高。作为新闻直播中的关键要素，出镜记者要善于通过每一次直播进行对照反思，寻找差距，不断提升职业素养，研究网络直播传播规律，发挥个人在直播中的作用。

第四章　善待社交媒体拓展传播效能

第一节　善待社交媒体与拓展传播效能

社交媒体（Social Media）指互联网上基于用户关系的内容生产与交换平台。社交媒体是人们彼此之间用于分享意见、见解、经验和观点的工具和平台。现阶段主要包括社交网站、微博、微信、博客、论坛、播客，等等。社交媒体在互联网的沃土上蓬勃发展，爆发出令人炫目的能量，它传播的信息已成为人们浏览互联网的重要内容。社交媒体不仅制造了人们社交生活中争相讨论的一个又一个热门话题，还吸引传统媒体争相跟进，形成线上线下联动效应。社交媒体有两个显著特点：一是人数众多，极易围观；二是信息繁杂，自发传播。

社交媒体的出现与兴起，正在深刻改变新闻报道的生产机制和记者报道方式。这种改变最主要体现在从组织化生产向社会化生产的变迁，即越来越多的新闻信息不再由专业化的记者和媒体组织生产，而是由网民进行爆料、核实、评论、转发和传播，或由网民和记者、公众和媒体协同生产。如果轻视社交媒体的作用，轻者有可能引发意想不到的负面作用，重者有可能造成不可挽回的名誉信誉损毁。作为一名新闻工作者，重视善待社交媒体，特别是讲究社交媒体运用礼仪，不仅顺应这种不可逆转的发展趋势，还可以拓宽传播渠道，提升传播效能，拓展职业平台。

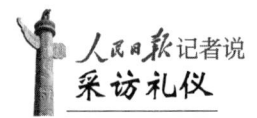

第二节　社交媒体基本礼仪是遵守核心价值观

采访者使用社交媒体基本礼仪是遵守社会主义核心价值观体系，实现守正创新、服务人民的目的。基本礼仪有如下几点：

一、**尊重平台特点，坚持守正创新**。每一个社交媒体都有各自的风格特点、运作规律、传播习惯，采访者要坚定政治立场、增强党性观念、遵守政策法规，同时要尊重各社交平台长期形成的特点和习惯，善于发现和应用社交媒体平台运作规律，守正创新，言辞恰当，作风正派，体现机构媒体采访者的人格魅力。

二、**求真务实，服务民众**。要提高自身修养，树立公道正派形象，真正为民解忧、为民排难，高调做事、低调做人，以求真务实的作风感化民众、服务行业。

三、**积极化解矛盾，勇于团结民众**。要疏导好、解决好群众反映强烈的突出问题，引导群众以理性、合法的形式表达利益诉求，善于在日常聊天、闲谈中团结民众。

四、**做到文明交流，营造和谐氛围**。网上交流没有肢体语言进行配合弥补，必须保持规范、文明用语，以礼待人，不得使用攻击性和侮辱性的语言，做到文明礼貌、求同存异、面向未来。

五、**注意角色定位，严守保密纪律**。采访者要弄清楚自己的角色定位，不得将个人账户与单位账户混淆使用，在没有单位授权的情况下，不得以单位或者集体名义在网上发表个人对新闻时事的看法，尤其不能发布假消息，甚至泄露国家机密。

第三节　善待社交媒体重在运用平台礼仪

一、社交网络礼仪

社交网络就是"网络＋社交"的意思。社交网络涵盖以人类社交为核心的所有网络服务形式，通过互联网这个能够相互交流、相互沟通、相互参与的互动平台，把人们连接起来。社交网络礼仪有其自身的特点和规律。

1.**得体周到直奔主题**。随着信息技术革命的飞速发展，当前信息过剩，特别是一些无用、重复信息，充斥着人们的生产生活，牵扯了许多人的精力和时间。我们在利用社交网络时必须强调时间观念，既热情周到，又简明扼要，凡事直奔主题，不打哈哈、不使官腔、不绕弯子，既节省自己时间，又体贴别人感受。不在网络上散发无用信息、虚假信息、重复信息以及无聊信息。

2.**及时回复以诚相待**。接到消息后，尽可能及时回复，确有事不能及时回复，也要第一时间向对方解释原因，并表示歉意，让别人感受到被尊重的温暖。即使对方发的内容你完全没有兴趣，也要适当、礼貌地回复。不能有意不理别人，可通过减少回复的积极程度，表示出你不太想聊的意愿，给对方一个台阶下。网络社交靠谱的人就是凡事有交代、件件有着落、事事有回音，这样才让人既舒心又放心。

3.**善于运用表情符号**。在网络社交里，很多人不了解你，只能通过你发的文字感受你的性格和内心。在别人眼里你的文字就是你的情绪和

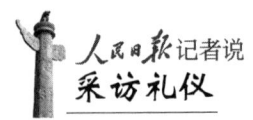

为人，一定要言简意赅、热情周到。聊天时适当加个表情符号，会让人产生亲近感，又简洁、直观地表达自己的情绪，还能通过符号释放善意和愿意与对方沟通互动的心境，活跃聊天气氛。发表情也要适度，千万别刷屏。一般忌讳连发四个以上的表情符号。

二、微信礼仪

据统计，2021年微信月活跃用户数量已经达12.7亿，微信成为相当数量公民参与信息生产、发布、传播的主要渠道之一。在微信成为中国社交媒体大众通道的情境下，建设和弘扬微信礼仪，作为新媒体环境规范重建的突破口，具有较强的现实意义。微信礼仪基于社交链条环境下的亲友约束，有效移植现实社会的人际交往礼仪，有望为新闻伦理拓展到公民伦理寻找一个现实可行的切入口。根据礼仪的一般规范和微信的具体功能情境，可注意如下环节。

1. 专属信息礼仪。 微信专属信息，包括微信名称、微信头像等。微信名称设置最好是真实姓名，或者包含真实姓名和单位名称，这样可以增加个人的真诚度和可信度。微信头像最好选择自拍照片、风景、花朵、艺术等，避免使用奇怪的动物头像或荒谬的场景头像等。

2. 添加好友礼仪。 添加一些从没见过的人（搜索、一对多的交流、微信群等渠道获取对方微信）时，在好友验证里应介绍清楚交往意图："我是×××，单位×××，期待能与您合作。"对方接受、通过后，要及时和对方打招呼并详细说明添加好友的目的，避免添加好几天后才打招呼或者完全不打招呼。发送和回复信息，不要在早上九点前或晚上九点后给工作联系人发送工作信息，在城市，一般要避免在中午一点和两点之间发送工作信息，除非是迫不得已或者对方首先发起交流。微信发起的请求，要注意留下足够的时间给予对方回复，尽量不发要求马上回复的信息。

3. 群组消息礼仪。 微信群的信息发布，应该根据信息量的大小、信息的私密性和时间要求做出判断，并注意以下细节。一是信息完整性。一次发送完毕一段完整的话，以免被其他人的信息截成几段，但注意最好别超过 200 字。二是信息准确性。避免发送存在错别字、过于口语化的信息，转发信息要经过核实，信息发送之前可打草稿。三是信息私密性。群组聊天内容，应该不只与一个人有关，使用的语言最好是大部分群员都听得懂。如果只需与其中一人沟通，最好添加对方为好友，单独聊天。四是组群、入群、退群礼仪。组建群应事先沟通，交代清楚组群意图、主要群组成员。拉人进入一个群，应事先与人私聊沟通，交代清楚拉人意愿。自己新加入一个微信群，其中有并不认识的人，最好先做一个简短的自我介绍。工作结束要解散群组，同时应略作交代再道别退出。五是群中发送信息量大、透明度高、需要充分讨论的信息，不在群组中宣泄负面情绪、倾向性意见，在群中发布的信息不宜过多，不宜发布需要即时反馈的信息。

4. 发朋友圈信息礼仪。 朋友圈发送或转发的信息，应有整体观念、全局意识。一是确保事实准确，观点不致伤害其他好友，如果可能伤及某一人，应使用分组功能避免其看到。二是作为工作用途的微信，应尽量避免在朋友圈发一些荒诞或搞笑的照片，如果要发需使用分组功能避免让工作相关的联系人看到。三是发朋友圈时，请先查阅回复未回复的微信信息，否则对方看到你有时间发朋友圈却不回信息，会认为你不礼貌，产生不舒服的感觉。四是严格微信工作群管理，交流内容严格限定为周知性的一般信息，禁止群成员传播一切国家秘密和工作秘密。

5. 尽量不发语音。 公务沟通中如果亲密度没有达到很高的程度，应谨慎使用语音消息，除非迫不得已。微信群组交流应当尽量避免使用语音消息。要考虑对方是否方便接听语音，如果对方正在办公室、开会、上课或陪客户，可能不方便听语音。同时，微信语音没有文字沟通方便

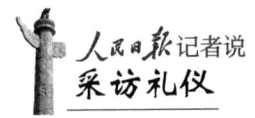

快捷,让人一目了然。当然,对于不会打字的长辈,互相沟通用语音完全是可以理解的。如果你打字比较慢,或有急事要语音处理,在想和对方语音聊天或视频之前,先给对方发送文字信息问对方是否方便。

6. 谨记"谁批准、谁负责"原则礼仪。微信等即时通信软件都是基于移动互联网的应用服务,聊天记录、文件收藏都会在"云端"传输、处理、存储。一是杜绝使用微信存储、处理、传输国家秘密和工作秘密(含视频、音频、图像资料等);二是不得通过微信传播、发布保密要害部门、部位工作环境、位置信息;三是不得通过微信谈论国家秘密和工作秘密事项等;四是加强微信公众号管理,按照"谁批准、谁负责"的原则,认真落实审查审批责任,切实做到人人尽责,层层把关,严格管理。

三、微博礼仪

微博是一种互联网上通过关注机制分享简短实时信息的广播式社交媒体,具有简单方便、内容多元、传播迅速、交互性强、内容开放等特点。2022年9月微博的月活跃用户数为5.84亿,同比净增约1100万用户,移动端用户占月活跃用户数的95%,2022年9月的日均活跃用户数为2.53亿,同比净增约500万用户。由于监管机制不健全和一些用户本身道德礼仪有限,带来了一些负面影响,我们在使用微博时应注意微博礼仪。

1. 树立形象,亲和干练。虽然微博操作的权限是具体的某一位会员,但采访者必须清楚,本人是代表所在媒体平台进行互动交流。采访者与公众的关系不再是"我"与"你",而是直接以媒体的形象及相关身份与众人在线会面。因此,在具体操作上应尽量减少和避免个人行为,依照亲和、干练的职业化标准来进行。一是始终保持真诚、友好的态度。二是一视同仁,亲切谦逊,明朗严谨的措辞会给公众留下优良的平台印象。三是端正姿态与心态，具备服务意识、大局观念、责任感、使命感及荣誉感。四是避免线上互动中出现不良行为，平日做好线下业务素养修炼。

2. 文字规范，开放包容。微博上的礼仪，大多数都是通过微博的发布、回复、评论及私信得以体现。一是语言富有礼貌、生动、风趣，尊重他人才是尊重自己。文明用语，不仅有助于培养积极健康的心态，还是一种开放、宽容、合作的精神体现。在互动中穿插趣味性、生动性的回复，偶尔与大家开开小玩笑，也会起到很好的效果。穿插"小表情"可很好地辅助传递情绪，体现人性化感性内涵。二是巧妙利用私信，进行私密对话。一些敏感性问题不适合公开交流时，不妨私信对方，同时要注意，如果没有必要进行私密沟通的事宜，应尽可能不以发私信的形式来处理，以免让对方产生反感，甚至被拉黑。

四、邮件传真礼仪

使用电子邮件、传真要遵守礼仪规范，这是社交网络礼仪的重要部分。一般应在收到邮件的当天予以回复。本人或本单位所用的传真机号码，应准确无误地告知重要的交往对象，在收到他人的传真后，应当在第一时间采用适当的方式告知对方，以免对方惦念。

1. 使用电子邮件礼仪。随着网络技术的快速发展，电子邮件成为人们网络办公过程中经常使用的交流工具，使用电子邮件时要遵守一定的规范。

（1）在电子邮件的"主题"或者"标题"一栏，一定写清楚信件的主题或标题。否则，容易让对方误以为是垃圾邮件，不打开就直接删除了。在撰写内容时，应遵照规范的商务文书格式书写。一般在电子邮件中加入表情符号或者图片，如在发信时另有"附件"，要在信件里加以说明。

（2）定期打开收信箱查看邮件，以免遗漏或耽误重要邮件的阅读和回复。一般应在收到邮件后及时给予回复。如果涉及较难处理的问题，要先告知对方你已收到邮件，处理后会及时给以正式回复。

（3）定期整理收信箱，对于不同邮件应分别保存。对重要文件要重新复制保存，不长时间留在网上。对于与公务无关的垃圾邮件，以及无实际价值的邮件，要及时删除。

2. 使用传真礼仪

传真的主要优点是操作简便，传送速度快捷，而且可以将包括复杂图案在内的真迹送达。缺点是发送的自主性能较差，需要专人进行操作，有时清晰度也难以保证。使用传真时必须注意下述几个方面的礼仪。

（1）使用传真必须在具体的操作上力求标准规范，不然其效果会受到一定程度影响。本人或本单位所用的传真机号码，应准确无误地告知重要交往对象。一般而言，在商用名片上，传真号码是必不可少的重要内容。对于主要交往对象的传真号码，必须认真地记好。为保证万无一失，在向对方发送传真前最好先向对方通报并核实号码，既礼貌提醒对方，又不至于发错传真。

（2）发送传真必须按规定操作，以提高清晰度为要旨。要注意使其内容简明扼要，以节省费用。单位传真设备应当安排专人负责，无人在场时应设置自动接收状态。为不影响工作，单位传真机尽量不要同办公电话采用同一条线路。

（3）使用传真必须牢记维护个人和所在单位的形象。发送传真时，一般不可缺少必要的问候语与致谢语，不失礼数。出差在外使用传真机时，需防止泄密。

（4）做好登记，及时反馈。为体现传真的时效性和复制性，在收到他人传真后，应登记造册，第一时间采用适当方式告知对方，以免对方惦念。需要办理或转交、转送传真件时，做好流程登记，不可拖延时间延误要事。

礼仪小常识

常用短信不忘礼仪

1. 工作短信

同事间一些简单的工作交流、感情沟通常用短信进行,但除非是上司主动要求或事先征得其同意,否则下级不宜主动以短信方式同上级谈工作。

2. 拜年短信

晚辈不宜用短信方式对长辈拜年,应亲自登门或电话问候。最亲密朋友间用短信拜年应自己编辑内容,不要利用他人的短信进行转发,甚至群发。

3. 提醒短信

一些重要事项,利用短信方式婉转提醒对方,比用电话多次确认要礼貌、简便得多。但在发短信前,一定要进行电话或当面协商、确认。

4. 转发短信

转发短信要分清对象,注重礼节,尤其不能发送调侃、无聊、有失大雅的短信。

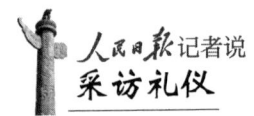

第五章 做好调查研究讲究礼仪习俗

第一节 调查研究与礼仪习俗

调查研究，是指媒体单位或个人到现场了解考察新闻事实真相。通常调查研究的倾向性问题，或聚焦于不义、丑闻和违法活动，或披露被某些人或组织故意掩盖的事实。调查研究的范围很广，包括难点、热点问题，腐化官员、涉黑事件、责任事故，公司企业、慈善机构、外交机构以及经济领域中的欺骗活动等。概括起来，调查研究的基本特征包括：

- 调查研究的目的：解决问题、揭露和曝光。
- 调查研究的内容：某些人或事件的信息、真相。
- 调查研究的特点：现场核实、查记、跟踪，显性采访与隐性采访相结合，深入剖析，公之于众；需要花费时间和精力，也要耗费人力和物力。

调查研究礼仪，是指采访人员在深入社会了解考察过程中，应当遵守的符合社会道德规范、新闻采访规范和政治法律规范要求的各种礼仪准则以及习俗规范。

一位老报人感叹："调查性新闻报道在中国的角色和地位暴露出的更多是尴尬与无奈，以至于一些记者和作家只能把调查报道这只脆弱的羊赶到文学小说的草原上去。"

许多调查研究，特别是调查采访的核心就是暴露和揭丑，这决定了它只能生存和繁衍于舆论环境比较宽松的社会，因为调查研究本来就是外部对内部事物真相了解透视的过程，有利益一致相配合的一面，有利益相悖而抵制的一面，又有无关于我，多一事不如少一事的顾及，所以两者关系微妙，采访者的"索取"告诫采访者要善于应用文明礼仪，化解次要矛盾，抓住主要矛盾，突出采访主题，在不"和谐"中寻找"合作"点，在不"对称"中寻觅"平衡"木。

礼仪小常识

让称呼更暖心

1. 不使用错误称呼。念错别人的姓名，或对别人的年纪、辈分、婚姻状况以及与他人的关系作出错误判断。

2. 不使用不通行称呼。有些称呼具有一定的地域性，因此要入乡随俗。如北京人爱称人为"师傅"，山东人爱称人为"伙计"，而南方人则认为，"师傅"等于"出家人"，"伙计"则是"打工仔"。

3. 不使用过时称呼。有些称呼是历史的产物，若再称呼，难免贻笑大方，如"老爷""大人"等。

4. 不使用绰号称呼。对不熟悉的人，切勿自作主张起绰号。不能以听来的绰号随意称呼对方，更不能随便拿别人的姓名开玩笑。

5. 不使用庸俗称呼。如"哥们""姐们"等此类称呼，显得品位不高。

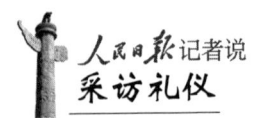

第二节　调查研究首要任务是营造和谐氛围

调查研究在一定程度上是为总结梳理、揭露问题，让公众了解事实真相。采访者往往会被采访对象看作"对立面"，许多当事人表现出"不配合"，设梗、刁难，甚至打击报复。调查研究的采访礼仪多具挑战性，这就要求采访者必须处处以"礼"相待、以"礼"力争，刚柔相济，努力在创造和谐氛围上下功夫。

一、恪守职业道德，敢于秉笔直言

新闻舆论是党和人民的"喉舌"，新闻工作者使命光荣，责任重大，必须认真贯彻执行党的路线方针政策，坚持贴近实际、贴近生活、贴近群众的"三贴近"原则，不仅要搞好正面报道、唱好赞歌，而且要坚持公平正义，敢于秉笔直言，敢于为党和人民的利益奔走呐喊，无情揭露腐败现象、执法不公、不正之风，只有这样才能坚持马克思主义的新闻观，体现人民记者的风度和气节。

调查采访要强化精确采访意识，提高采访报道的成功概率。采访的目的就是公开发表，但有时往往难以刊播，有的刊播后也发现漏洞，甚至造成无法挽回的后果，这就要求我们在采访"精"与"准"上下功夫。在调查和新闻事件追踪采访中，一方面，确保调查采访有头有尾有过程，有真实可靠的人证、物证；另一方面，要双向结合，采访正、反两方面的当事人，坚持两点论、两分法，客观公正，刚直不阿，提高调查采访的科学性和权威性。

二、赢得领导支持，上下形成合力

在策划调查采访时，首先要取得上级领导、媒体组织的大力支持和帮助。对一些情况复杂、问题严重、有暴力倾向的人和事，必须组成两人以上采访组，精心组织，周密计划。必要时可制定采访可能引发的突发事件应急援助方案，发挥集体力量，切实形成合力，营造调查采访有利环境。切不可自作主张或为泄己愤而擅自行动，或者联合其他媒体采访，置自己于孤立地位。

调查采访常常要深入社会底层，同人民群众打交道，要求采访者必须放下架子、扑下身子，真心实意地融入人民群众之中，说群众的话，干群众的事，耐得住寂寞，守得住清贫，熬得住苦寒，同人民群众打成一片，只有以真诚的礼遇对待人民群众，人民群众才能以同样的礼遇对待你，和你说真心话，协助你了解事实真相，为你提供真实的证据。

三、坚持实事求是，不掺个人杂念

调查采访中必然会遇到持不同意见的人，有的人说话直言不讳，不讲究方式、礼节；有的人反映情况不全面不客观，甚至眼见为"虚"；有的人处事圆滑世故，另有企图等。采访者则要对采访对象一视同仁、以礼相待，坚持一切从实际出发、实事求是的思想路线，用科学辩证法研究分析问题，善于由此及彼、由表及里，去粗取精、去伪存真，透过现象抓本质，具体问题具体分析。不以物喜，不以己悲。不因为采访过程中受到采访对象的礼遇不同而厚此薄彼，掺杂个人、集团及利益相关者感情成分，影响调查的公正性和权威性。

四、采取灵活方式，注重实际效果

随机调查采访经常遇到想象不到的情况，采访者要坚持平等对话、协商合作、自觉自愿的礼仪原则，采取灵活多样的采访办法、礼仪形式，尽量避免激化矛盾、扩大事态，引发新的不安全因素。

对于在事实和证据两方面都要求极为严格的调查采访来说，记者简单地用眼睛看、耳朵听是不够的。必须深入调查研究，寻找有效事实依据。采访者往往为获取实情，要冒风险进入现场。这时要机智勇敢，还要科学酝酿，讲究方式方法。既要有"程门立雪""三顾茅庐"的礼仪，也要有"锲而不舍""掘地三尺""不择手段"的精神和毅力。当然，一旦发现所调查事件已涉嫌违法犯罪，超出新闻调查采访范畴，应立即移送公检法部门。

一次，著名法国记者法拉奇采访美国国务卿基辛格，基辛格先让她坐了半小时"冷板凳"，见面后又视若无人，背过身看电报、文件。法拉奇见此情景，计上心来，就以基辛格最不愿谈的越南问题"激"他："很多人认为您和尼克松接受那个协议是对河内的投降，对此您也不愿意谈论吗？"基辛格这时如果不反驳，就等于承认法拉奇所言。于是，他不得不认真对待法拉奇的提问，开始转变态度，认真回答问题。

法拉奇认为，记者要注意研究自己的采访对象，特别是不肯"合作"的对象，必须动脑筋，掌握采访对象的"弱点"，顺势而为，施以"合乎礼遇"的小计，使其不得回绝，促其就范，以保证采访按照记者的思路进行。

第三节　调查研究应当具备礼仪涵养

调查研究采访的范围广、行业多，涉及的人员杂、环节多，特别是调查访问既要了解事件发生的前后过程，又要着眼于事件对社会的警示或启迪意义，挖掘潜藏在事件内部的深层次原因。因此，不能仅仅满足于交往中的言谈与迎送，还要把调查采访礼仪的内在品质与采访技能有机结合，历练过硬的技艺，形成睿智的风格，展现文明的气质。

一、培养质疑素养

调查研究主要是为了揭露和曝光社会阴暗面，不可能一帆风顺，所以，必须培养质疑素养，敢于"打破砂锅问到底"，不能因为遇到冷眼、阻挠，打击报复，甚至以生命相威胁就退缩，要求采访者牢固树立新闻记者的责任感和使命感，坚持为公平正义呐喊而永不懈怠。

2003年1月，中央电视台记者曲长缨应用调查采访追踪临汾特大矿难，在质疑中执着追求，寻找答案。专家和观众推选他为2003年中国记者风云人物。推介词中写道：在曲长缨身上，集中地体现了一名记者最基本也最重要的素质：不断地质疑，并不断地核实。这一推介词道出了调查采访取证的真谛：质疑＋核实。

质疑毕竟是一种感情判断，可能正确，也可能错误。在核实中把握文明礼遇技巧，尽量在矛盾冲突中营造和平交流氛围，在不露声色中推断正误，循环往复，进退自如，不失礼节，这就是培养质疑素养的关键，也是调查采访的上上之策。

二、保持平和心态

调查研究的生命是全面准确、客观公正，来不得半点设想、推测，也来不得半点主观感情倾向。不能因为对方的无"礼"而抵触，也不能因为对方的有"礼"而偏向，要站在公正的立场上，全面、广泛、深入地调查，以平和心态，一板一眼做好调研工作。

调查采访是一种严谨、科学、精确的采访方式。由于调查取证困难，头绪繁多，一般采用大撒网，从外围进入，广泛掌握情况后，再收缩目标，集中到关键点上进行重点突破。这种调查方法采访的人较多，花费时间较长，需要耐心细致的作风和执着追求的敬业精神，所以，记者必须多动脑筋，多想办法，斗智斗勇，做好打持久战的准备。

1991年10月8日，日本《新闻协会报》介绍，当年美国南卡罗来纳州州立大学内设立了一个研究开发财团，因怀疑他们有经济问题，媒体要求采访遭拒绝，于是开始了长达两年的调查采访。调查中记者掌握了一些材料、证据，但相关的财务收支记录一直找不到。后来，根据勤杂工提供的线索，记者决定翻腾垃圾场。他们穿上工作服，开着推土机，把堆积三年的垃圾翻了个底朝天，找到几只球箱，发现了装在球箱里的收支记录，证明这个机构负责人确有经济问题。①

---

① 白庆祥等：《新闻采访写作编辑案例教程》，新华出版社2003年版，第107页。

三、善于诱导深入

调查研究的事实必须经得起推敲、证实。深入、细致的目的就是要找出更有说服力、真实可信的证据。说明取证工作是调查采访必不可少的环节，是采访者的一项重要技能。而记者的采访笔记、录音等在新闻意义上构成事实证据，但在法律意义上不足以成为证据，因为法律上的证据，必须找到人证、物证，对于涉及法律、法规和正在进行的官司，要慎重处理新闻与司法的关系。

搜集证据是调查采访的重要一环，也是尊重采访对象、对公众负责的基本礼节。《中国经济时报》记者王克勤在采访结束时，总要请采访对象在采访本上签名盖章，以示对所说内容负责。这样即使对方有顾虑，不愿签名，也可以发现其中原因，了解更多的线索。王克勤称其为"带着印泥采访"。

公开文件也是重要的证据材料。研究文件字里行间的意思，比较文件间的差异，可以从中发现问题。胡舒立说，揭露性的报道要有比较充分的事实，正如打蛇要打七寸。像我们揭露宁夏一个上市公司的造假报道，记者就跟踪了一年多，从财务报表中发现了不少问题，抓住了关键，顺藤摸瓜，原来不光是改财务报表，连生产线都是假的，真相自然大白于天下。[①]

四、挖掘社交资源

调查研究本身就是一种社会交往活动，必须挖掘社会资源可利用潜力，寻找社会公众力量的支持，充分利用社会学、系统学、统计学原理，赢得单位党政机关、司法部门、社会团体、人民群众的支持和帮助，各

---

① 李永红：《杨澜VS胡舒立》，新华网，http://news.xinhuanet.com/newsmedia/2003-01/24/content_693597.htm。

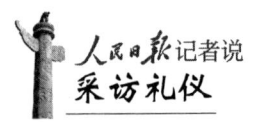

相关部门、专业学者的积极配合,发挥社交礼仪在调查采访中的重要作用,营造良好的社会舆论监督环境。

美国《华盛顿邮报》记者卡尔·伯恩斯坦和鲍勃·伍德沃德,为揭露尼克松总统的"水门事件"丑闻,利用各种关系和资源,经历种种曲折,采访对象在单位里不敢接受采访,他们就往这些人家里跑,经常吃"闭门羹":"你敲了一家又一家的门,打了一个又一个电话,人们总把你推给别人。十回有九回,我们被拒之门外。"他们一天工作12到18小时,在四个月时间里永不放弃,或明或暗连续采访了一千多人次,终于突破重重困难,搜集了关键性的材料,获得了举世瞩目的成功报道。

礼仪小常识

怎样称呼陌生人

1. 根据人的年龄、性别、职位称其为"同志""朋友""先生""小姐"等。对未婚女性可称为"小姐",已婚女性可称为"夫人""太太"。

2. 对陌生采访对象可以尊称亲属称谓。根据双方初步了解的关系、年龄、性别等称呼亲属称谓,给人以亲近感。如"大哥""大姐""大嫂""大伯""阿姨""叔叔"等。

第六章 规范涉外宣传维护国家尊严

第一节 涉外宣传与国家尊严

世界一体化、经济全球化迅速发展,国家之间的交往日益频繁,从传统报道到网络传播,从互联网到"智慧地球","地球村"真的变小了,涉外报道司空见惯。

涉外宣传采访就是新闻记者向国外组织或个人调查访问,以获得新闻事实的宣传活动。

涉外宣传采访礼仪,是指新闻记者在对外采集访问过程中,在维护国家、媒体及个人形象的前提下,所执行的向采访国或个人表示尊重、友好与礼貌的各种礼仪准则及规范。

涉外宣传采访礼仪具有四个特点。

1. 规范性。外交礼仪的规范性在各类礼仪中最为严格。各国政府对其他国家宾客的礼遇大都有明文规定,以免无"礼"可依,失礼于外国宾客。涉外采访礼仪就是遵循相关外交礼仪而提出的礼仪准则与规范,同样在采访礼仪中最为严格。

2. 严肃性。严肃性是指礼仪往往在形式上显得庄严与崇高,借以维护国家和公民的尊严,表现出外"松"内"紧"、和谐共赢。

3. 对等性。采访者与外国采访对象所给予的礼遇是对等的。当采访

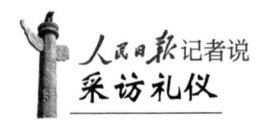

对象对采访人员采取某种标准的礼仪形式时，一般采访人员也应当给对方以相应的礼数。

4. 礼宾性。礼宾性则是采访人员对外国采访对象应当处处以礼相待，使对方有"宾至如归"之感。

依据我国坚持党管媒体，坚持政治家办报、办刊、办台、办网的宗旨要求，涉外宣传采访在某些程度上，一个采访者就代表着国家形象，必须以高度的责任感和使命感，处理好两者关系。

外事无小事，事事是大事，任何一个细节的疏忽都有可能酿成大错。当今时代，需要培养大批具有国际视野、通晓国际规则、把握国际事务报道的新闻人才。

礼仪小常识

称呼外宾基本礼仪

1. 正式场面尽量使用敬语。常用先生、女士、小姐，也可与姓名、官衔等相连，如总理先生；对部长级以上高官，一般称"总统先生阁下""大使先生阁下"等；对君主制国家按习惯称国王、皇后为"陛下"，称王子、公主、亲王等为"殿下"；对社会主义国家外宾，可称"同志"。

2. 官方交往以职衔相称。不要随意将副职的"副"字取掉，称呼职务要注意前后排序。

3. 日常相处可突出资历和荣誉称号。对教授、法官、律师以及有博士学位的可称"教授""博士"等，也可加上姓氏、先生。对军人一般称军衔，或军衔加先生，如"上校先生"。

当然，每个国家、地区文化不同，称呼不一，应区别对待。

礼仪小常识

信守约定：维护自我尊严

　　信守约定是中华民族的传统美德，在对外交往时更应该坚持这种美德。有些人在采访、会见外宾时，习惯随口作出承诺，事后却不去履行，不管这个承诺是否重大，都会影响自我形象。比如，采访时没有带名片，有人会随口说一句："今天我没带名片，下次我带给你。"但下次见面他仍然没有带，实际上早已忘记。当然，对方有可能也忘记了，但如果下次如约带来一张名片给对方，会给对方一个惊喜，而且会给对方留下一个印象：眼前这位是一个信守承诺的人。信守约定有三重意思。

　　第一，慎重承诺。自己可能做不到的，或者根本做不到的，一定不要去承诺。

　　第二，严守承诺。一旦作了承诺就一定要去实现它，这就是在维护自己的信用。

　　第三，失诺道歉。特殊原因没有实现承诺，一定要第一时间道歉。有些人觉得道歉是一件很丢人的事，其实大度得体的道歉，不但不会损害自己的尊严，反而会增强自己的尊严，因为敢于面对自己的失误，会给人以信任感。

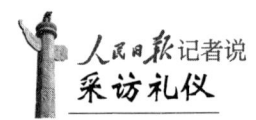

第二节 涉外宣传秉持求同存异尊重礼仪原则

涉外宣传采访礼仪是在国际新闻记者宣言的基础上，遵循国际通行的外交礼仪基本原则，结合中国传统文化所遵循的基本礼仪规范。分解细化涉外采访礼仪的行为准则，有利于提高涉外采访文明礼仪水平，树立良好的媒体形象，保障和促进涉外采访顺利进行。

一、求同存异尊重礼俗

世界各国的社会制度、文化背景、生活习惯不同，礼仪习俗存在一定的差异，对外采访时，应理解对方、尊重对方的言谈举止。采访前要认真研究对方国及个人的民族文化、生活习俗、政治背景等情况，理顺采访内容，突出采访主题，干净利落，不拖泥带水。

工作中在处理好涉外宣传与国家尊严之外，既要遵守国际通行的礼仪惯例（各国礼仪的"共性"），又要尊重交往对象所在国的特殊礼仪与习俗（各国礼仪的"个性"），还要尊重宗教礼仪。外事采访中经常接触外国宗教信仰者所遵守的宗教礼仪，对他们表达信仰所举行的活动和仪式，以及特殊的讲究和禁忌，采访者要做到不议论、不争辩、不评价。对于那些并无恶意，但观点、立场、态度与自己不同的人，要做到和平相处、搁置争议、求同存异，"不伤主人之雅，不损客人之尊"，有宽广的胸怀和外交家的风度。采访中尽量不涉及有异议的宗教问题、敏感话题，体现国家宗教自由的政策也是对宗教信仰者的友好和尊重。对外国人的宗教礼仪，不要不懂装懂，也不要随意模仿，更不能干涉。

二、仪表得体注重形象

当今世界尽管各国社会形态不相同，经济发展水平不一，国家有大小之分，但有一个共同点，即文明的民族都很注重礼貌礼节。一个文明程度越高的国家或民族，其国民就越讲礼规懂礼法，其国际形象也越佳。在采访中，人们普遍对采访者的个人形象倍加关注，不仅因为个人形象真实地体现个人的教养和品德、精神风貌，更重要的是个人形象总与国家形象、民族形象、媒体形象密切相关。个人形象体现在多方面，最主要的是仪表得体有风度。

● 注意个人卫生。衣着要整齐美观，衣领袖口干净，皮鞋上油擦亮，穿西装打好领带，穿中山装扣好领扣、领钩，梳理好头发，刮净胡子，修剪好指甲。

● 举止落落大方。端庄稳重，表现自然，和蔼可亲。站有站相，坐有坐相。参加活动 3 小时前，尽量不吃葱、蒜等带有刺激性气味的食物。决不在禁烟区吸烟。

● 言谈态度诚恳。访问要自然、大方，语气和蔼可亲，表达得体。谈话内容要事先进行沟通，使对方有所准备，给人思考机会。言谈手势幅度不宜过大，讲求倾听的艺术。

● 遵守公共秩序。养成自觉礼让习惯，以不妨碍他人、不打扰他人为基本行为规范。如在车站、机场、港口、商店、餐厅、俱乐部、体育馆、图书馆等与陌生人相处的公共场所，说话声音宜小到不引起别人注意为宜，手势也不宜过多。那种高谈阔论、指手画脚是自身修养不够的体现。

三、遵守时间不得失约

这是国际交往中重要的礼节。参加各种外事采访活动，都要按时抵达。过早抵达，会使对方因准备未毕而难堪，过迟抵达，会使对方久等

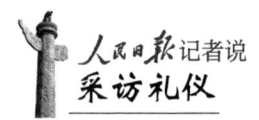

而失礼。确因故迟到时，应诚恳向对方致歉并说明原因。万一因故不能应邀赴约，要提前礼貌地告知对方，并表示歉意。

遵守时间原则，主要做好以下几点：在有关确定时间问题上，不能吞吞吐吐、模棱两可，几点就几点，最好精确到分，不能用"大致""可能""一个多小时"等不准确时间概念；访谈时间一旦约定，要千方百计予以遵守，不要随便加以变动或取消；在采访中不允许早退；万一失约，务必向约会对象尽早通报，解释缘由，并为此真诚致歉，绝不可得过且过，或者索性避而不谈，若无其事。

四、慎重提问尊重隐私

采访的重点往往就是提问，涉外提问则更要慎之又慎。国际礼仪强调以人为本，要求尊重个人隐私，维护人格尊严，并将其作为一个人有无教养、能否尊重和体谅交往对象的重要标志。对于西方人来讲，凡涉及经历、收入、年龄、婚恋、健康状况、政治见解等均属于个人隐私，别人不应查问。西方人特别是妇女，一般不把自己的年龄告诉别人，询问年龄，打听异性婚姻状况，会让人觉得讨厌。

关于宗教信仰和政治派别，在西方人看来是非常严肃的事，不可随便谈论。因此，自觉地、有意识地回避对方的隐私至关重要。尤其当发现对方不愿回答时，就应适可而止。必要时，可以谈一些天气、交通、体育之类的中性话题，也有助于营造良好谈话气氛。

五、严格执行外事纪律

遵守外事纪律就是要在外事采访中坚决维护国家主权和民族尊严，自觉遵守外事纪律，严格办理出入境手续，按各国规定提前申报采访摄、录、播等设备，不得失密泄密，不得利用工作之便营私牟利、索要礼品；不得私自主张或答应外国客人提出的不合理要求等。

我国对外政策也要求采访礼仪与之相适应，做到礼仪周到而不烦琐，热情接待而不铺张，活动内容丰富而不累赘。参加外事报道，采访人员应仪容整洁，仪表大方，表情亲切、自然，熟悉各国、各民族的风俗习惯，注意自己身份，言行举止符合礼仪要求，坐立姿势端庄稳重，对对方的穿着打扮不品头论足，规范执行外事活动中的各项规章制度和组织纪律，尤其记者不可心存侥幸而搞特殊。

六、以右为尊女士优先

"以右为尊"是国际上通行的位次排序惯例，是涉外礼仪中最常见、最基本的位次排序原则。"尊位"也称上位，是任何涉外活动场所都要考虑的最尊贵的位置。

如何判断"尊位"，一般遵循三原则：居于场所中心、具有最佳视野、行动最便利。在并排排列位次时，右侧的位置高于左侧。在以主客之分的场合，主人请客人位于自己的右手侧，以示对客人的尊重和友好。但是，当主人到客人下榻的住地拜会时，主人就居左侧，客人就居右侧。

"女士优先"是国际上通行的一条重要涉外礼仪，要求成年男子有义务尊重妇女、照顾妇女、体谅妇女、保护妇女，为妇女排忧解难。"女士优先"主要通行于西方发达国家、欧洲、拉丁美洲及非洲部分地区，而在阿拉伯国家、南亚地区、东南亚地区、东亚地区的某些国家，一般不太讲究"女士优先"。同时，还要注意对不同种族、不同年龄、是否熟悉、是否美貌的所有妇女都要一视同仁，不能厚此薄彼。

七、认真核实精确翻译

由于国家之间的文化差异，语言不通，访谈中的一些话语、写作中的用语、对事物的看法表述等，在理解、翻译中难免有出入，甚至误解、误译。为此，一定要把好翻译关、审核关。对一些重要的事件采访报道，

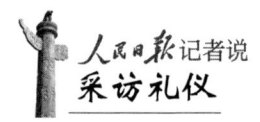

要严格执行各部门联合审稿制度,认真按程序办事,避免疏忽,杜绝原则性错误。否则,可能损害国家尊严和利益。

礼仪小常识

国外常见礼节

1. 拥抱礼

右手扶对方左肩,左手扶对方腰间,按各自的方位,两个头部及上身向左相抱,然后头部及上身向右相抱,再次向左相抱后礼毕;贴脸时为先右边,后左边,再右边。

2. 亲吻礼

通常长辈亲吻晚辈额头,晚辈吻长辈面颊,同辈之间贴脸。男子对尊贵的女宾行吻手礼,即女士手背朝上,男士将手背托起亲吻,以示尊敬。

3. 合十礼

合十礼亦称合掌礼。以双手手掌十指相合于胸部正前方,指尖向上,手掌大体与鼻尖持平,手掌整体向外倾斜,上身微欠、低头。行礼时,一般应立正不动。

4. 鞠躬礼

先立正脱帽,双目正视施礼对象,面向对方,上身弯腰前倾。通常男士将双手贴放于两侧裤线处,女士双手应在下垂后搭放于腹部。

5. 脱帽礼

戴制服帽者,通常应双手摘下帽子,以右手执之,端在身前。戴便帽者,可右手完全摘下帽子,也可右手微微一抬帽檐代之。

6. 抚胸礼

上身稍许前躬,眼睛注视对象或目视正前方,头部端正或微微抬起,以右手掌心向内、指尖朝向左上方,然后将其抚按于左胸前。

第三节　涉外宣传着重培育自尊自爱民族精神

涉外宣传采访无小事，事事关系党和国家的尊严，涉及媒体和记者的声誉，不仅要求场面形式上礼数周全、严谨，而且要在内在的气质修养上彰显东方大国记者风范。

一、不卑不亢，自尊自爱

不卑不亢是中华民族"威武不能屈，富贵不能淫，贫贱不能移"的秉性，也是外交礼仪的一条基本原则。外交礼仪在一定程度上反映一个国家的文明程度和社会风尚，也体现一个国家对待其他国家的基本态度。在国际政治交往中，国家不论大小，都是平等的，应相互尊重。

中国人民已从世界"舞台边缘"走向"舞台中心"，作为新闻记者，必须强化综合素质，展示中国人的志气、骨气、底气。在涉外采访中，既不能唯我独尊，盛气凌人，以强欺弱；也不应卑躬屈膝，妄自菲薄，丧失民族气节，这就是不卑不亢的原则。

● 一味地"亢"，不一定会扬眉吐气。想"扬我国威"，反而会给人以虚张声势之感，甚至伤害采访对象的自尊心。

● 一味地"卑"，不一定能委曲求全。讨好采访对象，反而有可能使对方得寸进尺，欲壑难填，同时也会损害国家形象。做到不卑不亢，才是自尊自爱、平等待人的正确礼遇。

中国人待人接物一般讲究含蓄和委婉，常常特别客套、热情，而西方人一般较外向，好直来直去。在涉外采访中，不能为了"抢"新闻、抓"新鲜"事而忘乎所以。要把握好热情友好的分寸,以使对方感到直爽、亲切、自然;否则会事与愿违,过犹不及。"过头"了就会给人一种卑躬屈膝、低三下四的感觉;"不及",又给人留下狂傲自大、放肆嚣张的印象。

二、客随主便,和而不同

《论语·子路第十三》云:"君子和而不同,小人同而不和。"说明古代先贤已经认识到要追求内在的和谐统一,而非形式表象上的相同和一致。涉外采访一定牢记入乡随俗,一视同仁,以和为贵。不论大国与小国、强国与弱国、富国与穷国以及礼仪的古典与现代,都要给予平等的尊重与友好,不能厚此薄彼。

在国内采访外国人,应当视对方为上等宾客,彬彬有礼,讲究接待规格,不能有"欺生""压外"之嫌。当发现采访方式不适应对方时,可试探变换对方乐于接受的方式方法和习惯的礼节,让对方感觉舒服自在,营造沟通交流的良好氛围。

采访者赴国外采访,不能一味我行我素,给对方增添麻烦,或让对方无所适从,应该客随主便,做到"入乡随俗",真正体现"礼仪之邦"风范。

> 邓小平同志访问美国期间,来到得州休斯敦骑术表演场。根据当地习俗,一位美国女骑士策马来到邓小平同志面前,把一顶乳白色的牛仔帽献给了他。当时,大家都以为邓小平同志不会戴,谁知他微笑着接受了这一礼物后,立即戴在头上,同大家一起鼓掌。随后邓小平同志双手频频挥动牛仔帽,向欢呼人群致意,给美国人留下随俗好客的美好印象。

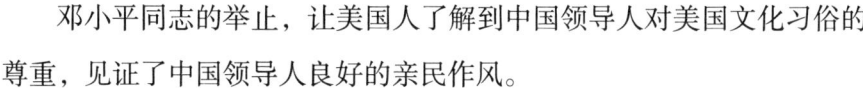

邓小平同志的举止,让美国人了解到中国领导人对美国文化习俗的尊重,见证了中国领导人良好的亲民作风。

三、慎重表态,信守约定

古今中外皆推崇"言必信、行必果"。在涉外采访中,一定要言行谨慎,表态慎重,切不可信口开河,做不负责任的承诺。西方人常常把信誉、商誉和荣誉连在一起,做事很认真、很有计划性,一旦约定,不轻易改变。譬如,采访前约定的采访时间、采访方式(是录音,还是拍照录像)、随员几人等,一定要说到做到,不能说的是录音,却又摄像,说不拍照了,却又忽然闪灯,说只有两人,却来了四五个,等等。有的国人以为这是小事,不足挂齿,其实都是失信行为,必然影响对方情绪,伤害对方自尊心。

四、放眼全球,博古通今

在涉外采访中,有人总以为语言不通是交往中的主要障碍,其实大多时候,对对方国的风尚习俗不了解、对世界文明发展最新趋势把握不到位才是最大的障碍。许多外国礼仪习俗在我们看来常常不理解,实际上外国人也对我们的一些礼仪习俗感到不理解。国内外人士在许多问题的看法上,虽然同样是"肯定"或"否定",但其界限是不一致的,内涵也有差异。

在采访座谈中,如果以本国世界观、人生观、价值观去评判他人的做法,很难得出准确答案。这就要求采访人员站在世界高度,高瞻远瞩,具有全球视野,熟知多样性、多元化,掌握先进科学的现代思维理念,真正成为学习型记者,把功夫下在平时。当你前往国外访问、调研、考察时,当你在国内采访外宾时,不仅要构思采访主题,还要深刻了解对方国历史渊源、文明发展进程、社会价值体系等基本知识,以便更好地

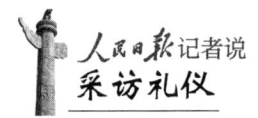

尊重对方的传统文化、习惯禁忌，以体贴周到、先进文明的礼仪为桥梁，营造和谐共赢的气氛，从而深化涉外采访报道。

五、保护环境，爱护动物

注重环保，爱护地球是国际舞台上备受关注的焦点话题。环境是人类社会赖以生存和发展的基础，与人类的生活质量息息相关。爱惜和保护环境，从本质上讲，就是对整个人类的爱惜和保护，因此每个人都有义务对环境加以爱惜和保护，不论是为了发展经济还是为了提高生活质量，都不能以牺牲环境为代价。在采访活动中，能否以实际行动"爱护环境"，被视为一个人有无教养、讲不讲社会公德的重要标志。

● 保护环境的原则，主要包括三层含义。一是要求保护人类的生存环境。二是要求保护地球的自然环境。三是要求维护公共场所的卫生环境。作为与环境荣辱与共、唇齿相依的人类社会的一名成员，保护环境责无旁贷。

● 动物是自然界生态平衡不可缺少的成员。要遵守各国有关动物保护的规定或措施。有人在国内接待采访对象时，为表现热情好客，不惜花巨款购买珍禽异兽款待，而对方往往不领情，因为这种"好客"违背了当前

2009年10月31日，南京首家集宠物礼仪、饲养、竞技训练于一体的大型宠物乐园开园，举办"欢乐金秋爱宠嘉年华"大型系列活动，众多市民带着自己的宠物参加。图为9岁的陈德静带着自己的爱犬为观众表演匍匐前进。董金林 摄

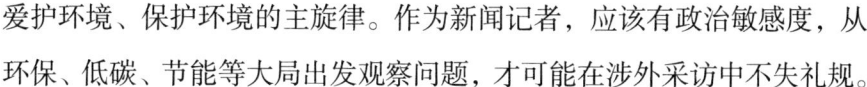

爱护环境、保护环境的主旋律。作为新闻记者，应该有政治敏感度，从环保、低碳、节能等大局出发观察问题，才可能在涉外采访中不失礼规。

礼仪小常识

注意数字的忌讳

1．"13"

西方人认为 13 是不吉利的，应当尽量避开，甚至每个月的 13 日，有些人都会感到忐忑不安。

2．"5"

西方人避谈星期五，如果星期五出了事，就归罪于这是个黑色星期五。尤其当 13 日又是星期五时，最好不举办任何活动。有些人因此闭门不出，唯恐发生不吉利的事。

3．"4"

"4"在中文和日文中的发音与"死"相近，所以在日本与朝鲜等东方国家将它视为不吉利的数字，这些国家的医院里没有四号病房和病床。在韩国，昔日的旅馆没有 4 层楼，门牌没有 4 号，几乎什么东西都没有"4"字。

4．"9"

在日语中"9"发音与"苦"相近似，属忌讳之列。

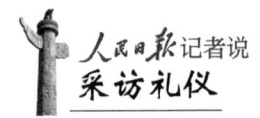

第七章 礼仪实践案例经典

透视经典一

观众：视频直播"着装门"有损大台声誉

当今观众的欣赏品位不断提高，对电视台视频直播节目主持人的形象要求更高，眼睛就像戴上了放大镜，无论谁稍有不慎就被拍录下来贴到网上"曝光"！这不，某某又被一网友"晒"上了：

一位网友发帖说，2010年某月某日，央视《朝闻天下》早间档天气预报，主持人某某胸部"透露"明显，没有穿内衣出镜。同时，还将去年5月网友在某论坛上爆料的央视另一名女直播采访人身穿粉色短袖衬衫"透露"照片炒作一番。对穿短裤上班的"露腿门"也晒一通。

说句公道话，某某作为央视《朝闻天下》节目天气预报的主持人，其穿着打扮还算比较"传统"，也没有不良传闻。尤其她活泼轻松、语速稍快的主持风格，被大家誉为"行云流水"。这次被曝未穿内衣就上镜，可能有两个原因：一是内衣太薄，没有看得真切，就匆忙按下快门"上网"了；二是因晚上有活动，休息太晚，直播来不及穿整齐就上镜了。我不太相信是学师姐师妹们，为吸引公众眼球、提高自己的人气，或为引起富豪、某些官员的注意欲走性感路线。所以大家会原谅的，网上挂几天人们也就淡忘了。尽管如此，我脑子里还是蹦出一个问号：央视主持人不注意形象，不讲究礼仪，恐怕有失新闻职业道德，有损中央电视台声誉！

实践探索

网友曾曝光央视主持人各类不雅"着装门"事件，有"哈欠门""补妆门""鼻涕门""裸照门""哺乳门"等。面对直播镜头，每位主播都会尽力以最完美的形象展现在观众面前，但往往也会有意想不到的情况发生，央视"着装门"事件频繁曝出，缺乏基本的文明礼仪规范，应当好好反省。

主持人起源于美国广播电视机构的记者，主持人不但集采、编、播于一身，在思维方式和节目运作中体现的也是记者意识和编辑思想。主持人在我国已有几十年的发展历史，至今仍有一部分节目主持人停留在播音员或报幕员的角色上。他们在别人构思、编辑的节目中，诵读别人事先写好的台词，偶尔有两句"那么""这个"，就算即兴发挥，给人的印象是在表演而不是"当"一名真正的主持人。

《新闻学大辞典》对于电视节目主持人的解释是：电视台中以某个人的身份在摄像机前主持某个固定节目的播讲者。其特征不是照本宣科，而是具有创造性的临场发挥才能。1996年11月22日，"全国播音（节目主持）艺术研讨会"就主持人的含义进行研讨，与会学者、专家和院校代表经过认真讨论，初步形成了这样一种共识："广播电视节目主持人就是指在节目形成的全过程或节目的完成阶段，书面组织、串联、演播节目的人。"其含义包含三方面内容：一是"组织"，即组织人力，

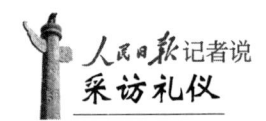

策划、构思节目；二是"串联"，即将节目形成的各个部分连接起来；三是"演播"，即播讲、表演节目。真正的主持人应该是采、编、播一体化的复合型主持人。

公众为何对央视节目主持人、视频直播记者的着装打扮、形象礼仪如此"关心"，如此苛刻？大致有以下几个原因。

一是大台地位重要，关注度高。央视无论在国人心中，还是在外国人眼里，既是党和国家的"喉舌"和"发言人"，又是党和国家形象的"窗口"。这就要求央视每一名工作人员不仅具备过硬的政治、思想、业务素质，还必须具备高雅的文明礼仪形象。否则，就会损害党和国家的形象。正因如此，公众对每一名主持人、视频直播记者标准高、要求严，发现一点不足就会指出、批评，甚至网络"曝光"，以表警示。这不是苛刻，不是鸡蛋里挑骨头，而是呵护。爱之越深，求之越高，严之越甚！

二是大台直播成常态，礼仪素养是导向。电视采访主持人和影视歌星都是公众人物，但职业性质不同，形象要求不同。就拿穿衣来说，影视歌星在舞台上，袒胸露肩、短裙吊衫、显乳示肚，即便穿得再新潮、再暴露、再性感，都属平常，没人大惊小怪，那是职业使然；电视新闻采访者、节目主持人则不同，必须按照采访者礼仪素养要求，着装整洁，奇而不怪，时而不俗，这既是工作性质需要，也是一种传播导向。如果央视一个个采访人在台上、台下奇装异服，大秀丰乳美体，打扮得像影星歌星演出一样，就会引起全国哗然、世界哗然。人家就会嘲讽国家电视台是"美女选秀台"，国人就会无地自容，因此，人们才对央视主持人的外在形象要求特别严、监督特别紧，不允许有半点瑕疵！

三是媒体要求不高，管理松散。这恐怕是一个根本原因。近些年个别主持人、新闻记者，一方面在节目中连连出错、屡屡露丑，使得公众议论纷纷，多有微词，社会反响强烈；另一方面，有的人学着影视歌星的样子，大走性感路线，大拍人体写真。除了本人不自爱自重外，一个很重要的原因，就是媒体对主持人要求不高、管理不严、监督不到位，使得主持人纪律松弛、作风松懈、队伍松散，不出事才怪呢！

当然，其他媒体采访人、主持人，也出现过类似的"着装门"事件，虽不会像电视传播那么引人注目，但采访的礼仪规范是一致的，同样不可掉以轻心，必须加以整治。

透视经典二

《南方周末》：维护稳定也要有眼光有胆识

2000年12月25日，河南洛阳东都商厦发生特大火灾，309人丧生。社会上传出一种声音，什么大火无情人有情，报道要注意引导公众情绪，以维护稳定为重。于是不少媒体作了正面报道。一家晚报发表通讯《众志成城战火魔——东都商厦12·25特大火灾抢救工作纪实》。六个小标题是：冲在最前头的是消防官兵，市领导赶赴火场第一线，视火场如战场，白衣天使的爱，普通市民的奉献和愿死者的灵魂早得安息。这显然是把丧事当作喜事报，那死亡的300多人谁来负责？

《南方周末》则认为，礼有大礼和小礼，揭露事实真相、捍卫社会主义核心价值体系、支持公平正义才是大礼。不能因为怕"出事"而讲礼仪来掩盖社会丑恶现象。于是，他们采用调查采访方式，

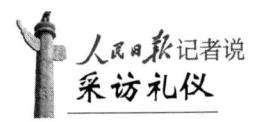

深度分析了引起火灾的直接原因,结果发现是一起严重的责任事故。如擅自装修,违反消防法;违章作业,引发大火;火灾发生后既不报警,也没有通知其他楼层等。而火灾发生的深层原因是政府权力异化以及法律制度尊严受到某些首长权威的侵犯。洛阳东都商厦东都歌舞厅从1997年到2000年事发前,一直是洛阳市消防队督促整改的消防隐患重点单位,但该歌舞厅有恃无恐,屡促不改。为什么该歌舞厅胆大妄为?就是因为其幕后老板是某官员的儿媳妇。1999年,河南电视台曾对洛阳东都商厦歌舞厅的不合格消防设施予以曝光,但其后不久,洛阳市有的官员就专门写过条子,要求消防部门不要让歌舞厅歇业。记者调查事实确凿。

2001年1月6日,该报发表了调查采访《追问洛阳大火:惨剧是如何酿成的》,一针见血地指出,有些部门把人民赋予的权力当成私家权力,行使管理职能时首先想到的是怎样才能多收费,怎样才能多谋取部门利益,而不是如何有效管理;首长权威大于法律、制度权威,公职人员不是去维护法律、制度的尊严,而是维护首长的尊严,没有把法律制度看成至高无上的准则,而是把领导的旨意当成至高无上的信条去执行。调查采访言辞恳切,有理有据。不久,相关涉案人员得到严肃处理。

实践探索

《南方周末》这篇报道之所以在全国引起强烈反响,除了他们恪守职业道德,敢于秉笔直言外,就是坚定理想信念,坚持追求真理,敢于为社会的公平正义呼喊,为无辜死难者讨尊重、要说法。文明礼仪的目的就是寻求"人和"的境界,但这不是没有原则的一团和气,敢于打破局部或小集团的不和谐,正是为了全局以及大集体的和谐,这才是真正的礼仪品质。

上述调查采访中发现的问题，不但洛阳有，其他地方也有；不但娱乐场所有，其他行业和部门也有，可以说是一种普遍现象，而《南方周末》抓住这个典型的事件，依靠百折不挠的毅力，刨根问底，深挖细究，抓住了根本。说明记者的采访礼仪不仅要维护稳定，有正义感，还要有眼光、有胆识，敢于担当"天下兴亡，匹夫有责"的历史重任。

除了突发事件，社会问题、民生话题也是调查采访的重要选题。在现实生活中，有些矛盾未能及时化解，问题未能及时解决，积累起来便成了带有普遍性的社会问题和社会现象。这些问题，有的涉及国民经济的宏观层面，有的涉及人民生活的微观层面；有的涉及法规、政策，有的则属于对法规、政策的执行不力、落实不到位。记者在调查采访中必然涉及不法的当事人，这些人肯定不欢迎调查，很可能对采访者不礼貌，如果采访者按常理对其"平等、尊重"施之以礼，恐怕也难奏效，这就要求采访者在坚持文明礼仪品质的基础上，灵活运用采访技巧，站在历史和社会的高度，以新闻工作者的忠诚，诠释大爱、大理、大礼，以责任感和使命感努力寻找问题的症结，提供有价值的新闻报道。

应当切记，为避免选题不准以致调查采访徒劳无功，甚至造成负面影响，在确定选题时，最好经过媒体或记者团集体讨论、反复酝酿。有些揭露、揭丑性重大选题，尤其要经过媒体领导拍板同意，记者不可擅自决断。这也是《南方周末》的一条成功经验。

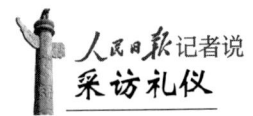

透视经典三

王克勤：500万元身价来由

2000年，一黑社会组织一度悬赏500万元，要取《中国经济时报》记者王克勤的人头。网上一时流传，号称王克勤为中国记者最贵身价，到底是何缘故？

2000年是王克勤的博弈之年。上半年曝光证券黑市，下半年揭露堡子黑幕。这些调查性揭黑报道并没有给王克勤带来好处，反而被原所在兰州一家报社停发工资。投诉无门的受害股民找到"很有正义感的记者"王克勤时，他正为寻觅饭碗焦灼。然而，坐在他面前的是一些比他更为焦灼的股民。他们中间有人跳楼自杀，有人吃鼠药身亡。这些忧愤而死、妻离子散、输不起的老百姓，在王克勤面前几乎都到了崩溃边缘，他们视王克勤为最后的希望。王克勤没有辜负百姓的希望，在继续调查兰州证券黑市坑骗股民钱财时，有股黑社会组织悬赏500万元要买他的人头，被戏称为中国身价最贵的记者，而他"提着人头"坚持调查采访，写出《兰州证券黑市狂洗"股民"》的报道。2003年12月在第三届新世纪舆论监督研讨会上，王克勤说："我们应该善待上访者，他们实际上是向我们传递着人民的呼声。""记者内心应该是个诗人，应该有不平则鸣的激情。"

第七章 礼仪实践案例经典

像王克勤一样有责任感的好记者，在调查采访中都经历过许许多多生死劫难，但没有退缩。因为他们知道，社会需要更多的胸怀正义、拍案而起的记者，需要有职业道德、职业激情的记者。

实践探索

的确，我们在互联网百度或"人民搜索"输入"记者被打""记者维权"关键词，分别会有上万条信息。不难看出，记者职业的艰辛与困惑。

上述例子进一步说明，揭露阴暗面的调查采访历来都是一种阻力大、困难多的风险采访。调查式采访要求记者有知难而上、不畏牺牲的精神，坚持正义、永不妥协的高尚品德，锲而不舍、顽强拼搏的职业道德。一句话，就是王克勤所说的，记者应该有不平则鸣的激情，有了这种激情，就是最好的职业道德，是对人民群众最大的礼遇。

一般来说，调查采访对记者几乎"无利可图"。只有调查报道终于问世，引起党和国家有关部门和社会舆论的关注，促进问题和矛盾的解决，使正义得到匡扶，邪恶得到惩治，记者才会如释重负并获得良好慰藉。在赢得某种程度的精神愉悦与满足外，记者绝大部分时间会处在焦虑、苦闷、愤恨等艰难的情绪交织之中，坚守文明礼遇需要坚定的信念和超人的胆识。

调查采访往往在难以获得突破性进展时，"恶人先告状"者有之，领导给脸色看者有之，有关人员敷衍塞责者有之，甚至以记者及家人的生命安全相威胁者有之，记者都会产生心理和情绪上的波动。此时，意志稍不坚定，就会找出一千个理由来为自己中断调查开脱。从记者王克勤500万元身价来由，不难看出他"提着人头"调查的巨大压力。而此时王克勤几乎没了工资，生活一度处于窘境，还要经历常人难以忍受的严峻考验，没有一颗赤胆忠心是万万做不到这一点的。

调查报道绝大多数是负面和中性的,所以不会有人给予经济上的支持。即使有人想花钱送红包,记者也不能要,不敢要。因为接受了馈赠,就意味着被收买、被贿赂。工作、生活、精神上的重重压力,无时无刻不在考验记者的信念和操守。此时,支撑记者、鼓舞记者不屈不挠、奋勇前进的,是为真理而上下求索的精神和"我不入地狱谁入地狱"的坚定信念。

激情迸发动力,信念产生勇气。看看中外新闻史上那些为搞调查性报道而经历千难万险的记者,没有一个不是依靠这种激情和信念把调查性报道进行到底。即使搞中性的调查研究,由于选题并不直接关乎哪一个部门、哪一个企业的利益,一般也不会有哪些部门企业对记者的调查给予直接帮助。因此,支撑记者东奔西走、内查外调的,都是新闻工作者的职业操守和精神品质。别的不说,单就完不成本媒体工作定额这一项,就让记者感到惶恐。如今许多媒体作为事业单位,实行绩效工资改革,以刊出稿件数量和质量打分评定奖金,别人每天都有报道刊出,自己为一项调查,短则数日,长则需数月,乃至几年。有时调查搞完了,也未必能顺利刊出。所有这些,都容易挫伤记者的自信心。

总之,调查采访需要记者个人作出牺牲和奉献,也需要社会和所属媒体在精神上、物质上给予支持和帮助,迫切需要建立健全一套激励机制,让记者放心大胆、没有后顾之忧地投入调查采访之中,形成精神鼓励与物质保障双驱动,确保这种"激情"产生澎湃动力,促使调查采访健康发展。

第七章 礼仪实践案例经典

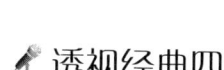透视经典四

《新闻调查》：树立平衡平等平静的理念

中央电视台《新闻调查》栏目对记者提出以下要求。

第一，要有质疑的精神。《新闻调查》的记者必须有怀疑一切的介入态度。第二，要有打破砂锅问到底的工作作风。第三，要有平衡的意识。应该让事件中的冲突双方和不同的利益集团有同等的发言机会。第四，要有平等的视角。在《新闻调查》记者面前，只有被调查者相同的身份，没有尊卑贵贱之别。第五，要有平静的心态。记者要多一分理性，少一分冲动，这会有助于你对事物作出更准确的判断。

上述要求强调了调查采访的平等性、客观性和深入性，要求记者把握好相互之间的辩证统一关系。

实践探索

《新闻调查》是中央电视台的深度调查类栏目，是新闻节目中的代表作之一，提出以上五点，是为了更好地规范调查采访，实现以探寻事实真相为口号，以促进社会公正与和谐为目标，崇尚平衡、理性、深入的报道风格，形成公正、文明、时尚的采访行为。记者型主持人王志、杨春等做出了榜样，给观众留下深刻印象。下面对该栏目的几个突出特

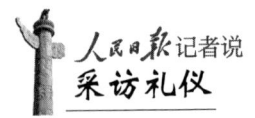

点加以梳理。

1. 采访礼仪文明规范

● 充满人文关怀。这是尊敬对方、拉近主持人与对方距离的重要方式，也是采访能够顺利进行的保证。在《文明城市的诞生》节目中，主持人对采访对象（残疾人）说了这样一些话："夫妻俩都干这个？""那很辛苦，我刚才听老李跟我说干这行很辛苦。""你要担心她，她要担心你。""对于你，对于你们这个群体，你们最希望从人们的目光中看到什么？"这种人文关怀是主持人发自内心的尊重，体现了平等的理念。这段采访正是基于对采访对象的尊重和关怀，才使沟通的流畅和融洽得以充分保证。

● 适时适量追问。追问必不可少，关键是适时适量，不能咄咄逼人。在《长大未成人》节目中，主持人通过"跟男孩子接触的时候要注意什么？""什么是过分的事情？""什么是越轨？""怎么样算近距离接触？""女孩子怎么才能够避免怀孕，怎么才能够保护自己？"这样一连串的追问，在不伤害采访对象尊严的基础上，获得了需要的信息，同时将采访对象的面容用马赛克进行了遮蔽，较好地保护了采访对象。

● 真诚礼貌倾听。倾听是为了让采访对象能够尽量说想说的话，让观众了解事实，也是为了营造温馨氛围，顺应采访对象的谈话内容，考虑下一步的采访路线。在《双城的创伤》节目中，主持人通过仔细倾听服毒自杀未遂的小杨等学生的叙述，在此基础上逐渐掌握学生自杀的一些线索，并沿着这些线索最终发现了隐藏在事件背后的真相。这样通过采访对象之口了解事实真相，避免了采访失实，又给观众留下了深沉的思考。

2. 失礼采访仍有痕迹

电视新闻以基本的时间、空间元素向前推进，观众喜欢看到平等、亲切、人性化的采访场景。《新闻调查》节目也有一些难尽如人意之处。

- 不注意采访对象感受，追问隐私，在对方伤口上撒盐。比如，《寻亲18年》节目中，有这样的一幕，女子小程讲起她从前的一个遭遇："那时我只有十五六岁，一天下班晚了，独自一人回家，走到土坡附近，一名男子向我靠过来……"说到这里的时候，小程双眼的泪水开始一滴滴往下掉。看到这里，观众可能对她下面的遭遇都能猜到了，但主持人的表情却充满疑问，继续追问小程发生了什么事，最终在主持人的"逼迫"下，小程放声哭了出来："强暴！"主持人这种不讲礼仪、不负责任的采访方式，不仅对采访对象的心理造成严重伤害，也令观众无法忍受，严重破坏了主持人的形象。

- 摆出一副盛气凌人架势，觉得不是采访，像在审问。提问时不管采访对象的心里如何想，只是自顾自地像连珠炮一样对采访对象进行追问，在让观众觉得缺乏人性化和没有人情味的同时，也对采访对象造成很大心理压力。如果激怒对方，反过来影响主持人的情绪，就会妨碍采访顺利进行。在《眼球丢失的背后》节目中，主持人采访眼科大夫黎晓新时，他的咄咄"逼问"激怒了黎晓新，这位主持人没有控制好情绪，摔门而去，只能由另一名主持人问完后来的问题。这位主持人虽然以"质疑"著称，但像这种不留情面的逼问采访，一般采访对象难以接受。

- 依据自我主观思维，以指示性语言诱导采访对象回答提问。节目中有时会看到主持人用这样的话进行采访："你是不是认为……""你当时是不是想到了……""我以为你们这样做是为了……"这些带有主持人主观诱导的提问，容易使采访对象掌握主持人或记者的意图，回答问题时有可能故意顺着说或反着说。主持人在采访中把握主动是必不可少的，但"主动"并不是"主观"，主动是一种积极的采访方式，主观则是记者的思维方式。这种采访方式可能会造成新闻失实。

3. 调查研究采访应当把握的礼仪要素

《新闻调查》正反两方面的经验教训，让我们领悟到许多文明采访

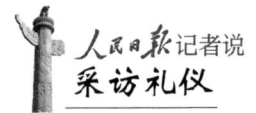

的基本方法。

• 做到心中有数，主动引导进程。任何采访都有明确的目的，采访之前，先要弄清楚这次采访想要达到一个什么样的目标，收获怎样的一个效果，然后按照这个目标进行采访过程整体框架的组织设计，做到心中有数，采访才能按部就班地顺利进行。

有些人平日里滔滔不绝，面对采访者的话筒难免有点紧张，对提问表现得茫然不知所措，变得吞吞吐吐。这时千万不能着急，更不要误判，以为采访对象不配合、不合作，应该力争做到：他紧张你轻松，他冷淡你热情，他言者无意你听者有心，抓住机会，一举突破。譬如，采访一位公安民警先进模范人物，他推辞说："没什么说的，都是我应该做的。"在记者的鼓励下，他打开话匣子，无意之中说到爱人给他列了几大"罪状"，从这里找到突破口，从家庭谈起，讲到过去、现在、未来，这位公安民警的管理方法和领导艺术自然从他的言谈中流露出来。

• 摸准对方心态，理清采访思路。要对采访对象仔细分析，摸准对方心态。采访对象是事实真相的知情者，他们的回答和受访时的心态、理念直接关系到采访的质量，尽量做到精确把握，充分准备。要制订采访计划，包括时间、地点、需要的灯光和道具以及以怎样的方式采访等，对采访过程进行整体规划。

• 设计具体问题，组织采访语言。采访成功与否关键在于主持人的问题和对语言的组织。主持人准备的问题是否是采访对象想说的，同时对读者是否有意义，设计的问题能否让对方谈出最精彩的事和最有代表性的观点等。在《申纪兰代表》中，主持人看似不经意问出了两个问题："我看到一段历史资料，您好像还在会上发言了？""我们听到一个说法，说您头一次去北京开人代会的时候还不认识字？"这两个问题在激发采访对象谈兴的同时，也反映出主持人采访前在准备问题方面所下的功夫。

- 审慎开头，提好第一问。如果提的第一个问题就让采访对象觉得有愉悦感、有趣味，特别想回答，那么后面的采访也就会顺利；反之，则会对后来的采访产生不利影响。所以，问好第一个问题非常重要。比如，对一时还不能集中注意力的采访对象，可以用笼统的提问开头，让采访对象在不经意的回答中慢慢进入状态。在一些比较激烈的话题采访中，也可以用一个含义广泛的问题开头，然后缩小话题，最后进入正题。这样对方不会一开始就抱有敌意，对每个问题都不肯畅所欲言。

- 站在公正立场，敢于提出质疑。采访者应始终保持质疑态度，但质疑应建立在"观众想问什么"的基础上，为观众着想，不能为质疑而质疑。在《文明城市的诞生》中，采访者的质疑随处可见。面对当选城市的领导，主持人问："它（包头）是一个西北城市，气候也不太好，为什么包头这次能评上文明城市？"面对落选城市的领导，主持人又问："作为一个落选城市的市长，愿意坐在这里接受我们的采访，你心里没有一点儿负担？"在采访调查组组长时，主持人又提出了一连串质疑："选择这个地点，他们的政府部门、交管部门知道不知道？""遵守交通规则，不乱闯红灯，这种算作你们一个重要的考评指标？""它真能体现出一个城市的文明状态来吗？"善于质疑才能挖掘事实，真相正是随着质疑的解答而最终揭开。有时质疑的提问似乎不给当事人"面子"，但为了尊重事实、破解难题、主持正义，失点小"礼"，是为了赢得大"礼"。

- 平等交流，适时追问。新闻图像直观、真实、生动的细节，增强了画面的感染力和冲击力，起到了升华主题的作用。注重细节，可以展示尊重各方、平等交流的内在心灵美和外在形象美。在《透视运城渗灌工程》中，采访者为了探究渗灌井后面的秘密就跳上井台，拔出插在农田里的水管——这节水管就像一节木桩一样插在地上，没有半点水的影子；在另一段同期声对话中，一个农民在田头对记者说："渗灌池建了，但从来没用过，不起作用！"她的话被正在一旁的乡干部立即训斥："胡说什么，谁胡说回头我就收拾谁！"通过这些细节，采访者为揭示渗灌工程的黑幕，捕捉到一个充分的证据。细节的作用在采访中尤其重要，有时无须采访者如何表达，只要一个镜头、一段对话、一个动作，比采访者陈述多少都要震撼。

采访对象不配合采访的情况可能经常发生，采访者要根据实际情况施之以礼，灵活运用追问技巧，或许会有意外的收获。王志经常使用追问："这个问题你怎么看？""你为什么会这样看？""那前面发生的事你又怎么解释？"这些追问逻辑严密、抓住要害、贴近主题，使观众感到过瘾，这就是追问的艺术，在追问中让真情水落石出，在追问中彰显公平公正。

总之，严格遵循采访礼仪是每个优秀记者型主持人的必备素质。采访礼仪是一门行为艺术，要结合采访实践，达到与时俱进、尽善尽美，对每一个采访者来说都是一个永无止境的探索过程。

透视经典五

吴绮敏[①]：随中央领导出访的日子

人民日报记者吴绮敏，2004年7月做客人民网传媒沙龙，以"随中央领导出访的日子"为主题，与诸多网友交流。下面为节选片段。

[①] 吴绮敏，曾任人民日报社国际部副主任，现任人民日报数字传播有限公司董事长兼总经理。从事新闻工作几十年，随团报道中央领导对60多个国家和地区的100多次访问。

第七章 礼仪实践案例经典

丛林漫步（网友名，以下相同）：出访前要做哪些准备？

吴绮敏：要做的准备很多，最主要的是准备资料。尽量全面了解到访地的历史、文化、风俗、相关礼仪，以及对华关系发展情况等方面的内容。理解到访国的传统礼节、民俗是重要的。我国作为文明古国，备受世人关注，记者"处处有礼"，有利于沟通交流，还能从一个侧面彰显我们尊重文明多样性的主张。

小叮当：跟随中央领导人出访的记者应该具备什么样的素质？

吴绮敏：做中央外事采访工作，对记者素质要求比较高。我认为主要有三点：

一是政治素质。对国家的大政方针，特别是外交政策要有较为深入的认识和把握，这是报道不出错的重要基础。尤其是人民日报记者，记录中国外交的"正史"，其权威性很大程度上体现在准确把握国家政策。

二是新闻业务素质。有很强的新闻意识、新闻眼光和新闻采写能力。中央外事新闻是国内外共同关注的热点，时效要求很高，没有过硬的业务素质，在目不暇接的一场场活动中疲于应付，就很难出彩。

三是技术素质。随访记者都配备了各种较先进的器材和装备，但仍常常遇到不可预知的情况，传不回稿子是最头疼的。不同的国家，情况不同。比如，同样的连接线，在有的地方就传不了数据；长途跋涉后，打印机的连线可能接触不良；本来可以进行无线数据传输的手机，在有些地方就突然不灵了。记者如果平日对器材装备不够"亲近"，往往越在关键时刻，越出问题。相反，技术素质高的记者，却总能"化险为夷"。

同时，我也十分认同外事记者应加强礼仪素养的观点。国与国

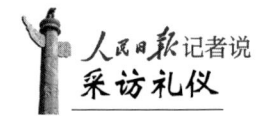

之间文化不同，文明礼仪的理念和方式不同，采访活动要从世界先进文化、对方国文明礼仪的视角观察问题，尊重对方必须了解、熟悉并认同对方国的传统文化，才能奠定友好交流的基础。

飞镝鸣处：请问随领导人涉外报道和国内报道有什么不同？

吴绮敏：我曾经较长时间做国际经济报道，也参加过诸如"两会"、澳门回归报道，一些重要国际会议的大型报道。虽然每次都是全力以赴，但往往是作为报道组的一员出去，有报社或部门领导带队，集体策划与个人发挥相结合，心里觉得有依靠。但随团出国报道领导人活动，往往需要单兵作战，同时要考虑到自己所代表的报社形象乃至国家形象，因此责任重大，工作量很大，心理压力更大。

也无风雨也无情：你是否了解外国领导人来中国访问，他们随行记者有什么特点？

吴绮敏：很多外国领导人出访时都带随团记者，我印象当中，最摆谱的就是美国人。白宫记者是一个特殊的群体，美国政府会出面给他们争取最好的采访位置和角度。即便是在其他国家，他们也常能得到这种优先待遇。按照一般惯例，记者的采访位置是按照先到先得的原则来安排，但是白宫记者往往例外。

也无风雨也无情：你对中国记者和外国记者有什么比较？

吴绮敏：我觉得大家都很敬业，每个人肩上都负有很重的责任，要对自己的媒体负责，对自己的读者和受众负责。所以，争抢新闻的意识都很强、很辛苦，都是没日没夜地工作。但不同的是，中国记者大都能遵循规则、文明礼貌，而外国有些记者有时为达到某种报道效应而采取"越轨"手段。这里也有文化理念的差异。

有有米米：能随中央领导出访应该是一件很荣耀的事，记者中间会出现争斗吗？您怎么看待这件事？

吴绮敏：新闻竞争是存在的，谁都希望能够获得独家报道的机会。但是，我认为国内媒体之间的这种竞争是文明的、良性的，特别是涉外报道，更讲人格、国格。我们随行记者之间的合作关系很好，互相之间都很帮忙。①

实践探索

从上述节选对话中可以看出，吴绮敏诚恳地表达了自己的观点和做法，深受网友热议，使公众看到了辉煌之中的艰辛、神秘之中的平凡、表象背后的品质，诠释了记者的事业观、苦乐观、得失观。礼仪是涉外采访中最基本、最关注、最直观的要素，从文明礼仪的视角，对待和提升记者政治修养、业务素质、技术能力，值得学习和借鉴。

在中国，新闻记者岗位带有很强的双重性和双向性。记者是党和人民的耳目喉舌。既是党的，又是人民的，有双重性、双向性；既是耳目，又是喉舌，有双重性、双向性；记者要宣传党的政策，又要检验党的政策，既要自上而下，又要自下而上，也有双重性、双向性；新闻单位是宣传机关，同时又是舆论机关，作为宣传机关，宣传领导机关、领导者的意图，作为社会舆论机关，要反映社会舆论、群众呼声，也有双重性、双向性；既要报道中国特色社会主义，又要报道多元化多样性世界，同样有双重性、双向性。这种双重性和双向性就是新闻传播的沟通与交流。这种沟通与交流往往兼有融合、互补、加强等作用，尤其在涉外报道中，是对记者综合能力素质的全面检验和提升。

俗话说"台上一分钟，台下十年功"。涉外出国采访表面的风光，渗透着内在的艰辛与睿智。吴绮敏现场采访APEC东奔西跑人们看得见，前期日夜加班的"案头对话"准备工作却少有人知。比如分析APEC的发展脉络、本报数年的评论述评角度、本年度会议的独特之处，连本次

---

① 《吴绮敏：随中央领导出访的日子》，人民网，http://www.people.com.cn/GB/14677/21965/22069/2655176.html.

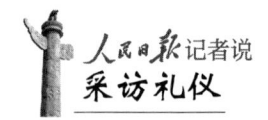

会场的背景资料都一一研究。例如,大家都知道悉尼歌剧院,但究竟在什么方位、象征什么、怎样与本次采访结合;领导人拍摄全家福,穿着打扮有当地特色,每一届APEC会议都是个亮点,这些信息如果采集到了就会传递当地文化特点,写进报道还可增加可读性。从组织策划到实地采访,都是一招一式,仔细磨砺,常常还要练习国外当地方言、特色礼仪,为的就是尊重对方,加强交流与合作,采写到高质量、有深度、有权威的报道。

北方有句名言:穷家难舍,富亲不适。何况我们涉外采访目的地国并不都是"富亲",许多发展中国家是我们的友好邻邦,采访者经常要到这些世界实力排名靠后的不发达国家采访,房间里时常电力供应不足,灯光光线昏暗,标明220V的插座连上打印机都带不动。有的房间没有空调,忍受冷暖煎熬,还要深夜赶写稿子。但无论多么困难、多么艰苦,不仅不能给对方国接待叫苦,因为这是起码的"尊重认同""入乡随俗"礼节,报道的质量还不能因此打半点折扣,所以,记者把握涉外采访礼仪的关键,就是要不怕吃苦、善于吃苦,经得起各种复杂恶劣环境,甚至危险境地的考验。

包容多样性,倡导和谐世界理念。在国际采访中,由于所处国度的社会制度、政治体系和意识形态多有不同,要真正实现交往的顺利、合作的成功,不妨搁置不同政治见解,包容意识形态差异,处处以友谊为重,以互信为重。如果动不动就对对方的宗教信仰、政治见解评头论足,甚至横加责难、非议,或是将自己的观点、意见强加于人,都是对采访对象不尊重的表现。为此,需要重申几点。

1. 具备高度的政治责任感。 涉外采访是一项政治性很强的外事活动,必须以文明礼仪的视角审视采访活动每一个细节。要站在大局上想问题、做事情,一句提问、一篇报道不慎,可能损害党和国家的利益,不能因善"小"而不为,不能因恶"小"而为之。要严格执行外事采访纪律，遵循外事礼法，努力修炼政治家的眼光和社会活动家的能力，不断丰富外事采访技艺。

2. 强化团队协调合作精神。涉外采访往往是由两个人或两个单位以上的团队组成，有时几十人、上百人，加之后勤保障人员，甚至数百人，同行之间、领导之间、媒体之间、对方国之间，要强化包容意识，求同存异，以诚相待，团结协作。各媒体记者要发挥新闻宣传战线的战斗力、凝聚力、竞争力，实现合作共赢。即使有分歧，也要注意场合，决不允许在外国人面前争论不休，甚至各行其是。

3. 善于挑战各种极限。出国采访大都是概念性了解或以本国的现况预测可能发生的情况，实际采访中会遇到许多不可预知的心理、生理、语言、技术、气候、时差等障碍，新闻职业的特征，要讲求纪律性、外交性、时效性，就要有更高标准和要求，有充分的精神和物质准备，最大限度发挥其智力和体力，善于迎接多种超乎寻常的挑战。

4. 保持朦胧礼遇。《弟子规》在西方有些国家备受推崇。其中有："人有短，切莫揭，人有私，切莫说。"人们的社会形象蕴含自己对某种思想及审美情趣的追求，纯洁的人追求至高无上的境界，但至纯的人是不存在的。亚里士多德是世界古代史上最伟大的哲学家、科学家和教育家之一，马克思称他是古希腊哲学家中最博学的人物，恩格斯称他是古代的黑格尔。他倡导文明礼仪要保持一种"朦胧美"。在涉外采访中，要遵守"尊重隐私"礼仪原则，秉承"有所为，有所不为"方针，不能像国内采访那样，执着"追问""打破砂锅问到底"，这样极不礼貌，对方很有可能产生不悦和反感，甚至触犯对方隐私权，不欢而散。一般而言，以下几个方面应慎重提及。

- 所忙何事。不要询问外国人最近在忙些什么，有探究他人隐私嫌疑。

- 以往经历。许多人视自己的经历为"老底"，如曾经做过什么、

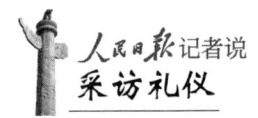

在什么公司任职等问题,都不愿提及。

- 家庭住址。外国人视自己的私人住所为私生活领地,不喜欢别人干扰。如果未经邀请,私自前往别人住宅,会被视为不速之客,不受欢迎。

- 个人收入。外国人最不愿意谈的就是自己的薪水和投资收入,因为这涉及个人私有财产问题。

- 年龄婚姻。外国人不论男女都希望自己永葆青春,尤其是外国妇女在 24 岁以后,最忌讳别人知道自己的年龄。谈论外国人的婚姻、爱情问题,在他们看来,是一件别有用心的事情。

- 健康状况。外国人普遍十分反感他人对自己的健康状况关注过多。

不过,如经事先沟通,采访对象愿意谈及相关问题、事件等,则另当别论。

透视经典六

杨澜①:最高贵的格调是自然真诚

例 1:一次对英国安妮公主的困难采访②

杨澜这次采访机会是在国际拯救儿童慈善组织的帮助下获得的,所以事先约定,所有的问题必须在"慈善"范围内,不允许涉

---

① 杨澜,著名电视节目主持人,获中国首届主持人"金话筒奖"。代表作有《杨澜访谈录》《天下女人》等。出任北京申办 2008 年奥运会形象大使,被全国妇联授予"全国三八红旗手"荣誉称号。

② 陈俊珺、尹欣:《一个女人三台戏》,《解放日报》2007 年 10 月 19 日第 17 版。

第七章 礼仪实践案例经典

及任何私人问题和政治问题。

英方工作人员不断嘱咐杨澜：应该怎样称呼公主，不可以随便给公主照相，合影不能超过一张，采访时间不能超过20分钟，等等。气氛陡然紧张。

杨澜按部就班提问，公主一一作答。对话起初还算顺利。"从事儿童慈善对公主教育自己的孩子有何影响？"杨澜试着抛出一个"擦边球"的问题。话音未落，立刻被工作人员"挡"了回去。

杨澜又提了几个"规定范围"之外的问题，都被一一打断。采访到20分钟时就结束，公主的脸上也有几分尴尬和无奈。

例2：一次与美国前总统克林顿的成功对话

这次采访吸取以前的教训，进行了充分沟通与公关，访谈话题轻松自然。

杨澜：自从做过心脏搭桥手术后，人们觉得您在电视上看起来身体不是很好。您是如何恢复的？

克林顿：我每天更加心怀感激，我想尽可能地用好我仍拥有的时间。

杨澜：在最痛苦的时候您有没有想到过死亡？

克林顿：没有。我爷爷去世时57岁，我的继父去世时58岁，

2005年2月25日，中国电视主持人论坛在上海举行，图为杨澜与CBS《60分钟》制片人唐·休伊特先生在论坛上。来自中国、美国、法国、澳大利亚等国的电视节目主持人参加了此次论坛。张明 摄

对我们家而言，我已经算活得很长了。所以我从小就意识到自己不可能长命百岁。我从不担心这事，当总统的时候我也没担心过。

杨澜：有人批评说您离任后就把自己变成了赚钱的机器，显然为了还债。

克林顿：我确实很努力地工作，但我没有做我不应该做的事。

杨澜：您是如何找回心灵的安宁？是什么力量伴您渡过了危机？

克林顿：我从小就从我妈妈那里汲取了在逆境中生存的勇气。她常说人生中不顺利是常态，顺利才是暂时的。在最困难的时候，我决定告诉妻子真相。真相给人自由。在那一晚之后，我就知道自己可以面对大陪审团了……

杨澜：您说过，在白宫任职期间最高兴的事就是在女儿切尔西的高中毕业典礼上演讲。作为一个婚姻生活中有过麻烦的父亲，您有没有信心给她一些建议？她也正在寻找自己的另一半。

克林顿：我想，孩子长大成人后，家长的大部分任务就已经完成了。你可以给他们一些建议，如果他们需要的话。但是你得给他们私人空间……在美国，家长们都担心孩子一旦长大离开家，就不再回来看他们了。我女儿不是这样的。这对我很重要。我要求的只有这些。

实践探索

可以看出，前一个访谈节目，杨澜多少为观众掀开了英国王室成员的神秘面纱。但她感到，真实的安妮公主还是遥不可及，令她遗憾的是，谈话间分明感到公主的谈兴甚佳，当面纱后的真实面孔不得不为了做贵族而做贵族的时候，生活的权利又有多少掌握在她的手中？然而，从涉外采访礼仪基本规范讲，我们要尊重异国他乡的现实，同时必须尊重双方事先商定的"规定范围"。国人往往很含蓄，有的人把规章制度当作"猴皮筋"，有的人大媒体特权思想作祟，总把"规定范围"不当回事，为达到设想的目的，或者为迎合一些观众的愿望，不顾别人的感受，试图"打擦边球""闯红灯"，其实是一种不尊重对方礼数的表现。杨澜感到自己没有尽兴，其实这种不顾礼仪的做法即使采到了某些新闻，观众也未必领情，不要把观众都看得那么庸俗、低俗，甚至媚俗。

杨澜后一个访谈因为做了许多协调工作，博得采访对象的认可，故而只有半个小时，涉及死亡、童年、个人债务、卸任后的心情、丑闻、被弹劾过程等，比较顺畅，从而展示了克林顿不仅是一个政治家，也是一位真诚的丈夫和父亲，同时显示了杨澜是一个大气、睿智的记者型主持人。

当然，我们在学习名人时不能盲目崇拜，知彼知己、取长补短才是科学的方法。杨澜采访克林顿是成功的，但似乎也有欠缺之处，如在采访前对方要求不可问及个人隐私问题，特别是关于莱温斯基，但她采访中还是试探着谈及一些"敏感问题"，好在克林顿比较开明。杨澜问到"人们觉得您在电视上看起来身体不是很好"，在美国人看来这样问是没有礼貌的，因而他没有正面回答。问到"在最痛苦的时候您有没有想到过死亡？"应当是美国人最不能接受的，因为他们把生命看得至高无上，最忌讳的就是死亡，何况是年老的原总统。在中国，她肯定不会直接问年岁已大的原国家领导人"你有没有想到过死亡"，在美国问这样的问题也是欠考虑的。其实像这类问题，即使要提问，完全有更礼貌的说法，大家不妨细细琢磨。

杨澜采访了众多国际名人之后颇有体会：涉外采访要尊重对方传统文化、民族习惯、政治伦理，最高贵的格调就是自然真诚。她并不满足于描绘"大人物"表面的光鲜，更想通过荧屏，为这些"大人物"塑造"人性自然雕像"。

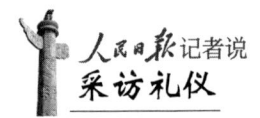
采访礼仪

有人曾评论杨澜是中国的华莱士。但杨澜并不喜欢华莱士的主持风格,认为"他有时问问题显得有些生硬",以及"观众看的是内容,而不是吵架"。她认为自己向来的重点不在风格,而在内涵:"风格是你在具备一定内涵后才体现出来的东西。"其实《杨澜访谈录》起初路线是"温和的深刻型",把深刻的问题用一种温和的形式提出来,遵循采访礼仪的基本规范。杨澜推崇"学会忍耐与宽容""让美貌成为你的资本"以及"拥有品位"。

杨澜说,除了认真和真诚,她从来不认为采访有什么特别的诀窍。她感到自己不是每一次都有灵感,但每一次都很认真、很真诚地去做。《杨澜访谈录》中没有噱头,没有八卦,一样的开头和结尾,一样的穿插和解说,深度访谈节目形成相对稳定,没有像娱乐节目一样三天一小变,五天一大变。"毕竟,我不是采访的主角,应该把更多的时间留给他们。"希望采访对象每一次自由发挥,都能带给普通人最大的启示。杨澜这种摆位,体现了文明礼仪的品质。

礼仪小常识

颜色的忌讳

1. 棕黄色

巴西人认为棕黄色意味着凶丧，非常忌讳。

2. 绿色

日本人大都忌用绿色，认为绿色是不吉的象征。

3. 黑色

欧美许多国家以黑色为丧礼的颜色，表示对死者的悼念和尊敬。

4. 淡黄色

埃塞俄比亚人、叙利亚人以穿淡黄色的服装表示对死者的深切哀悼，因此视为死亡之色。在巴基斯坦，黄色是僧侣的使用服色，所以普通的民众基本上不穿黄色衣服，而委内瑞拉则用黄色作为医务标志。

5. 蓝色

比利时人最忌蓝色，如遇有不吉利的事，都穿蓝色衣服。埃及人也同样忌讳蓝色，因为蓝色在埃及人眼里是恶魔的象征。

还有，印度人喜爱红色、蓝色和黄色等鲜艳色彩，不喜欢黑色和白色。伊拉克人视绿色代表伊斯兰教，黑色用于丧事，客运行业用红色，警车用灰色，丧服用黑色。尼日利亚人视红色、黑色为不吉祥色。马达加斯加人视黑色为消极色，喜好鲜明色彩。

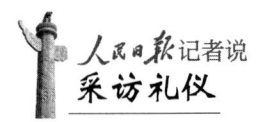

透视经典七

古龙①：为人处世中距离是一种艺术

古龙有一句话："最危险的人不是你的敌人而是你的朋友，只有他知道你的致命弱点……无论是怎么样的朋友，无论关系多么密切，距离都是如此重要。"

古龙讲到一个故事：经人介绍，一位中国记者接待加拿大来的客人，准备伺机采访。他非常热情地找到一家味道可口的中餐馆请这位加拿大朋友吃饭。这位朋友就拿起桌上的筷子，向那位加拿大客人比画起来。"用右手的食指和中指顶着筷子，大拇指使劲……"看到他耐心的样子，那位加拿大客人只是微笑，不久借故离开了，没有接受中国记者的采访。后来客人给中国记者发来邮件，直言不讳地说，其实加拿大就有中餐馆，他很早就会用筷子。那次莫名地被看作不会用筷子，他的心里是很不舒服的，觉得看不起他，但是他知道自己的中国记者朋友出于好意。可他知道如果要再接受采访，还不知要发生什么不愉快的事，干脆就走了。看来，热情招待外国朋友要掌握分寸，不然会很难堪。

古龙说："为人处世中，距离是一种艺术，一种调和剂，一条架设在彼此心灵之间的美丽桥梁。"②

---

① 古龙，本名熊耀华，华语文坛现代新派武侠小说家。著有《多情剑客无情剑》《绝代双骄》等多部脍炙人口的经典小说。
② 华阳：《世界名人给你上的80堂礼仪课》，金城出版社2009年版，第268页。

实践探索

上述事例说明，中外存在文化差异，不少外国人对中国人出自善意的热情相待不理解、不习惯。与外国人打交道，必须热情有度，以免引起误会和不良后果。"热情有度"，是涉外采访礼仪的基本原则之一。这要求人们在参与国际交往，同外国人打交道时，不仅仅待人要热情友好，更重要的是把握好分寸，恰到好处。否则，就会事与愿违，过犹不及。

距离产生美有深厚的理论基础。阿多诺在其鸿篇巨制《美学理论》中，多次提到了距离感艺术的建立，认为"艺术对经验生活呈现出这样一种姿态：正如我们所见，它是有距离的"，还认为"与人世的疏远或间离乃是艺术的一个契机。如果觉得艺术并非什么奇异的东西，那就是没有领悟到艺术的奥妙"。"距离"的存在是艺术之为艺术的一个要素，是艺术具有无穷魅力之所在。事实上，阿多诺这种艺术的距离虽说是建立在"艺术作为整体就是一个谜"的理论基础之上，"谜语只有拉开一定距离才显露能力"，但距离拉开之后就产生了一种解读上的"障碍"，而"恰恰是障碍在艺术作品中将自在物变形转化为谜语般的形象"。距离的艺术美不言而喻。

常言道："话说三遍淡如水。"对待外国采访对象，话到礼到即可，表明自己的意思，言不过三，适度热情让人备感温暖，过度热情却会夺走别人的呼吸空间，让人备感压迫。如果不识时务、不看场合，难免蒙上一层别有所图的私心，结果让人很难为情，自己也扫兴下不来台。

中国人讲究的待客之道一向是主动热情，其中尤其以北方人为最，北方人是出了名的热情豪爽。但在对外采访中，热情有度、把握分寸是重要的基本原则之一。具体而言，应当探索距离艺术的以下几个方面。

1. 热心有度。不要对外国人随意运用中国人早已习惯的过分关心、耐心规劝，以免被认为是侵犯个人自由，甚至没有安全感。

2. 提问有度。采访外国人不要像提问中国人一样问其年龄、有哪些朋友、家庭电话、政治信仰等被视为个人隐私的问题。

3. 建议有度。只要对方没有触犯我国的法律、侮辱我方国格人格，对其言行没有必要提出更多意见和建议，更不要随意指出错误或缺陷，干预个人生活。

4. 举止有度。严谨而规范，放松而不放任，举手投足大方有节。不要采用某些意在显示热情的动作，避免引起误会。

5. 远近有度。尊重外国人的私人空间，既不使其产生被"侵犯"之感，也不至于太冷淡。远近恰当、距离有度在对外交往中很重要。总体来说，人和人之间根据不同的情况，共可分为四种不同的距离：

- 公共距离。在公共场合同陌生人相处时，一般为 3 米以外，适用于两个不认识的人之间，也被称为"有距离的距离"。

- 普通距离。普通距离就指在进行一般性社交时的常规距离，一般是大于 0.5 米、小于 1.5 米。

- 礼貌距离。适用于访谈、演讲、会议讲话、庆典等聚会场合，约大于 1.5 米、小于 3 米，表示对对方的敬意、礼貌。

- 亲密距离。适用于家人、恋人以及非常亲密的朋友之间，距离在 0.5 米之内。

主要参考文献

王一彪主编:《人民日报这样讲故事》,人民日报出版社2022年版。

本书编写组:《实践中的马克思主义新闻观》,高等教育出版社2022年版。

《新闻学概论》编写组:《新闻学概论》,高等教育出版社、人民出版社2020年版。

张征著:《新闻采访教程》,中国人民大学出版社2009年版。

艾丰著:《新闻采访方法论》(第三版),人民日报出版社1996年版。

戚鸣著:《实用新闻采访》,新华出版社2010年版。

刘明华、徐泓、张征著:《新闻写作教程》,中国人民大学出版社2002年版。

田韶华、樊鸿雁、严明、宋佳著:《新闻侵权法律制度研究》,河北人民出版社2001年版。

徐亚平、丁小燕著:《新闻采访》,新华出版社2005年版。

白庆祥、刘乃仲、郑保章编著:《新闻采访写作编辑案例教程》,新华出版社2003年版。

杨国秀著:《新闻采访学通论》,人民出版社2007年版。

《中国大百科全书》第三版总编辑委员会:《现代礼仪》,中国大百科全书出版社2022年版。

中共中央直属机关工作委员会宣传部、中共中央国家机关工作委员会宣传部编著:《机关文明礼仪》,中国大百科全书出版社2007年版。

胡明扬著:《汉语礼仪用语及其文化内涵》,上海辞书出版社2004年版。

吕艳芝、徐克茹、冯楠主编:《公务礼仪标准培训(第3版)》,中国纺织出版社2021年版。

刘青、邓代玉编著:《中国礼仪文化》,时事出版社2009年版。

宋薇编著:《中外礼仪大全》,山东美术出版社2009年版。

何伟祥编著:《公关礼仪》,东北财经大学出版社2010年版。

许雄辉著:《政媒公关——新闻社会活动案例解析》,中国传媒大学出版社2015年版。

北京市职业技术教育教材编审委员会编:《礼仪常识》,科学普及出版社2004年版。

刘佩华主编:《中外礼仪文化比较》,中山大学出版社2005年版。

林雨萩著:《跟我学礼仪:实用礼仪培训手册——时代光华培训大系》,北京大学出版社2006年版。

金正昆编著:《社交礼仪》,北京大学出版社2005年版。

华阳编著:《世界名人给你上的80堂礼仪课》,金城出版社2009年版。

杨金波著:《政务礼仪》,中华工商联合出版社2021年版。

后 记

那是 13 年前,我在人民日报社办公厅工作期间,负责有关人民日报社对外协调联络工作,受社领导委托,协同相关部门调研、起草媒体对外协调联络管理规定、礼仪礼规。在此实践探索中,媒体记者采访话题成为一个热点,在诸位领导和同事的启发引导下,勾起了我对采访礼仪的浓厚兴趣,特别是茶余饭后,同事们经常谈论而又比较困惑的采访礼貌、礼节、礼数、礼规、礼法等问题,在观点反复碰撞中,出版了《采访礼仪论》一书。长期以来,我心中一直不安,总担心书中没有讲好、没有说到位,辜负了领导和同事们的期望,我也一直征求、打听来自各方面的反应。去年底,欣喜的是人民日报出版社又给我修订、提升的机会,我又认真梳理十多年来新闻采访工作经验教训,广泛调研新时代新兴媒体发展对采访礼仪的要求,几经细磨推敲,几易其稿,借助人民日报社资源和平台,终于形成了本书。

在修订过程中,荣幸得到中宣部传媒监管局、人民日报社、新华社有关领导同事的大力支持。本书还得到中国人民大学新闻学院、中国传媒大学、中国文明网等单位老师的大力支持,获得了第一手资料。在此表示衷心感谢!

本书参阅了前辈、朋友的很多优秀书籍,借鉴引用了许多专家、学者的研究成果。特别是采用了一些朋友的图片,未来得及征得其书面同意,在此表示歉意,本人愿意向这部分朋友支付稿费。人民日报社有关领导和同志给予大力支持和帮助,人民日报出版社的领导和编辑们做了

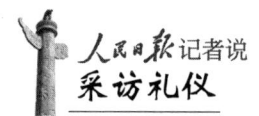

大量工作，在此一并表示诚挚的谢意！

最后，请喜欢此书的朋友多提宝贵意见，同时帮忙宣传、推荐，因为任何一个研究者都想为其成果争取更大的社会效益。

2023年1月于北京